AF598916

El Acantilado, 485
DESPACIO EL MUNDO

RAMÓN ANDRÉS

DESPACIO EL MUNDO

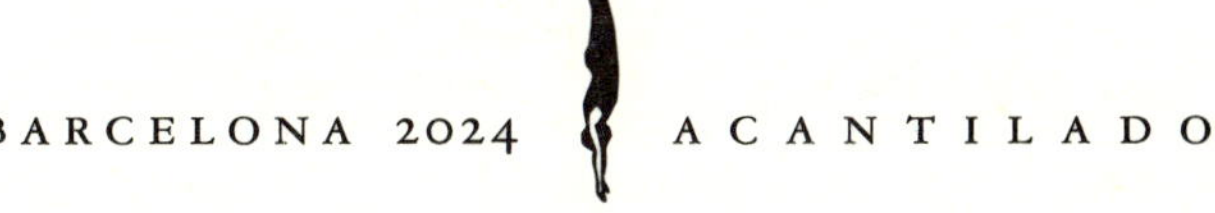

BARCELONA 2024 ACANTILADO

Publicado por
ACANTILADO
Quaderns Crema, S. A.

Muntaner, 462 - 08006 Barcelona
Tel. 934 144 906
correo@acantilado.es
www.acantilado.es

En la cubierta, *El pajarero* (*c.* 1756), de Jean-Baptiste Greuze

ISBN: 978-84-19958-17-4
DEPÓSITO LEGAL: B. 15700-2024

AIGUADEVIDRE *Gráfica*
QUADERNS CREMA *Composición*
ROMANYÀ-VALLS *Impresión y encuadernación*

PRIMERA REIMPRESIÓN *noviembre de 2024*
PRIMERA EDICIÓN *septiembre de 2024*

CONTENIDO

MUSEO DEL OÍDO

PREFACIO

Un espíritu en calma lo oye todo, lo entiende todo. Apaciguar el corazón o, si se quiere, la conciencia es hacerse a un camino que promete el descanso. Toda distancia tiende al reposo. Lo que se encuentra al final, lo que de manera común conocemos como llegada, no es tal. Llegar no significa culminar, sino haber aceptado la necesidad de comprender por dónde transitamos y qué nos ha llevado a hacerlo.

Nada puede quedar sin ser pensado, nada carece de infinitud. El menor repecho, el vado desdibujado por la neblina de un río, la casa con una luz encendida, la calle que se difumina en una plaza, el suave puerto que deja ver la vaguada hundida en la arboleda, un tendido eléctrico que hace de espino detrás de las lomas, una ciudad apenas avistada de tan lejana, cualquier recodo en el que brotan la cola de caballo y la hierba de San Juan son revelaciones.

El nombrar es inaugural como lo es la luz, que es previa a lo que llamamos día, porque el día, en verdad, es un minucioso disponer esa claridad que se nos va dando. Las horas no son más que un ordenar lo luminoso y un encontrar sentido al suceder, un darle forma y medida. El sonido, testimonio del primer eco del universo, tomado en su esencia, posee también su ciclo, puesto que anuncia un paso hacia algo que lo concebirá pleno, y esa plenitud es lo musical.

Antes de que expresemos un pensamiento, antes de que nombremos algo, el mundo se nos ha adelantado, ofreciéndolo.

Aquel jardín abundante de plantas, aquel estanque lleno de peces descrito por Gottfried Leibniz, sirve, también, para pensar el arte de los sonidos. Este filósofo, que se propuso calcular el alma y demostrar la existencia de una armonía preestablecida, señaló que cada ramo, que cada flor es, a su vez, el jardín mismo. Y que ese vergel, de hecho, está contenido en un solo estambre, en una única corola, como lo está el estanque entero en la escama de cada pez y en cada una de sus aletas. Son el estanque en sí. Y podríamos decir, aventurándonos, que en sus branquias viven los océanos, la goleta de Robert Louis Stevenson fondeada en las islas Gilbert, la suma de las bahías. Si se concibe de este modo, en toda sonoridad, en la sinusoide que se dirige hacia nuestro oído, podríamos hallar unas partículas de *El clave bien temperado* o de la canción que se esfuma por una ventana de la vienesa Frühwirtsche Haus, que esta tarde Schubert ha dejado medio abierta.

La música ayuda a pensar estas cosas, pues, habiéndose resuelto en una melodía o en una armonía que proviene de una tensión semejante a la de nuestra existencia, de pronto, y sin saber bien el porqué, alcanza una serenidad efímera en lo real, aunque perdurable en la mente, si resuelve vivir con la continencia de un espíritu que tiende al equilibrio, y el equilibrio está ligado a aquello que cuenta con una medida.

Por esta razón, la necesidad de exactitud responde a una causa, y no sólo porque lo exijan los sesenta grados del triángulo equilátero. Lo exacto es una forma de orden imbricada en nuestra constitución mental. Una idea bien concebida responde al rigor de una medición perfecta. Aunque no siempre para bien, nos inclinamos a la simetría como el agua tiende a caer.

La precisión, si se quiere hablar de música, es una ley, un *nómos*. Para cumplirla, las notas deben asemejarse a las mónadas que formuló Leibniz, a los átomos que, de manera ideal, fluyen como microuniversos, unas veces surgidos de una columna de aire; otras, nacidos en la vibración y elasticidad de una cuerda cuyo cometido, en contra de la función que acostumbramos a darle, no es atar, sino desatar. Liberar un sonido. Por eso, aspirar a la afinación de una nota, pretenderla, tiene algo de conformidad con el número áureo que anhelamos.

Si alguna vez soñamos con la *divina proportione* quizá sea por el deseo de la perfección que echamos en falta en todo cuanto nos rodea y hacemos.

El propósito de afinar un instrumento es conseguir una unidad y hacer que la música se exprese con toda propiedad. Sólo se alcanza poniendo el oído más allá de lo acostumbrado, y al escuchar lo que ocurre al otro lado de la habitación del tiempo y el espacio. Son unos vecinos malavenidos, se pelean desde el primer día que empezamos a pensar el mundo.

En el hecho de templar una cuerda, si pedimos que nos entregue una nota justa, nítida, se manifiesta la decisión con la que nos dice la naturaleza cómo debemos hacer las cosas, cómo llevarlas a cabo. El momento de afinar requiere de una interiorización, de un proceso físico por el cual devenimos exactos, aunque sea ilusorio y se cumpla sólo por unos instantes. Este esfuerzo despierta la audición profunda de cada ser.

En la música electroacústica y en la computacional este paso ha dejado de darse, y aun así el cerebro busca en ellas un lugar en la vastedad del vacío que nos permita existir.

Las manos coloreadas de ocre rojo de la cueva de Chauvet y las esculturas de ondulaciones luminosas de Paul Friedlander son parte de una única y milenaria senda.

Los pintores que han tejido este libro y captado el momento decisivo y previo a la música han recreado la antesala del gran acontecimiento, el gesto que hace de los dedos y los oídos una sola anatomía, una sola mecánica, casi un *katadíkazon dáktylos*, que es el signo ritual de los hesicastas del monte Athos. Estos monjes acercan los dedos índice y medio a los labios para que las voces queden en silencio, que todo calle. Pero el *katadíkazon dáktylos* de los artistas se aproxima al corazón y al oído, no a la boca.

Así mismo, un pintor que se adentra en los instantes en que una laudista afina las cuerdas lo que está haciendo, en el fondo, es contener el tiempo, impedirlo.

La decisión de vivir despacio, el arrojo de oponerse a un mundo tratado a empujones, la convicción de la calma, lejos del aceleracionismo sobre el que ha escrito Nick Land, es una ganancia. Mirar un árbol con pausa, recorrer con lentitud un parque, una calle, es rendirles tributo. Las personas, las cosas lo son por el tiempo que les dedicamos. Que la inteligencia artificial, a través del lenguaje autorregresivo ChatGPT 4 o del que enseguida vaya a sucederlo, sea capaz de crear una obra, llamémosla literaria, no significa que la escritura de puño y letra pueda ser menos audaz y que deba desaparecer, porque el sueño está en nosotros y no puede ser reemplazado por un sistema. Nosotros mismos somos el sueño, ya que presentimos la muerte. Nos obliga a imaginar. La tentación es siempre eliminar lo que hemos conseguido, insatisfechos siempre. La llegada de las ideas impositivas va en contra del albedrío, al que jamás debe renunciarse, por más que se diga que el *arbitrium* sea una ilusión.

La coexistencia de la tecnología y el trabajo convencional, me refiero al hecho a mano o por medios menos sofisticados, es un bien. Este libro, por ejemplo, tiene el olor de la vela que acabo de apagar, lo reparte el repentino humo de la mecha que deja en el aire su trenza blanca e impregna la habitación. Y no por eso es antiguo ni anticuado. Aunque no la necesite para alumbrar, esa llama me acompaña. Al fin y al cabo, procedemos de luminosidades y de gestos que están en el ayer de la historia, que todavía nos rige, por más que creamos haber escapado de ella.

El primer libro fue el recuerdo de un cielo que necesitó ser fijado en un papiro o sobre una pieza de arcilla. El primer libro fue un murmullo sobre la mesa.

Al apagar un interruptor, la habitación no cambia de aroma. Es la diferencia de esta obra, que no se opone a la escritura que recurre a la colaboración algorítmica, pero que viene de un lugar que está en la memoria de lo que somos. Es un antaño que cuenta también con su ahora. El pasado es siempre reciente, nos gobierna.

Parte de estas páginas ha sido escrita a mano, otra lo ha sido con la ayuda de las teclas. Esta alternancia, al menos en mi caso, obedece a la dificultad de la idea que deseo expresar: lo complejo me pide un papel y un lápiz; lo menos intrincado puedo abordarlo en el teclado, que también es negro y blanco, como en el piano.

Cada objeto, una lectura, la labor hecha a conciencia, una mesa en compañía afable, pensar sin coacción, conversar, necesitan de una renuncia, de una fuerza que resiste al vértigo que nos ha entregado el más totalitario imperio del dinero. Fijarse ahora en unos dedos que afinan un instrumento es detener, aunque sólo sea unos instantes, la inercia de una realidad asediada por el sinsentido. Se trata de emprender una revuelta contra la prisa que nos saquea.

Observar en un cuadro el índice y el pulgar que tantean la armonía en torno a una clavija, percibir su posición, que bien podríamos entender como unos mudras anunciadores del camino de la música, responde a una voluntad de dignificar los gestos. Porque los automatizados, los concebidos como producción sin límite y falso progreso, responden a una mecánica que imprime vacío. O mejor dicho, que vacía.

Cada línea de lo escrito aquí es una impugnación ante aquellos que nos utilizan como combustible de sus máquinas. Nos amasan en la tierra prometida de la identidad, que es fraude y carencia. No han contado, sin embargo, con lo que permanece, con lo que es inmutable y que por eso tiene algo de divino. No han contado, decía, con el silencio que queda en los lugares después de que los hayamos abandonado; no han pensado en la rebeldía de lo que es refractario a la imposición; no han reparado en la mirada del enfermo que espera sanar, en el callar de la mujer que todavía cose ni en el rastrillo olvidado en un rincón del huerto, en el paraguas apoyado en la pared y en la necesidad de cobijo que sigue sintiendo quien lo portaba hace unos momentos. No han visto el perro que duerme al sol como un legado antiguo, la rama que no tiene prisa en soltar el fruto, la comida que calentamos con lentitud.

Jean-François Lyotard, en *Lo inhumano*: «Ir deprisa es olvidar deprisa».

Escuchar con detenimiento es desmenuzar lo que llega de fuera, tratar de comprender lo que nos está diciendo una cercanía que, sin embargo, creemos lejana. De ahí el abrir el oído a un sonido que nos impida vivir de espaldas, de abrirlo a una resonancia que unifica y ordena. Es aguardar la revelación, por mínima que sea, de un la, de un re, de un sol, que, de pronto, contrarresta y nivela.

La frecuencia de las vibraciones que componen una nota afinada pide ondas regulares. Un ruido, en cambio, responde a un flujo irregular, es un mal préstamo de la realidad. Una nota, que se define por sus frecuencias homogéneas y bien perfiladas, transmite una sensación circular, sin carencia. Digámoslo así: es un acuerdo de paz.

En las moléculas del aire viajan unas vibraciones que impulsan el movimiento en equilibrio, llegan a un fértil suelo vibracional, que es nuestro tímpano. Vienen de una energía, de un calor que se posa en el interior del oído y lo ilumina, porque el sonido es luz. Los músicos ciegos lo saben, lo sabían también aquellos arpistas ciegos de Egipto que cantaban a su Ma'at hace cuatro mil años.

Oliva Sabuco, desde sus casi secretos días del siglo XVI, cuando escribe las páginas de la *Nueva filosofía de la naturaleza del hombre*, lo enuncia al señalar que el ruido «no hace proporción de número y tiempo», y concluye que este sonido desmadejado «es contrario al hombre». Y todavía más, puesto que, por culpa del estruendo de un arcabuz, algunas mujeres han perdido al hijo que llevaban en el vientre. Y está persuadida de que los gusanos de seda mueren cuando oyen tronar, y de igual suerte las ovejas «malparen con los truenos».

Una tradición oriental, relatada en la *Relación de las co-*

sas del mundo, de Zhang Hua, afirma que, al romper los hilos de los gusanos de seda, las cuerdas de los instrumentos musicales se parten.

Sin embargo, hay otros ruidos más lacerantes que el estallido del cielo, considera la atenta lectora de Plinio que es Sabuco: el oír hablar a un necio, el cantar mal y el leer con torpeza en voz alta. Son graves faltas. El ruido, ciertamente, nos destempla con facilidad, nos desafina quiero decir, como el clima húmedo a las cuerdas, que, además de adormecerlas, las apaga con los días.

En los libros de física se lee que las sinusoides de un sonido «son curvas cuyas ordenadas resultan proporcionales a los senos de las abscisas que les corresponden». Las notas, es cierto, se propagan a través de líneas curvas, oscilan sin discordia hasta el punto de influir en nuestra voluntad; se nos apropian al metamorfosearse en música. Una sinusoide regular, como los saltos de un ciervo sobre la hierba mojada de la mañana. Una sinusoide regular, como el dibujo de una cinta acompasada que agita una gimnasta.

Joseph Fourier, nacido el mismo año que François de Chateaubriand, en 1768, formuló y demostró que, de una señal regular, fluye una constancia de sinusoides—y de cosinusoides—cuya longitud y amplitud de onda son definidas. Fourier, que, a causa de las desventuras familiares, fue acogido cuando niño por un organista de Auxerre, en Borgoña, siempre prestó atención a la música. Los batidos sonoros de los tubos del órgano en la catedral de Saint-Étienne, su expansión hacia las crucerías, no sonaron en vano para él.

Controvertido, de fácil trato con la pasión, estuvo a punto de morir guillotinado durante el Terror, en una de esas guillotinas que ocuparon las plazas de Francia, diseñadas por Tobias Schmidt, el fabricante de pianos. Qué usos tan distintos pueden darse a la madera. Y a la razón.

Un diapasón es la escuadra, el compás, la regla, el cartabón y el pie de rey del oído; mide la décima, la milésima, la micra de una longitud inaprensible. Hoy, los músicos pueden hacerse con un infalible afinador electrónico Peterson Strobe, cualquier joven puede tener un Korg para su violín sin apurar la escucha. Apenas se usa el diapasón de horquilla, ese la 440 Hz que nos acompaña desde que lo ideara John Shore a principios del Siglo de las Luces. Todavía lo emplean, sobre todo, los directores y los cantantes corales. Muchas veces llevo uno conmigo. En el momento en que se presta la ocasión, hago sonar esos 440 Hz que me retornan a un lugar sereno de la mente. Quizá exista, no lo sé, ese *diapasón del ser* que mencionó hace años Emil Cioran en *El aciago demiurgo*.

Entender lo real te pide un observar atento, vivir como un Linneo, estar dispuesto a un profundo mirar, a un *theorein* constante, a emprender esa *caza sutil* a la que se refería Ernst Jünger cuando iba en busca de insectos para su colección; es necesario para el memorialista y el poeta, para el científico, para el que permanece alerta al transcurrir de los días. Sin embargo, a fin de fijarlo, necesitamos que la realidad quede detenida en los ojos. Siempre falta una prueba de los hechos, porque los actos humanos crean acontecimientos que se diluyen con facilidad en el pasado, ese almacén de ayeres.

Un pintor, un dibujante o lo que hoy llamamos un artista visual nos son provechosos para que lo contemplado quede bien sujeto, bien afianzado. La imagen, una vez plasmada, siempre está ahí, en la retina, porque la pintura es un presentimiento, la nostalgia del presente que vamos a perder. La fotografía existe en otro estado, es pensamiento más o menos inmediato, el ahora que ha sido capaz de recluir el movimiento. Un pensador podría decir que ambas artes son negación del devenir. Y, pese a ello, devienen.

Existe un fluir en lo estático, una corriente en lo inmóvil, lo percibimos porque la mente vive de un desdoblar lo que observa, inquieta ante lo que se ha parado; por un lado, aprehende lo que permanece estable; por otro, lo desnuda de su quietud. No entendemos, en Occidente, que algo deje de sumar instantes, que se oponga a la relación entre el tiempo y el movimiento. Que no se encamine a un lugar, que carezca de dirección. No sabemos explicar las cosas sin que apunten hacia algo y sin que alberguen una finalidad. Es la condena de una civilización.

Leonardo da Vinci, que vivió subyugado por la música, consideraba, sin embargo, que la pintura era superior porque no se desvanece tras observarla, no cede, no se esfuma bajo un golpe de arco, una pulsación o un fraseo vocal; bien al contrario, dura y prolonga una realidad que, aun siendo aparente, estabiliza y sella en la mirada. Perpetuar significa rechazar la idea de desaparición, conjurarla. Pero ¿no escribió Alfred Schütz, en *Fragments on the Phenomenology of Music*, que la música es una secuencia de situaciones estáticas? Entonces, ¿procede como la flecha de Zenón de Elea?

Es admirable el número de artistas que, en tiempos pasados, tocaban instrumentos musicales. Verrocchio, Giorgione, Tintoretto, Reni, Molenaer, Leyster, Steen, Duyster, Vermeer y tantos más encontraban el sosiego tocando el laúd, el teclado, la viola *da gamba*. Sofonisba Anguissola y Marietta Comin, la hija de Tintoretto, pasaban largas horas ante la espineta. En la pintura flamenca y en la holandesa del siglo XVII, que permiten entrar de manera amigable en los estudios de los maestros, los instrumentos cuentan con una presencia que hoy podría sorprender: laúdes, tiorbas, cítaras, violines, claves, violas *da gamba*, flautas, virginales, violoncelos, estuches, partituras, atriles.

Entre los músicos de ayer, el hecho de afinar el instrumento era una tarea muy recurrente, por no decir continua, de modo particular para aquellos dedicados a la familia del laúd, que dispone de numerosos órdenes. Las cuerdas de tripa se destemplan con facilidad, son muy sensibles, como ha quedado dicho, a los cambios de temperatura, a la humedad. Las metálicas se mantenían mejor, como bien podemos suponer, pero los artesanos de entonces no habían conseguido aún la pureza sonora deseada, con lo que la búsqueda de nitidez llevaba a retocar las clavijas de forma insistente y con la mayor sutilidad.

Sin embargo, no todos los desajustes estaban causados por la inestabilidad de las cuerdas, pues las maderas sufrían, asimismo, cambios, por las mismas razones que *le corde di budello*. Los montantes y bastidores de los claves, espinetas, virginales y arpas, los mástiles y las cajas de resonancia de los ejemplares pulsados y de arco se movían de manera apenas perceptible, pero suficiente para modificar una tensión.

No sin ironía, Johann Mattheson, que fuera compositor y teórico de la música, escribió en *El perfecto maestro de capilla*, una obra de 1739, que los laudistas tardaban más en afinar el instrumento que en tocar una obra. Tampoco los ejemplares de viento gozaban de una estabilidad que permitiera al músico desentenderse. Eran imperfectos, es verdad, pero cálidos como a veces lo son algunos hogares.

En el insólito, por extraordinario, *Arte de la pintura* de Francisco Pacheco, impreso en 1649, cuando su autor ya había fallecido, se afirma que las obras son un fruto de las vigilias. Lo he comprobado largamente, no sólo por mi tendencia al insomnio desde la adolescencia. Es un modo de decir que las noches son linternas, porque descubren las ideas y las imágenes que, no sin esfuerzo, plasmamos de día. En uno de los capítulos, este tratadista y pintor recuerda las palabras de Cicerón, en virtud de las cuales la pintura es «un arte de prudencia», ya que mirar, contemplar, significa un asimilar, un contenerse, un expresar pausado, por mucho que un lienzo recree una cacería o el rápido avance de las nubes arrastradas por un viento empecinado, como el que sopla aquí esta noche.

Los mundos se repiten, como se repiten el alborozo y la tristeza. Los gestos en el arte, también. Las miradas, las manos, los modos de sentarse, los ademanes. No son, sin embargo, una *retórica pintada*; su repetición obedece a un porqué, no sólo responde a la inercia de una costumbre. En un cuadro se reúnen los hechos de la vida cotidiana que nos son propios, en él están las esperas, las dudas, la cautela, la intriga, la pasión, el escorzo de unos ojos que no alcanzan a vernos, el rechazo, el engaño, el amor.

La música, si es plena, hace comprender lo que no comprendemos, como se lee en la *Sonata a Kreutzer* de Tolstói;

en cada nota necesita un mundo perfecto, requiere una sonoridad que no provenga de una pérdida. En el proceso de afinación se produce la desconcertante sensación, por lo paradójica, de una ingravidez que nos orienta y ancla.

Tensar una cuerda es participar del pulso que se establece entre el cambio y la inmutabilidad. Los griegos describían la pulsación de una cuerda, su vibración y retorno al reposo original, con la palabra *catástrofe* (*katastrophé*: *katá*, 'abajo' y *strépho*, 'volver'). Con ello expresaban la vicisitud, lo sometido a una radical mudanza. La lucha, lo que irrumpe para modificar y, en última instancia, asentar.

Nuestro interior está necesitado de certidumbres y de esa *tranquillitas* que ofrece lo claro y fijado, porque iluminan las sombras de las que venimos. Una nota, como el átomo que se desliza en el espacio, forma parte del orden, es el punto móvil de un lenguaje cuyo cometido es decírnoslo todo.

Dos o más notas afinadas entre sí suenan, de manera simultánea, limpias al oído, como si se tratase de una sola voz. A veces, los músicos del pasado lo fiaban todo a su percepción. En ciertas culturas populares, daban por afinado un instrumento cuando la cuerda llegaba a su máximo de tensión. En la música más elaborada, eso se cumplía cuando dejaban de oírse los batidos, que son las fluctuaciones que anuncian el sonido definido. En el momento en que dichos batidos ya no son perceptibles, puede empezar la música, pueden pulsarse las teclas para un *praeambulum* de Jakob Froberger, pasar el arco sobre un acorde de Caix d'Hervelois o por un pasaje del cuarteto *The Weaver's Knot*, de Liza Lim.

Novalis, el poeta de los *Himnos a la noche*, estaba persuadido de que sólo existía *una única cuerda*: la destinada a recomponer la vibración que se produce en el interior humano.

Buscamos ahora, aquí, en los gestos, la pausa de una realidad que se disipa hacia su propio vacío. Es posible que los pintores del pasado, también los poetas, vieran en el acto de afinar las notas de un instrumento un hiato, una escena de veracidad, de naturalidad, un modo de aislar una figura, como lo hace, ya en el siglo XII, el músico anciano del Pórtico de la Gloria, del Maestro Mateo, que templa una viola, en la catedral de Santiago de Compostela. También en las miniaturas de las *Cantigas de Santa María* descubrimos a juglares que afinan las cuerdas. La Música, en su alegoría del códice *Las Virtudes y las Artes*, fechado en 1355, es una dama reclinada hacia atrás, levemente, viste de azul, color de la pureza, y retoca el bordón del laúd. Es una obra de Niccolò da Bologna. Desde su pasado llega hasta nosotros esa nota solitaria que nos descubre, de pronto, unidos en el tiempo.

El intérprete, cuando afina las cuerdas y lo cede todo al oído, se separa de cuanto lo circunda, dispuesto a regresar con la armonía que ha tomado de un mundo que desconoce la agitación. Por más que ahora se trate de una fabulación, es lícito que imaginemos a los pintores con la respiración contenida, entregados a un especial cuidado a la hora de recrear esta acción cautelosa, a un riguroso detenimiento mientras dibujan los dedos en la clavija y la espontánea inclinación del cuello, esa postura inconsciente del músico que le lleva a acercar el oído al resonador para obtener una mejor escucha. El querer «oírlo todo» condiciona la posición corporal, influida por esa atención que se presta a lo preciso, como sucede en *La tañedora*, de Bartholomeus van der Helst, o en *El pajarero*, de Jean-Baptiste Greuze. Nicolas Poussin, en una carta del 20 de marzo de 1642 a Chantelou, recordaba que «las cosas en las que reside la perfección no deben ser vistas con apresuramientos, mas con tiempo, juicio e inteligencia».

Recrear el momento de la afinación es lo mismo que pintar un borde bien perfilado, que pulimentar un saliente, que revisar un filo.

El oído busca el equilibrio, ayuda a que caminemos recto, favorece la orientación de noche, avisa de lo invisible. Templar una nota es algo más que alcanzar un sonido exacto. Lo que en alemán se entiende por *Stimmung* no sólo expresa afinación, sino también un estado, una condición, un reposo, un sentimiento, una atmósfera.

Una cuerda que resuena afinada no tanto expande como recoge, no tanto emite como incluye.

I

LA AMISTAD DE LA LUZ

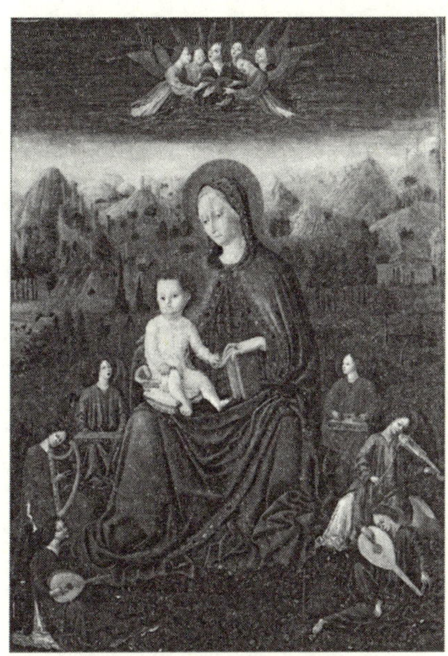

Benedetto Bembo, *La Virgen de la Humildad y ángeles músicos* (*c.* 1450).

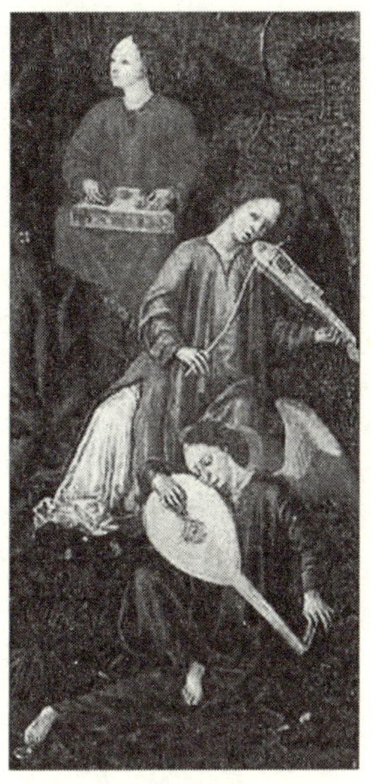

(Detalle).

La humildad, la que nos es posible, está de pie. Es una mujer vestida de blanco. A veces va cubierta con una tela de saco, hija de la pobre estopa. Camina sobre ricas vestimentas, que desprecia. Cabeza inclinada, ojos que miran al suelo. No hay manjares; a su alcance, sólo un pan, el alimento de los que viven en la única luz de su desnudez.

La Humildad divina, la que no alcanzamos, está sentada.

Las alegorías de la Sabiduría casi siempre están sentadas. No hay humildad sin sabiduría.

Upaniṣad significa 'sentarse cerca de alguien'. Ese alguien es el maestro. *Upa* ('cerca') y *niṣad* ('a los pies'). Estar junto a lo que enseña la virtud, el *wilâyah* sufí.

En *El canto del inmediato satori*, la iluminación se recibe sentado (*shikantaza*).

Humildad, herencia de la tierra (*humus*). El tras*humante*, el que la cruza. *Humilis*, lo que no es alto, pero que eleva.

Hugo de Balma, en la cartuja de Meyriat, una noche de finales del siglo XIII, escribe en *Sol de contemplativos* que la humildad y la gratitud son los brazos que llegan al corazón para ofrecerlo.

En el mismo Hugo: el agua de la gracia divinal se recoge «en la bajura de la humildad».

«Los que sólo miran desde el interior son los humildes» (Enrique Suso, en el *Pequeño libro de la Verdad*).

Benedetto Bembo no ha alcanzado, como tampoco Gerolamo, el renombre de su hermano Bonifazio, también pintor, mayor en edad. Son hijos de Giovanni Bembo, artista de Cremona. Benedetto ha nacido en Brescia, tal vez. Lugar de músicos y de artesanos de instrumentos musicales. Apenas se sabe de su existencia; el silencio y los pinceles pueden diluirlo todo. Qué caminos de Lombardía habrá recorrido. Ha preferido estudiar a Pisanello y Masolino, admira el gótico de Milán, contempla a Gentile da Fabriano. Sin embargo, Bonifazio está más cerca del Renacimiento, le gustan Donatello y los pintores del *studiolo* de Belfiore: Angelo Maccagnino, Cosimo Tura, el húngaro Michele Pannonio.

Un coro en el cielo. En la tierra, los ángeles músicos. El que se halla a la izquierda, sentado a los pies de la Virgen de la Humildad, afina la cuerda grave del laúd, la encargada de recordar que su función es la del mundo: nos sostiene y, a su vez, limita. Es el orden de lo real, el apoyo, la última carta que muestra la música, esa que dice que ya no es posible ir más allá, viajar más abajo, a las regiones que se han soñado, que no existen.

Su laúd es de mayor tamaño que el tañido por el ángel que toca, también sentado, enfrente. Este grupo procede del aire, y no tanto de las cosas de aquí, entre las que nos movemos.

Una historia atañe a Benedetto Bembo, la de Bianca Pellegrini d'Arluno y Pier Maria II de' Rossi, *condottiero*, conde de San Secondo, azote de los venecianos y bendición de los Sforza.

El castillo de Torrechiara es una amistad con la luz, asentado en la aspereza terrosa de una colina. Benedetto ha decorado el dormitorio, la llamada Camera d'Oro. Los frescos narran la pasión de los mencionados Pier Maria y Bianca. Escenifican la fuerza que sólo le es dada al amor. Ella es una Simonetta Vespucci, una Lucrezia Panciatichi. El encuentro entre ambos es el signo de un camino cumplido, el testigo de una manera de amar, una brizna de *dolce stil novo* casi agostada por el tiempo.

Bembo pintó este *ars amatoria* hacia 1462.

He aquí la historia, que empieza una mañana: en una de sus misiones milanesas, Pier Maria II de' Rossi conoce a la *nobildonna* Bianca Pellegrini, veinte años más joven, dama de honor de Bianca Visconti. Es hermosa y culta, piel nacarada. «*Mentre che l'aureo crin v'ondeggia in torno*», el aire. Está esposada con Melchiorre di Arluno, al servicio de Francesco Sforza. Pier Maria está casado, a su vez, con Antonia Torelli. Había contraído nupcias a los quince años. Han dado el fruto de diez hijos. Él escribe versos, lee a Guido Cavalcanti, frecuenta las *rime* de Matteo di Dino Frescobaldi. Con los poemas, habiendo aprendido de su pasión pudorosa, piensa que podrá acercarse al pecho de Bianca Pellegrini.

Un dulce hablar lo ha atado a los ramos donde el corazón se enreda: «*dolci parole ai be' rami m'àn giunto ove soavemente il cor s'invesca*». Petrarca. La mirada vence, se aman, ceden, huyen. Torrechiara. Su legado será Ottaviano, que morirá en su juventud.

No sólo las pequeñas iglesias, también las catedrales de Europa se llenaron de vírgenes de la Humildad. Sus devotos eran, sobre todo, los desastrados, los mendicantes, los lisiados, los ciegos, los espásticos, los leprosos. Iban sin provecho de pueblo en pueblo, buscaban el consuelo en la imagen de la más humilde de los humildes.

La Virgen de la Humildad está sentada en el suelo, a veces sobre un cojín. Tierra, *humus*.

Sus orígenes, ¿brotan de las *mulieres sedentes*, solitarias? O quizá esa actitud de un sentarse a pie de mundo, ese acuerdo silencioso y posado en lo que es primordial venga de los caminos orientales.

La beguina Margarita Porete, en *El espejo de las almas simples*, dice que una de las doce designaciones del alma es «La en todo anonadada (*anéanti*) por la humildad».

Las de Giovanni di Paolo, sienés, son las vírgenes humildes más *umilissime*.

Ciertos nobles y caballeros de lanza elegían el suelo, querían mostrar su corazón amansado, como Luis XI de Francia, que prefería la piedra a una silla con respaldo de herradura, un escalón a un asiento de brazos labrados. Pero la más Humilde, lo saben los menesterosos, escucha, antes que al rey, al mendigo, al *mendum*, al 'tullido'.

La Virgen de Benedetto ha bajado la mirada, como es propio de quien se recoge en su nada. Además de los laúdes, suenan dos salterios, un arpa y una viola de arco de caja estrecha y mástil largo. Música suave, que no trata de convencer a quien la escucha, apenas susurrada, sin más objeto que pertenecer a las cosas que la acogen. Es un modo de decir despojado, como los árboles al fondo del cuadro, que no proyectan sombra, a pesar de las tupidas copas. Más allá, un castillo, unas atalayas, también unas montañas que son como esa última cuerda del laúd, la más grave. Tras ellas, lo que se desconoce, la caída en lo irreal, el precipitarse hacia el vacío de una luminosidad que abandona a quien se adentra en ella.

II

LOS DEDOS Y EL TORNO

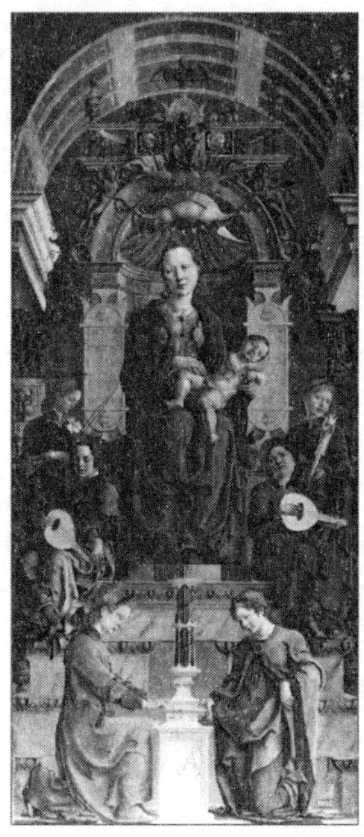

Cosimo Tura, *Retablo Roverella, La Virgen y el Niño* (1470).

Añoramos una restitución, pretendemos que nos sea devuelto algo que, en realidad, nunca fue nuestro. Y si lo fue, jamás lo perdimos. Lo olvidamos. Al afinar un instrumento buscamos el regreso de lo que estuvo en armonía y sentimos perdido para siempre. Templar una cuerda es crear el ahora, dar claridad al presente. La oscilación de un sonido, cuando se tensa o distiende, transcurre por los distintos lugares de nuestra mente, aquéllos en los que viven, portal con portal, la incertidumbre y el equilibrio, el temor y la serenidad.

Venimos de un desconocimiento que no aceptamos; sólo atendemos lo que nos afirma. Una clavija puede llevarnos de una región lejana al «aquí» más incontestable, proponernos mundos antagónicos en un solo movimiento del índice y el pulgar. El oído huye de la discordia, da por sentada la historia de nuestros acontecimientos mínimos, que fluyen hasta la desembocadura del último día.

Las vueltas de un torno están impulsadas por la misma voluntad que los dedos aplican a esa llave: moldear la utilidad, no importa que el recipiente haya sido pensado para contener harina o albergar sonidos. Porque las paredes de este receptáculo, en el caso de la música, están hechas de aire corregido, de vibraciones solventadas para existir como contención. En eso consiste, en verdad, una nota.

Ciertos filósofos antiguos tuvieron la certidumbre de que el vacío era real porque permitía el desplazarse de los cuerpos; facilitaba, así lo creían, el camino en un espacio aún no descifrado. Pero la música, ya desde el inicio, fue a la vez el vacío y el objeto, encarnó la distancia y la nada. Quienes la escuchaban no sabían señalar el lugar de su procedencia, la tenían por una extranjera entre la infelicidad de los pueblos. Una advenediza entre los tristes. Al ver que los liberaba de las penas, se quedó entre las mujeres y los hombres, fue su río. Creció en el soplo, en la cuerda, en el canto.

Una flauta es humilde; una viola es solitaria; una canción es un atadijo.

Un *podatus* del canto gregoriano, una semimínima del *Ars Nova*, una *longa*, una *brevis*, un gráfico en el vértigo de la música electroacústica, un *cluster*, las formas móviles de Earle Brown, los sonidos de Kapotte Muziek, lo son a partir de ese torno y las manos que lo sombrean. Si algo los vincula, es la apelación a un tiempo circular que se ha intentado contar, medir, ese que nos permite haber estado en los hogares de nuestros antepasados y viajar a la casa que desconocemos, pero que, como en Rilke, nos aguarda.

La música no es el lenguaje de las palabras con el que lo suplantamos todo; es, más bien, una manera de reconocer que somos un legado del aire.

El ángel del panel central del *Retablo Roverella*, que acoge a *La Virgen y el Niño*, de Cosimo Tura, está a punto de sumarse al conjunto angélico. Afina el laúd, un instrumento todavía pequeño, como el que tocaba Francesco da Milano, el más ilustre y solitario de los laudistas. Los músicos de su alrededor no se han detenido, siguen tocando, saben que los alcanzará, que irá a compás tan pronto como regrese, porque la música discurre en un único flujo que asciende y desciende según la nostalgia de quien la escucha.

Tura es laborioso, no sabe qué significa perder el tiempo, decora pequeños objetos, cofres, muebles, cartones para tapices. Para uno de ellos, *Lamentazione*, se ha inspirado en Rogier van der Weyden, que ha visitado Ferrara. A él, a Tura, se le confía la ornamentación que embellece los torneos, de ahí sus confalones y gualdrapas, los escudos y los cortinajes. Ha adornado, también, instrumentos musicales, quizá la caja armónica de algún clavicémbalo, de una espineta, la consola de un arpa. Las pinturas de las puertas del órgano de la catedral ferraresa, terminadas en 1469, son obra suya. Abierto, deja ver *La Anunciación*; cerrado, *San Jorge y el dragón*.

Tura lo piensa todo, lo ve todo, no escapa al acontecer de los mundos más inadvertidos ni al devenir de lo extenso. Abarca la miniatura y el amplio fresco, como sucede en el palacio Schifanoia.

En la predela del *Retablo Roverella* hay una *Pietà* hecha de un amasijo de sombras. Es el más descarnado de los pintores de la Escuela de Ferrara, el más enigmático. Fondos opacos, figuras escultóricas, sinuosas, melancólicas. Son los universos que han nacido de los años de estudio, de la pregunta sobre las acometidas de la bilis negra, quiere explicarse el porqué de la inconstancia humana, el porqué del Ícaro que somos, descifrar la naturaleza del abandono que nos arroja a la incertidumbre.

Marsilio Ficino, que vive en los tiempos de Tura, dice en *Tres libros sobre la vida* que la melancolía nos asalta por el hecho de recogernos en el interior, de replegar el alma. Pero en Tura, no sabemos cómo, el conflicto se desvanece, de manera impensable, en unas líneas serenadas, porque él procede de un declive y va a un estuario.

Su existencia, sin embargo, se ha desmembrado como las tablas de un retablo que muere a manos de unos asaltantes. Apenas sabemos nada de su camino, más allá de los lugares donde trabajó y de su lazo con la corte ferraresa. Ya anciano, desvalido, confiesa vivir *miserabilmente*. En palacio, durante sus años de servicio, le habían impedido abrir un taller propio, una *bottega*. Solicita que le sean pagados unos encargos entregados hace años, al menos seis.

Lee a solas, como su *San Juan Evangelista en Patmos*, en el exilio que es toda vejez. *Malinconia*. Sus días finales, enfermo, se difuminan en un torreón de las murallas de la ciudad.

III

EL CANTO ES SIEMPRE MENSAJERO

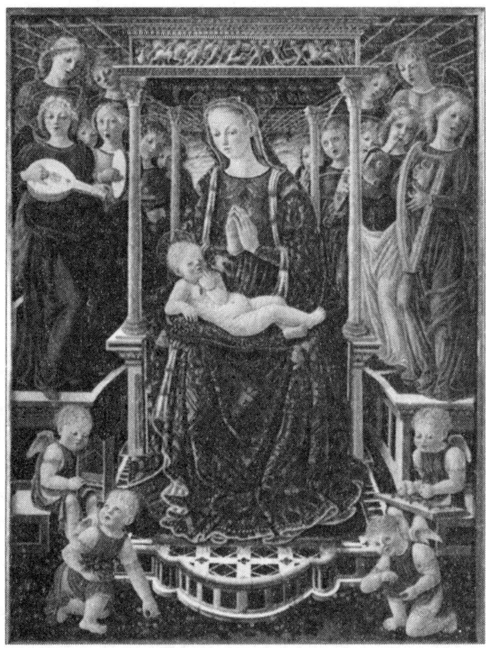

Giovanni di Piermatteo Boccati, *Virgen de los ángeles músicos (Virgen del grupo angélico de músicos)* (después de 1455).

Está sentada en un trono con un baldaquino, rodeada de ángeles músicos. Una pérgola de rosas poco visible, sin espinas, la cubre. Las rosas carecían de espinas antes del pecado original. Pero la música no conoce el antes ni el después del paraíso; el suyo es un fluir por encima del tiempo y de los actos de los hombres. La Virgen, aquí, en Boccati, escucha a los ángeles, que tañen y cantan. La ha creado para la Compañía del Santísimo Sacramento, en la iglesia de San Simone del Carmine, en Perugia.

Desde muy antiguo se ha abrazado el sueño de un cielo constelado por la música, una armonía que llega de las estrellas, que están fijas mientras transcurrimos. Somos nosotros quienes giramos en un firmamento al que hemos dado nombre sin reparar en lo que significa el nuestro. Dejan su estela, pero los fugaces somos nosotros.

Ahora, de noche en Samos, Pitágoras escucha la armonía de las esferas, las notas de los planetas que atan con su cuerda de sonido las cosas del mundo. Sujetar el cielo, oírlo en plena oscuridad desvela que el universo resuena para el que decide estar en silencio.

En la Edad Media, la música procedía de una sabia pasividad, como si no hubiese nacido en las *scholae*, como si no se elevara en las cantorías laterales de la nave. Una sonoridad difícil de radicar en la tierra, imposible decir: «¡Escucha, viene de aquella parte!»; o bien: «¡Se oye cerca de aquí! ¡Vamos!»; o «¡Alguien toca en el bosque!». La que importaba, la inencontrable, la indecible, la que no pertenecía a ningún lugar, la que era reverberación de lo que antaño se pensó como verdad venía de los cielos.

No existe un solo instrumento que pueda ofrecerla, ni una voz capaz de enunciarla. Adolece de una emisión, no nace de un centro, por eso puebla el espacio entero y lo ordena. El cosmos lo es todavía más con la música.

Las historias, por más que se las llame sagradas, no reflejan lo real. No es cierto que existieran ángeles caídos, nunca un ángel ha sido arrojado al desamparo. Los creyentes sí lo piensan. El Libro de Enoc yerra, los *grigori*, a los que llaman hijos de Elohim, son una invención; no se ha dado un Azazel; Semihazah no ha instigado ninguna caída. Es una fabulación. No puede caer quien pertenece a la nada, quien es un no-ser. Los ángeles, como mucho, son pequeños sistemas de soledad, estrellas que hacen menos desamparados los rincones celestes. En la pintura del pasado, cuando se los añoraba, vivían en los retablos y en los cuadros de vírgenes y santos. En ellos, los músicos alados que afinan un instrumento, si nos fijamos bien, están casi siempre a nuestra izquierda, que es la derecha de la divinidad.

Gaston Bachelard decía que descendemos de los que no han tocado la tierra.

El caer es cosa de aquí abajo, donde todo nos parece poco. La caída se produce desde nosotros mismos, desde nuestra aparente altura. Para un *ággelos* no es posible despeñarse del cielo, flota como el ángel de Ernst Barlach, porque antes, a quien era bueno en su trabajo, nadie lo echaba; los ángeles músicos conocían bien su oficio. Nunca se ha despedido a un *gandharva*, que viene del Himalaya y toca y danza suspendido en las alturas; nadie ha provocado el caer de una apsara, que baila y tañe, feliz, para Indra sobre las nubes de la India, sustentada en el aire: en la tierra se reconoce en el Árbol de Buda, pero su lugar está en lo alto, en el carro del Sol. Nadie ha repudiado a los *kinnara*, maestros de la *vīnā*, cuyas cuerdas suenan por encima del mundo. Ninguno de los *ameshaspenta* del mazdeísmo ha sido despreciado; ayudan como pocos al equilibrio de la ancha bóveda. En el cielo no hay expulsados.

El canto es siempre mensajero, *ággelos*. Los ángeles bajan por la escalera de Betel, tratan de no despertar a Jacob.

Al ascender, lo hacen también en el más cuidadoso silencio, que rompen cuando ya están muy arriba, en las corrientes azules de las que han nacido, porque entonces vuelven a cantar y hacen sonar los instrumentos.

Quien haya oído hablar de los ángeles caídos, quien piense en unas imágenes desesperadas hacia el suelo terrestre, tenga por seguro que ha sido el miedo de un hombre el que lo ha imaginado. La caída no es más que una melancolía de las alturas.

Giovanni di Piermatteo Boccati ha recreado en varias ocasiones a la Virgen rodeada de ángeles. La pintura de entonces, con la música tan presente, se asemeja a una cámara de resonancia, como si hubiera sido concebida en los ábsides. La presocrática armonía de las esferas se cristianiza, ahora viene de partir el pan, acaba de terminar la unción de los pies, regresa de Caná, un camello ha pasado por el ojo de una aguja, proviene del grano de mostaza y de la luminosidad vertical de la Ascensión, está suspensa, como Pitágoras la soñó, aunque los ecos lleguen después de los desiertos y el Jordán, después de Lázaro y el rico epulón. Las manos maestras de Boccati entienden bien lo aéreo.

Ha nacido en Camerino, que está asentado en un cerro, en las Marcas, entre el Adriático y los Apeninos umbros. De allí, o de un pueblo cercano, es también Giovanni Angelo d'Antonio. Peregrina por las iglesias y conventos donde los ilustres han plasmado su trabajo. En sus viajes, Boccati ha llegado a Perugia y Florencia, no ha dejado el camino hasta visitar Padua y Venecia.

Son días de estudio, de copia y de acercamiento a un arte que ya no parece del mundo, como la música. Lo atrae la manera de hacer de Filippo Lippi, lo llama Bartolomeo di

Giovanni Corradini, al que conocen como Fra Carnevale. Lo hierático de Giovanni Francesco da Rimini lo toma como una elección de silencio. Halla enseñanzas también en Gentile da Fabriano. Lo conmueven Donatello y Agostino di Duccio en la escultura, Paolo Uccello lo hipnotiza, pero quizá ninguno como Domenico Veneziano. Si el destino quiere que sea así, se debe a su amor por la quietud de las formas del gótico tardío, que todavía brilla entre los maestros del norte.

Domenico Veneziano nunca olvida a los flamencos; Boccati no pinta sin ellos. Mira a Van Eyck, sobre todo.

En la *Virgen de los ángeles músicos*, arriba a la derecha, encima del pedestal labrado, un arpa gótica. Tras el ángel que la tañe hay un gaitero y otro que toca el rabel. Detrás, los cantores. Justo en paralelo al arpista, enfrente, el ángel del laúd afina una cuerda. Le siguen más seres alados: uno percute el pandero; el otro, los címbalos.

El laúd es de caja pequeña, común entonces, con las duelas muy abombadas, con un mástil ancho y corto en proporción al cuerpo. Un ángel de Melozzo da Forlì, sobre un fondo de limoneros, tiene en sus manos un ejemplar muy parecido, evolución del que pintó, en el siglo anterior, Simone Martini en *La vida de san Martín*, donde el músico lo pulsa con la pluma sujetada entre los dedos índice y medio.

El músico de Boccati está templando el orden grave; sobre él superpondrá una dinastía de sonidos: cada hilera será un grado en la jerarquía de Dionisio Areopagita, el anillo de un árbol que ya no crece en los bosques sino en las floraciones del sonido.

Ahora, en tiempos de Boccati, suena en las tierras de Italia la música de Pietro Bono, las canciones de Serafino dell'Aquila, que es buen amigo de Josquin Desprez. Esas notas se oyen en *El ángel judío*, de Giorgio de Chirico, las canta el ángel de *La Anunciación*, de Otto Dix, las aprende el *Angelus Novus*, de Paul Klee y Walter Benjamin, ascienden y descienden por las escalas de la *Jerarquía celeste*, de Anselm Kiefer, por *El cielo sobre Berlín*, de Wim Wenders.

Los *Cinco ángeles para el milenio*, de Bill Viola, no saben que cruzan en sólo un instante los miles de años que distan desde que la primera cuerda fue pulsada, para que guardemos su recuerdo.

IV

LA MANO BLANCA Y LA «NERA MALINCONIA»

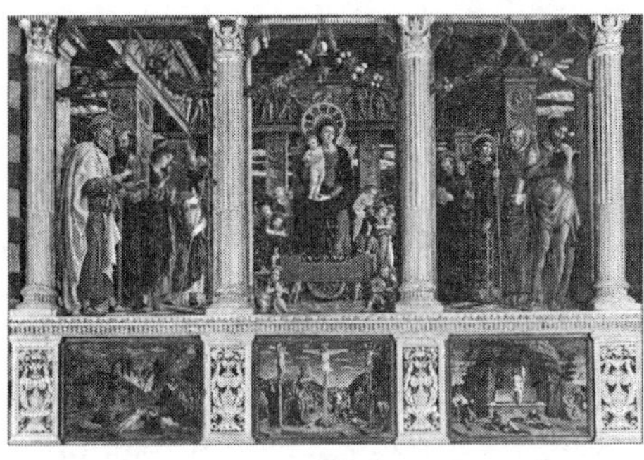

Andrea Mantegna, *Retablo de san Zenón* (*c.* 1457-1460).

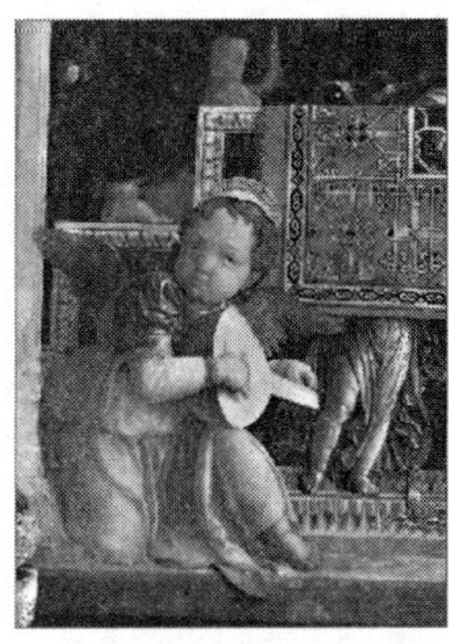

(Detalle).

Les anges sont ailleurs... Es un título de Giacinto Scelsi. Decía que los microintervalos eran demasiado grandes, hablaba de la tercera dimensión del sonido, señalaba que éste era el primer movimiento de lo *Inmóvil*, y que el arte lo es por entero cuando puede detener la forma. Hacerlo quietud, hacerlo lugar, decimos nosotros.

¿Los laudistas del pasado detuvieron el tiempo? No sólo ellos. Toda la música, por más que fluya, es un ahora detenido, una luz de apariencia estática. Escucharla abre un espacio que es anterior a nosotros, un paisaje, una ciudad. Suenan las notas de Marco Dall'Aquila, y vemos, de pronto, unos montes suaves de Pietro Perugino, al fondo, lejos. Suenan los acordes de Vincenzo Capirola, y se oyen las aves que sobrevuelan los cielos del *Cavaliere*, de Vittore Carpaccio.

En Andrea Mantegna, justo en la tabla central del *Reta-*

blo de san Zenón, un ángel templa el laúd. No es un enviado celeste al uso, es un niño orondo, tiene el tono amarillento con el que Ovidio describe a los amantes; los contempla siempre pálidos. Es el color de la madera de boj con el que Shakespeare ha dibujado la desventura de Píramo y Tisbe. El pintor ha situado a este ser alado a los pies de *La Virgen y el Niño*, afina con tiento, como si hubiera de pasar la noche en vela, atento a los ruidos del camino.

En el manuscrito para laúd de Capirola, fechado en torno a 1517, se dan indicaciones para afinar el instrumento. Son útiles, claras, como los consejos para el tañido y los *abbellimenti*. Los compositores solían ofrecer orientaciones a los músicos para descubrirles los pliegues de las obras. Tromboncino, Cara, Josquin, Obrecht, Févin son algunos de los maestros que figuran en esta recopilación, donde la fusa se escribe en amarillo; la mínima, en rojo; la semimínima, en violeta: coloraciones para sostener un ritmo que va ramificándose entre la música.

Hay un ángel, muy parecido, en un tríptico de Francesco Benaglio, también en Verona, en la iglesia de San Bernardino, que tensa una cuerda con el objeto de afinarla. Los ángeles hacen menos solitarios los rincones de los cuadros y los retablos. *Les anges sont ailleurs…*

Siempre el laúd, porque su sonoridad lejana y a un mismo tiempo inmediata crea una ingravidez que nos hace leves. Es un confidente, está en manos de la muchacha que quizá, en este ahora de hace cinco siglos, canta *Mille regretz* en una casa de Nimega o de Chartres. Se llama Emma-Lisa Roux. La caja almendrada se acomoda al pecho de quien lo tañe, premia la soledad, es un claustro hecho de aire, un laberinto en el que se pierden los enamorados, con fáciles cercados y muros bajos. La roseta, las duelas, el perfil de una fuente de ébano incrustada. A él llegan las páginas transcritas de Verdelot y De La Rue.

En el laúd se encuentran la confesión y el arroyo, la mano blanca y la *nera malinconia*, el pudor y la garza, el destello en la cuenta de un collar y la lluvia. Viven en él las pavanas de Pietro Paolo Borrono, aquellos *balli* de Giulio Abondante, el autor de *musiche rarissime*. Un instrumento que, como el teclado, facilita la invención, abre los caminos del contrapunto, ayuda a recoger lo olvidado para entregarlo a alguien que escucha desde no sabemos dónde. ¿En qué lugar del tiempo está?

Mantegna ha nacido entre las paredes mal revocadas de un hogar en el que hace frío. Es un niño pastor, como lo fuera Giotto. Sus años primeros los pasó dedicado «a cuidar rebaños» («*pascendo gli armenti*»), escribe Giorgio Vasari en *Las vidas*. Está habituado a los amaneceres escarchados y a trabajar sin medida. Él mismo se encarga de llevar el retablo de Padua a Verona, a la Basílica de San Zenón. Son las luces finales del mes de julio de 1459, desconoce la fatiga. La leyenda dice que allí, en su cripta, Romeo y Julieta se unieron en matrimonio.

La obra ha sido una petición de Gregorio Correr. Mantegna ha mandado abrir una ventana lateral, a la derecha, para que ilumine la pintura. Lo ha pensado todo, hasta la nueva distribución del presbiterio. Gregorio Correr accede, lo entiende bien, le deja hacer.

Este humanista, Correr, ha estudiado con Vittorino da Feltre, maestro único que permitía a los alumnos dejar las aulas y pasear por los campos, así aprenderían, decía él, a entender otras cosas que sólo la naturaleza enseña. Hablaba con los escolares, uno a uno, los alimentaba, procuraba que nunca trabajasen con luz tenue. Impartía lecciones por igual a los hijos de los nobles que a los de familia pobre. Se cree que un retrato suyo se debe a las manos de Pedro Berruguete y Justo de Gante.

Cuenta Vasari que, en Verona, Mantegna elaboró la tabla del altar mayor de Santa Maria in Organo. Es la llamada Madonna Trivulzio. Bajo ella, unos ángeles tocan un órgano positivo, en alusión al nombre del monasterio. Cantan. Es el cometido de los músicos, que saben poco de la tierra porque habitan en una resonancia alta que no oímos.

La historia acostumbra a ser una humareda, un alarido: el *Retablo de san Zenón* fue llevado a Francia, formaba parte del botín de Napoleón. Allí será desmontado en 1815 y retornado sólo el tríptico mayor. La predela, con las tres escenas, recoge las que son copias de la *Oración del huerto*, la *Crucifixión* y la *Resurrección*. La segunda, la *Crucifixión*, justo debajo de la tabla de la Virgen, es uno de los momentos más dolorosos de Mantegna. En ella, los soldados, a la izquierda de la cruz, se juegan las vestiduras de Cristo a los dados. El azar y el sufrimiento, la *Tormentata fortuna* que un mañana sonará en la música de Francesco da Milano, esa que está contenida en el *Libro della Fortuna*, la dama que mueve la rueda tan temible.

V

LO INMÓVIL

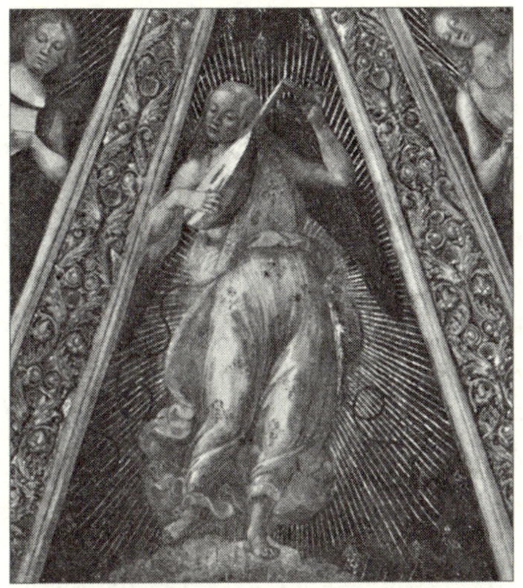

Luca Signorelli, *Ángel músico* (1477-1482).

Acercarnos a alguien que toca un instrumento y que, sin embargo, nos lleva a pensar el silencio explica la naturaleza del espíritu. Aprendemos de lo que está detenido y callado. Lo inmóvil lo dice todo de nuestro deseo de ser. Contradicción de los términos. Entre un objeto y nosotros se abre un espacio del que nos hemos apropiado. Pensamos que cuanto se extiende alrededor nos pertenece. Día a día nos cuesta más concebir lo inalcanzable.

Cada uno se siente dueño de algo que cree haber dominado, ocupado. Persuadidos de haber franqueado el territorio de cada ser, esta quimera nos hace ilusorios; cruzamos un camino que jamás ha sido trazado. No recordamos que somos un préstamo; fabulamos ser los señores. Tampoco reparamos en que las cosas tienen su reminiscencia, porque lo creado procede de un tiempo y de unas manos que se nos han anticipado y que desconocemos. Ignoramos quién ha creado los objetos que están ante nuestros ojos, quién los ha ultimado.

Hay un legado que consiste en el don primordial de reconocer, de presentir, porque las cosas visibles tienen su parte invisible: las botas campesinas que Van Gogh deja enfriar después de un día de labor de 1886 evocan las pisadas por los surcos recién abiertos, llevan consigo la humedad ilusionada de las lluvias de marzo; el terrón de la tierra de nuestros padres, que se ha incrustado en las suelas; el peso del cuerpo de una mujer que se gana el jornal en Nuenen, donde están los comedores de patatas en torno a una mesa mal iluminada.

Un jarrón, el color rojizo del atardecer, un pájaro que lo cruza, los tablones del puente de madera que resuenan al pasar a caballo, como en la *Carta de Lord Chandos*, son capaces de entregarnos a un silencio tan poderoso que desmiente el afán de la mente moderna, que se piensa hegemónica y en realidad es sólo opulenta.

Apenas nos es dado ser un todo con aquello que es observado, que es contemplado. Éste es el cometido: vivir con la mirada que piensa lo lejano y lo sucedido y saber estar en el ahora.

Cualquier objeto tiene su estela oculta, hay algo de previo, de anterior en su forma: una azada, aun sin haber sido empuñada jamás por nadie, ya ha desbrozado el huerto. Un papel en blanco contiene una confidencia antes de que escribamos en él. En unos zapatos, todavía sin usar, se encuentra la horma del cansancio. El abrigo que aún no ha cubierto una espalda alberga un frío de eneros anteriores. Todo se halla contenido en un antaño que es tiempo por descifrar.

En lo visible hay una constelación de mundos invisibles. He aquí las palabras de Vasili Kandinsky en *De lo espiritual en el arte*: «Cuando se alcanza un alto grado de desarrollo de la sensibilidad, los objetos y los seres adquieren un valor interior y, finalmente, un *sonido interior*».

Borrar la distancia que nos separa de las cosas, no jerarquizar el espacio que nos es propio, no divergir del flujo que envuelve en un mismo curso el cerezo, la nieve que se estrecha en un vallado, el perro que dormita y el plato que dejamos sobre la mesa es renunciar a vivir fragmentado. Porque existir así, asumidos como fruto de una escisión, segmentados según la ley dual de la razón, es caer en el engaño que trata de convencernos de que imperamos sobre algo.

No oír aquello que vemos, recoger sólo su forma acrecienta el secreto que no somos capaces de desvelar. El ángel de Luca Signorelli, que afina el laúd en la bóveda de la sacristía de San Juan, en el santuario de la Santa Casa levantado en Loreto, cerca del Adriático, en las Marcas, nos persuade de ello. De hecho, parece que el instrumento ya está afinado, el músico sólo comprueba, una vez más, que la consonancia sea perfecta, porque, si nos fijamos bien, mientras pulsa la primera cuerda está ajustando a la vez el bordón o quizá la nota que le sigue. La inclinación de la mano no deja verlo con claridad.

Este ser es uno de los ocho alados que viven en lo alto de la sacristía de San Juan. El único que templa las cuerdas. Bajo esas figuras se hallan los evangelistas y cuatro padres de la Iglesia. Cada uno de ellos está al amparo de un cielo pitagórico que es música y número, una armonía azul que el cristianismo, en tiempos del alejandrino Orígenes, amasó con su harina.

A los pies del ángel, Lucas, el pintor de iconos, antecesor de Rublev, patrón de los pintores.

En 1477, Signorelli, todavía joven, se ha encaramado al andamio para dar vida a estos frescos que resuenan en el corazón de quien esté dispuesto a no cerrarlo. Los finalizará tres años más tarde. El espacio reverbera cuando miramos hacia arriba y se descubren estas imágenes hechas de aire y de gasa, que movemos al pasar. En este artista siempre es así: crea un halo en todo lo que hace.

Este aislar las formas, este sumergirlas en un raro estatismo parece premonitorio. Vasari relata en *Las vidas* que a Signorelli, de regreso en Cortona tras una ausencia, le es anunciada la muerte de su tan amado hijo. La tragedia tiene una hendidura todavía más honda, porque no obedece a un hecho natural: le han dado muerte («*essendogli stato ucciso*»). No sabemos qué ha ocurrido, tampoco sabemos si se trata de Tommaso o de Antonio. En cualquier caso, un muchacho de bellas facciones y cuerpo de hermosa proporción. Tanto es el dolor («*così addolorato*»), tanto el desconsuelo, que pide a los suyos que el difunto sea desnudado, que su alrededor sea un solo silencio y quede todo en rigurosa soledad para retratarlo yacente. Necesita aislarlo en la tierra fronteriza que ya es. Traza su imagen con el aliento contenido, sin derramar una lágrima, observa Vasari.

Lo que «está detenido y callado» lo desvela todo.

Y, sin embargo, apenas entendemos el sentido último de esa inmovilidad. Somos llamados y desconocemos de dónde vienen las voces. Qué nos dice un cuerpo; qué dice una ventana; qué, el color de la tarde.

VI

FINGIR LA VIDA

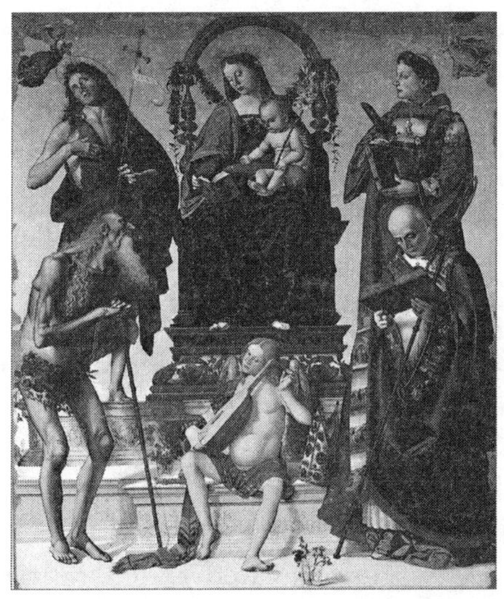

Luca Signorelli, *Retablo de san Onofre. La Virgen y los santos* (1484).

Ciertos seres están destinados a fingirse vivos. Guido Ceronetti decía de Teresa de Ávila que, en medio de sus desventuras, «*doversi fingere viva*». No recuerdo con exactitud un verso de Dante, lo leí hace mucho, cuya sentencia viene a recrear una idea parecida. En él señala que algunos están en la tierra «como si vivieran todavía»; por más que existan, ya no la habitan. Onofre es uno de estos seres. Decide adentrarse en el desierto, siente allí un júbilo de soledad.

Desierto, *deserere*, 'olvidar'.

Quien posee un espíritu retirado es feliz en la nada.

Onofre, al poco de nacer, es arrojado al fuego. Un ángel lo salva. Una hambruna, años más tarde, lo lleva a las puertas de la muerte. Seguirá con vida. Ha rechazado la hacienda de su padre, príncipe abisinio. Prefiere la pobreza, que es un modo de examinar de cerca el mundo. Se alimenta de dátiles, la cabellera le sirve de vestimenta, como lo enseña Alejo de Vahía, en el siglo XVI, cubierto por entero de su cabello terroso. Ningún escultor tan aventurado.

Onofre es un *monakhós*. Él es su claustro. Su piel se ha oscurecido con la humareda de Faetón. Se llama, en realidad, Abü Nufar.

Luca Signorelli ha pintado al eremita ante san Herculano, que defendió Perugia. Tras el asedio de la ciudad, Totila, mal sueño de Roma, lo decapita. Sobre el estrado está Juan Bautista, casi desnudo, extático. Unos ojos que han nacido con la querencia de lo alto. San Lorenzo a su izquierda. El nombre lo debe al árbol de la gloria, el laurel. A Lorenzo se ha consagrado la catedral de Umbría. Lee, igual que Herculano; lee, como lo hace la Virgen, que ha sentado al Niño en su falda.

Es una escena de desasidos y de lectores, las extrañas especies que hacen que la Tierra gire más lenta y serena.

Abajo, un ángel ventrudo afina el laúd, ensimismado. Se trata de unir y armonizar lo que sucede en la lejanía y lo que acontece alrededor, en lo inmediato, que también es destino de contemplación.

Si conocemos la historia de Onofre, podría pensarse que este músico de Signorelli vaticina un hecho, próximo a cumplirse: cuenta la leyenda que, al morir el santo, un coro angélico descendió a la Tierra y entonó cánticos en su honor. La música guía el alma de Onofre a los cielos, al desván de las esperanzas, como las musas han hecho con Orfeo en las aguas de Lesbos. Porque, al cabo, vivir en un espacio a solas es deshacerse como la melodía del que se aleja hasta volverse inaudible.

Alguien ha puesto en primer plano un jarrón con unas violetas, que son las flores de la modestia. Es el sencillo contrapunto de la claridad que abastece esta lentitud, como tomada de los campos de Judea. Es la luz que ha escapado del caos, la que ha cruzado las tinieblas y se ha zafado de ellas, la que no se apaga por más que el viento sople árido y duro.

Esa lumbre es un pequeño fuego, el mismo que llamea bocabajo en las velas de Rumi; está en el final de la voluntad, del budista Udāna; está en lo que ilumina fuera del deseo, como dejó escrito Jakob Böhme. Viene del Génesis, ha subido a la barca de Ra, ha viajado con Arjuna, brilla en los objetos de la pintura flamenca y en los cristales de la calle Paviljoensgracht, donde vive Spinoza, en el número 72. Allí, un día, empezará a escribir la *Ética*: «Por causa de sí entiendo aquello cuya esencia implica la existencia…».

El encargo del *Retablo de san Onofre* fue un deseo de Jacopo Vagnucci, que había nacido en Cortona, como Signorelli. La voluntad que encierra esta solicitud no es otra que la de dignificar el Duomo, debe dársele el esplendor del *umanesimo*. El artista trabaja en él durante el decurso de 1484. Vasari escribe en *Las vidas* que, antes de marchar a Volterra, el pintor elaboró diversas obras en Perugia, y que allí donde iba despertaba el afecto gracias a su humanidad, y tanta era la bendición de su cálido carácter que muchos le solicitaban obras sin necesitarlas.

VII
EL OLVIDO DE UN NOMBRE

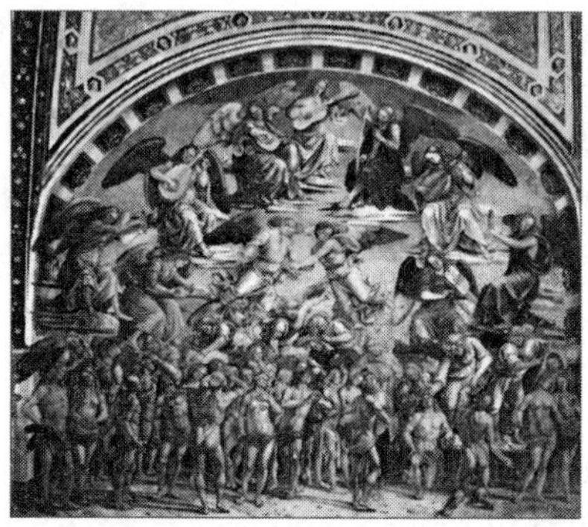

Luca Signorelli, *Los Elegidos en el Paraíso* (1499-1505).

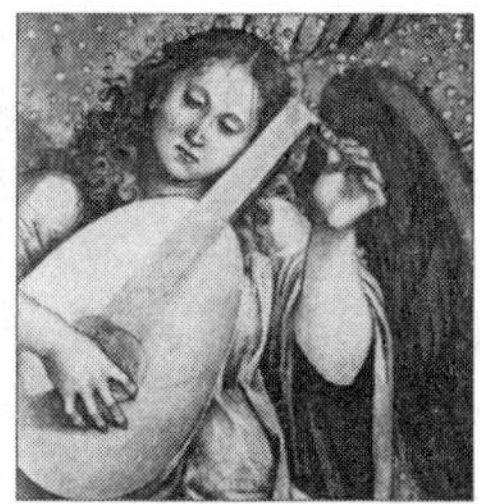

(Detalle).

Acaso entre los elegidos está su hijo difunto. Signorelli lo implora. Pide que Tommaso, o puede que Antonio, viva entre los que, después de la muerte, han sido convocados. *Llamada al Cielo de los Elegidos*. También *La Coronación de los Elegidos*. A veces, *Los Bienaventurados*. Proceden de un lugar que nunca ha existido; han conocido la nada, no la han ocupado. Espacio sin nombre, que la esperanza ha pensado con flores y pájaros, también con el fluir de un río y el destello maduro de unos frutales. Cada muerto reposa sin carencia, yace hasta que llegue, al fin, una música de no sabemos dónde que lo despierte. No lo harán las trompetas apocalípticas sino un sonido tenue procedente de una canción y unos almendros.

Sin embargo, hay otra resurrección real, discreta, piadosa: la melodía de quienes recuerdan a los suyos.

La obra mayor de Signorelli es la capilla de San Brizio, en la catedral de Orvieto; sus frescos predicen a Miguel Ángel en la torsión dolorosa. Un anticristo—dicen los malevolentes que alentado por Savonarola—predica sobre un pilar. El demonio está a su lado, cuernos caprinos. Es el anuncio del fin del mundo, el giro violento que expulsa destinos, la resurrección de los muertos, los condenados que caen al infierno, donde el maldito cruza a remo un estanque cenagoso en su barca siniestra.

Los últimos días de la humanidad: todo esto «convertirá al mundo que nos rodea en una gran retaguardia del engaño», Karl Kraus.

En las escenas se precipitan los arrancados de la tierra, están los que son llevados al vuelo por diablos de alas lanceoladas. Cuerpos apresados por la culpa, de desnudez castigada. Freud se sintió turbado por el sórdido universo de estos frescos; dijo de ellos que eran un «infierno intelectual»... ¿Por qué Freud, al hablar con un conocido, queriendo evocar a Signorelli, olvidó el nombre del pintor? Páginas para el enigma de estas omisiones se encuentran en *Sobre los recuerdos encubridores* (1899), en «Olvido de nombres propios» (1901)... No querer recordar. Y, en cambio, olvidar es un paso camino de la muerte; se nombra, se escribe para no *desmemorizar* el origen de las aguas por las que descendemos.

Ante una obra de esta naturaleza infernal, cabe preguntarse cuánto debe su imaginario a la atrocidad de una batalla y cuánto a la venganza fraguada en lo sombrío del corazón humano.

Signorelli ha leído los versos de Dante. La *Comedia* no sólo es recibida por los espíritus de Letras. La pintura se llena también de llamaradas, asimismo la música, no menos la poesía. En ellas se formaliza la expulsión. Nuestra expulsión al *inferus*.

Signorelli es, quizá, el más humanista de los pintores. Pasa largas horas entre los libros, estrecha su amistad con los maestros que viven bajo el aura de los *studia humanitatis*. En los frescos de San Brizio conviven Empédocles, Virgilio, Ovidio, Dante. Ha decidido pintar su autorretrato en una esquina del amplio fresco, a la izquierda de *La predicación y los hechos del Anticristo*. Es un hombre rubio, de cabello largo. Lo acompaña Fra Angelico. Gusta vestir como los nobles, ha sido juez de paz.

La música recibe a los *Elegidos*; los ha despertado. Bajo el arco, un cielo dorado y un conjunto de ángeles. No cantan, tocan. Música instrumental: tres guitarras, tres laúdes, un arpa y una viola de arco. Como pocas veces, el sonido es un inicio, acaso un reemprender, porque dos de los músicos están afinando: uno el laúd; otro, en la parte opuesta, la guitarra. A la izquierda, casi sobre las cabezas de los bienaventurados y a los pies del laudista, un ángel está encordando la guitarra. Pese a ser celeste, la cuerda se ha roto. La sustituye por otra; la discordia reparada. Es el momento del cielo, la exaltación del aire, debe unirse al conjunto, ser uno más, seguir el dibujo melódico de la viola, que recose, como la aguja en una mano anciana, lo que estaba rasgado.

Signorelli enfermará. Su pintura no puede mantener el don que le ha sido concedido, necesita de sus alumnos para terminar las obras. Una lenta parálisis mina su cuerpo, las manos no le responden. El final llega un día de octubre de 1523, el mismo año que Andrea del Sarto huye de la peste y Vittore Carpaccio, ya avejentado, trabaja en un encargo menor: la decoración de las puertas del órgano de Capodistria.

VIII

DE UNA FORMA A OTRA

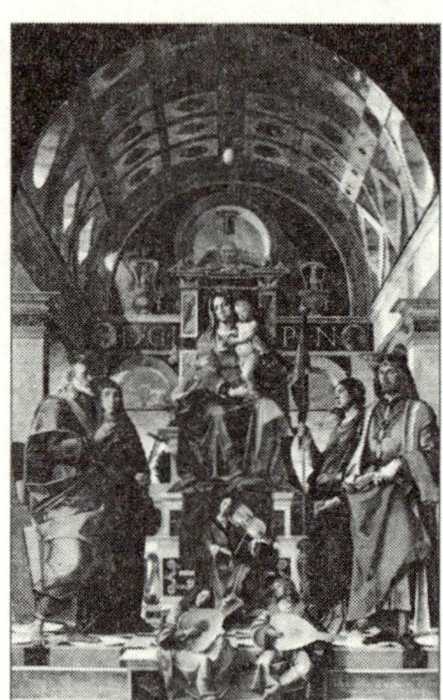

Bartolomeo Montagna, *Virgen con el Niño entronizada entre los santos Andrés, Mónica, Úrsula y Segismundo* (1497-1499).

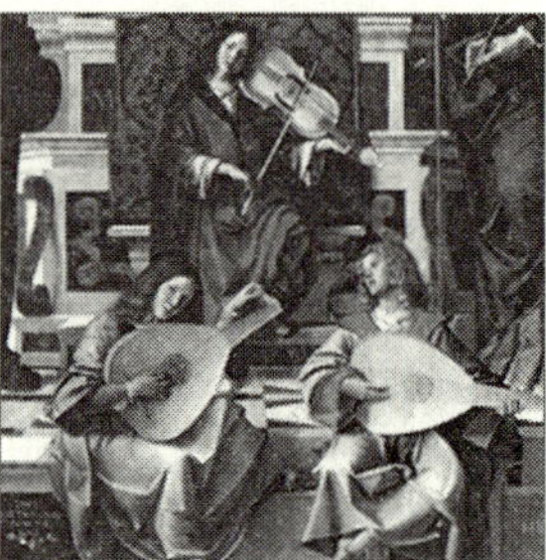

(Detalle).

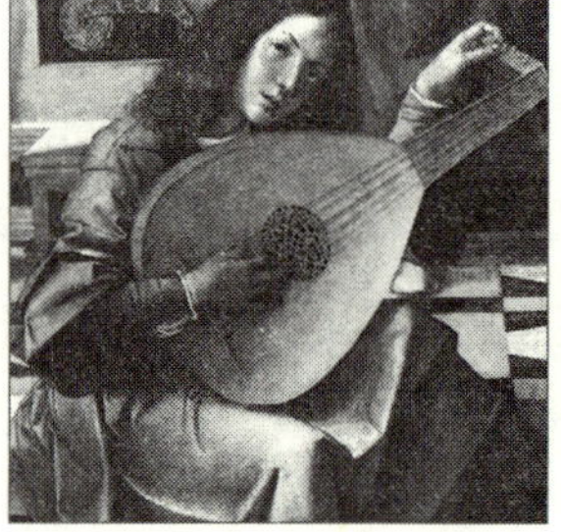

(Detalle).

Eran menos esclavos, pensaban la originalidad de manera distinta a como los artistas lo harán después. Tomaban de aquí y de allá los perfiles, las sombras, el color, el rescoldo del ánimo que moldean las facciones, el decir, de las manos, la disposición del cuerpo. Cada maestro era imitado sin demasiado desdoro del que imitaba, porque entonces se admitía la existencia de los que señalaban el camino. No existe el arte que no provenga de la mezcla. El estilo propio debe más a la vanidad que a la mano, más a la lesión del tiempo que a la mirada. La pureza, en los trabajos del arte, es una destilación de mil lenguas. Se es original porque se viene del origen.

Aquellos artesanos adaptaban las imágenes al gusto que reinaba en sus días; en eso, más o menos, consistía la evolución. No la pensaban como nosotros, que, sometidos a ella, la idealizamos. Aprender es ir de una forma a otra, como ha dicho Richard Serra. Aceptaban ornamentar la realidad, caminar a la par con las ideas, la moral. Vasari, cuando habla de Alesso Baldovinetti, cuenta en *Las vidas* que muchos de esos creadores «no ansiaron riquezas, considerando como verdadera riqueza los frutos recogidos del árbol de la virtud».

Es cierto que el orgullo nació con el ser humano, pero Platón desestimó el ir a caballo porque lo consideraba de altivos. A Pirrón, el escéptico, no le denigraba lavar a su cerdo, y Crates sólo bebía agua, el vino era para los que aman la demasía. Giotto fue humilde, lo fue Pietro Lorenzetti, también Lippo Memmi. A Paolo Uccello, los estudios de la perspectiva lo abandonaron a la pobreza, tan entregado estaba a esta disciplina, y lo mismo sucedió a Cosimo Rosselli por haberse dedicado a los experimentos alquímicos y soñado nuevos pigmentos. Parri Spinelli, que era melancólico y solitario, acortó su modesta vida a causa de las fatigas que dedicó al arte. Es el caso de Lorenzo Vecchietto.

Piero di Cosimo, descuidado hasta lo indecible, recluido en su casa, hervía, en la cola que preparaba para sus obras, unos cincuenta huevos, de suerte que ahorraba el tiempo de cocinar. Eso era todo lo que comía. Yo he aprendido a hacer lo mismo, aunque en vez de cola lo hago con agua y sólo una docena de huevos. Donatello, cuando tenía frío, hundía los pies en un cesto de virutas. Giovanni da Fiesole vivió muy pobremente, y Sandro Botticelli acabó en la miseria sosteniéndose con unas muletas.

Bartolomeo Montagna ha mirado a su alrededor, ha contemplado y admirado, ha aprendido de Giovanni Bellini, ha estudiado a Piero della Francesca y Andrea Mantegna, se ha recreado en Antonello da Messina, en Cima di Conegliano, también en Alvise Vivarini. Valora a sus cercanos Domenico Morone y Pier Antonio degli Abbati, que es taraceador.

Montagna se llama en verdad Bartolomeo Cincani, apenas se aleja de Vicenza. Ha nacido en los años de Signorelli, en Orzinuovi, un lugar de Lombardía próximo a Brescia. Ha trabajado en Venecia, en Verona, también en Padua, adonde llega tras huir de la guerra de la Liga Santa, una alianza de insidias contra los venecianos. Pero es en la ciudad del humilde Astichello, la que adorna Palladio, donde transcurre su existencia. Pese a todo, viaja poco, medita ante los pliegos de los dibujos salidos del ingenio de los más grandes, observa, copia, elabora.

Su imaginación le lleva a replegarse en los espacios arquitectónicos, vive bajo los arcos y las bóvedas, entre los capiteles de gran ábaco, bandas lombardas y zócalos florales. Necesidad de amplitud y armonía. Una geometría del reposo. Como Piero della Francesca en el *Retablo de Montefeltro*, como Montagna en la *Virgen con el Niño entronizada entre los santos Andrés, Mónica, Úrsula y Segismundo*, ha dispuesto en el ábside un huevo sujeto a un hilo, en la parte superior. Es un emblema de perfección, anhelo de la proporción añorada.

Una espiritualidad severa, de figuras que se recortan sobre una luminosidad un tanto irreal, que se persigue en los ocres y las tonalidades pardas. Cuatro transidos: Andrés, el que siempre mira hacia arriba, camino de Escitia; Mónica, madre de Agustín; Úrsula, a la que ha cantado Hildegarda de Bingen; Segismundo, el arrepentido. Se abren a la claridad de lo alto. Quienes miran de frente la luz de lo divino quedan tan deslumbrados, dice Ludovico Blosio en la *Guía espiritual*, que por siempre permanece impresa en sus ojos, y entonces caminan como ciegos ante las cosas exteriores, «y por eso puede llamárseles ángeles de la tierra».

Y, sin embargo, son hombres y mujeres comunes, pero *les anges sont ailleurs...*

El ángel que está en el centro toca la lira de brazo, y en la parte inferior, sentados, dos laudistas. Se cuentan entre los más bellos de este libro, que no porque sí se titula *Despacio el mundo*. El de la izquierda se ha detenido a afinar el orden grave. El pulgar de la derecha, y el pulgar y el índice de la izquierda, mantienen una exacta correspondencia. La cabeza inclinada, la mirada apartada, como yendo a la soledad.

Aunque la música no se halla toda en los pequeños arroyos de los instrumentos, como escribe en su tratado de 1555 Juan Bermudo, en estos laúdes, de resonador almendrado, puente largo y rosetas que ha labrado el pulso de alguien minucioso que no cuenta las horas, es fácil pensar que están hechos para albergar toda la música.

Esta *Virgen con el Niño* se encontraba en la iglesia de San Michele Arcangelo, en Brendola, cerca de Vicenza, y se cree que fue llevada a Milán en 1811.

De los tres hijos de Montagna, sólo Benedetto siguió el arte como grabador. Hace tiempo compré en una librería de viejo una monografía sobre Montagna. Está escrita por Lionello Puppi, 1964. En su estudio, dice que el pintor, entrado en edad, mientras transcurría 1512, conoció en Venecia a un joven llamado Tiziano, y que, fascinado por su arte, se sintió incapaz de seguir el nuevo camino que se abría a sus ojos, tan cansado y asentado estaba en su «*doloroso sentimento della vita e del mondo*».

La edad lo ha enfermado y, aislado en su espíritu, muere cinco días antes que Luca Signorelli, el 11 de octubre de 1523.

IX

LA VENTANA

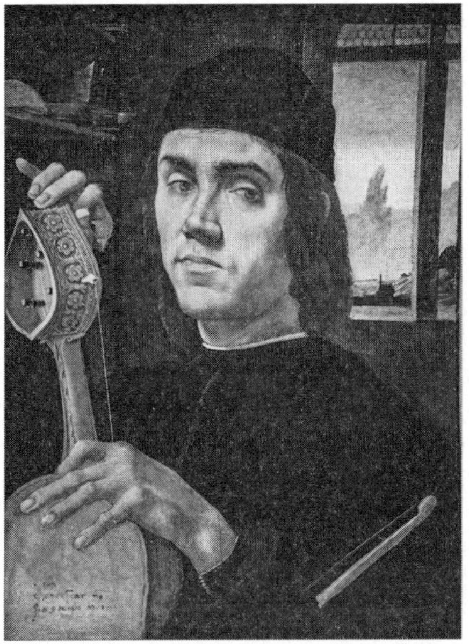

Filippino Lippi, *Retrato de un músico* (*c.* 1482).

La ventana deja ver lo que parece un chopo y una vegetación que no acertamos a distinguir. A lo lejos, unos montes violáceos y, en primer plano, el lento declive de un campo de tonos amarillentos. Quizá sea una ilusión óptica, pero es fácil pensar que lo cruza una figura a caballo, a juzgar por una diminuta mancha que aparece a la derecha, abajo, indefinida. En cualquier caso, un exterior. Porque el Renacimiento fue, sobre todo, un interior y un exterior. No un dentro y un fuera. La palabra *interior* tiene mucho sentido a partir del siglo XV. El paisaje es una invención de la ciudad, responde a la mirada del solitario que mira extramuros e intuye que allí hay paz, que la urbe es fuente de desencuentros.

Lo que contaron algunos estudiosos del siglo XIX y todavía algunos del XX acerca de aquellos días no es más que una historia ideal. Cenáculos, academias, impresores como Aldo Manuzio, cortes de anhelos humanistas, buscadores incansables de libros antiguos, rastreadores intrépidos lanzados a las penumbras del pasado, como Poggio Bracciolini y Lapo da Castiglionchio, como Leonardi Bruni también, sabios embelesados por las ciencias, artistas, músicos como Matteo da Perugia y Andrea da Firenze dibujaron, es verdad, un mundo que parecía abrirse a un espíritu nuevo. Sin embargo, pertenecían a un reducido universo, de rosal que trepa por un muro de piedra blanca, y en el que arriba, en el *studiolo*, alguien lee unas páginas de Cicerón.

En el *exterior*, más allá de los palacetes y los velos de seda, de las balaustradas y las columnas de acantos, la realidad estaba carcomida como un viejo madero, fácil de romper. La Edad Media seguía resecando los rostros a causa del hambre, los trabajos pedían jornadas inhumanas; familias enteras habitaban en graneros; las enfermedades eran tan continuas como contagiosas; se habilitaban osarios en las propias ciudades; las aguas urbanas repartían la inmundicia; las plagas se desataban sin tregua como consecuencia de los aires pestilentes. Los tullidos y los mendigos rogaban piedad. La pobreza había perdido el halo sagrado de aquellos tiempos medievales.

¿Y la música? En el *exterior* sonaban las flautillas, casi siempre caseras, se oían los rabeles y las violas de rueda que tocaban los ciegos y los mendicantes, los músicos ambulantes que vivían desheredados de toda cosa. Los nombres de esta viola pordiosera responden a una modesta condición:

viola de ciego, *lira da orbo*, *lira de campesinos*, *lira mendicorum*, *lira pagana*, *beggar's lyre*, *vielle d'aveugle*. Es la zanfonía que toca *l'aveugle* de Georges de La Tour, la misma cuya manivela harán girar más tarde los ciegos de Francisco Bayeu.

El músico de Lippi, que está en el *interior* de la casa señorial, tiene en sus manos una *lira da braccio*, un instrumento de arco para escogidos, patrimonio de distinguidos. Nada en común con la *lira da orbo*. Con la lira acompaña el canto y los versos de los ilustres del *quattrocento*. Marsilio Ficino, el filósofo del amor y la melancolía, pasa largas horas tañéndola, sabe que con ella se repara el espíritu, lo siente así. En *Sobre la larga vida*, escribe: «Así pues, mientras templáis (*temperatis*) las cuerdas y acordáis los sones de la lira y los tonos de las voces, pensad también, y de parecido modo, en templar (*temperari*) interiormente vuestro espíritu».

Perseguir el equilibrio, dárselo al ánimo. Lo ansiaban quienes habían dado comienzo al tiempo; me refiero al tiempo contado, al moderno, al que se entiende como cuenta atrás. Un día, una hora, un minuto trabajan la angostura, reducen el existir, lo deterioran. Es el pago de la conciencia individual, indigente, que reclama siempre más duración, más. Los poetas de la época barroca llegarán a imaginar que en un reloj, la arena es cambiada por las cenizas de unos amantes. Nunca como hasta ahora se habían pintado tantos lirios agostados.

El músico, que está de espaldas a la ventana es, quizá, un cantante, tal vez un maestro del *cantare all'improvviso*. Bien ataviado, con un bonete negro a juego, que es el color enemigo de la vanidad, se dispone a tocar una vez haya terminado de afinar. El clavijero está labrado con finura, almendrado. La caja de resonancia, con el fondo vuelto hacia nosotros, lleva inscritas unas palabras de Petrarca. Las clavijas, cinco, son frontales; era costumbre tallarlo así en este instrumento florentino, que cuenta con un bordón fuera del mástil, tocado al aire. Ciertos modelos poseían dos bordones. En cualquier caso, ha nacido para la intimidad, para acompañar la voz en unos largos acordes.

Tiene sentido que el tratadista y «*sonator de la Illustrissima Signoria di Venetia*», Silvestro Ganassi, la llame, en la *Regola Rubertina*, de 1542, *lira moderna*.

El músico del joven Lippi, ¿cantará, efectivamente, *all'improvviso*, como el famoso Atalante Migliorotti, o, por el contrario, su voz seguirá una melodía ya establecida? Los poetas cantan e improvisan, lo hace Leonardo Giustiniani con sus *Strambotti e canzonette d'amore*, lo hace Benet Garret, que ha nacido en Barcelona y deslumbra a la corte de Nápoles. Allí lo conocen como Il Chariteo, hijo de las Gracias.

En las páginas de la mitología, Apolo, Orfeo, tocan a menudo una lira de brazo. En las estancias humanistas se fantasea con un saber universal y redentor. En la calle sigue habiendo un rumor de carretas y de vendedoras, se gritan los precios y levantan los avisos de los predicadores, que, con su voz requemada de ayuno, de aliento viejo, anuncian el fin del mundo sin que nadie repare demasiado en ello.

X

UN LAÚD EN EL DESVÁN

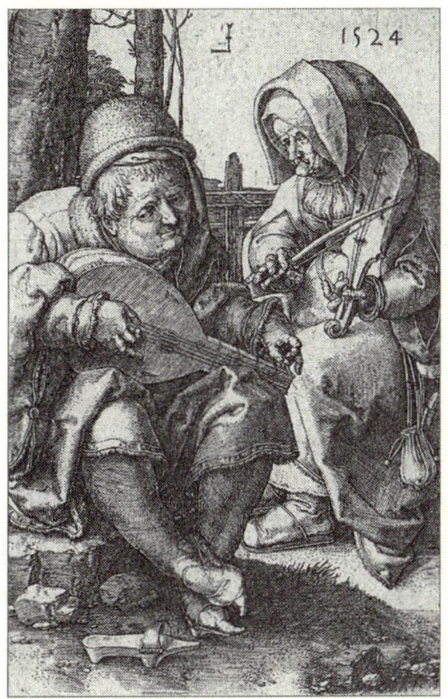

Lucas van Leyden, *Pareja de músicos* (1524).

Son músicos ambulantes, ya ancianos; han tocado en un sinfín de bodas campesinas, en las fiestas celebradas al final de la cosecha y en las ferias de la recién elaborada cerveza, en los bailes, un día aquí, otro allá, de Boskoop a Abbenes, de Rijnsburg a Zoeterwoude, han llegado hasta Nimega, también han ido a las capitales, pero, sobre todo, se los ha oído en los pueblos, grandes y pequeños, villorrios incluso, cruces de caminos, allá donde hubiera un descampado, una plaza o un mercado, reuniones de ganaderos, juntas de artesanos, jolgorio. Son compañeros de los divertidos gaiteros, amigos de los que tocan la zanfonía y la chirimía con los ojos contentos y encendidos.

Llevan una ropa que, hace ya mucho, era más o menos lucida, pero ahora está deslustrada, son demasiadas las noches dormidas al raso o bajo los cobertizos; están ajadas. Es la vida de los músicos callejeros, los de arte humilde, que no da para tocar ante un señor o un comerciante adinerado, tampoco para cumplir su oficio en una corte o en una capilla musical. Su música es la que suena más allá de las ventanas señoriales, en las calles, en medio del trasiego y los gritos de los carreteros que hoy no consiguen que los bueyes vayan más alegres.

El laúd que afina el músico de Lucas van Leyden no suena como el que suele estar en manos de los ángeles, ni como aquel que tañe una doncella en su torre de aguja, junto a las aguas del Ámstel. El mástil es corto y grueso; el oído, pequeño y sin labrar; pocos trastes, porque esa música mínima no necesita más. La caja es exigua; la madera con la que ha sido construido, ordinaria. Las duelas se han encolado de manera descuidada. En el mejor de los casos, acabará en un desván cuando su dueño haya muerto.

La anciana, recomida por los años, toca un rabel asimismo tosco; tres cuerdas para acompañar la danza y no más. La posición en que lo sostiene, hacia abajo, es la propia de la música de baile. Los violinistas itinerantes que vendrán, transcurridos los años, pasarán el arco en esa misma postura. Estos instrumentos no salen del taller de un violero, son precarios, imprecisos, carecen de un acabado; los elaboran los carpinteros más socorridos y aun los propios músicos.

No es preciso un estrado, tocan a pie llano o se suben con esfuerzo a un barril o a una mesa, pero también vale una carreta en la que ayer hubo ganado o una carga de heno. Hay fiemo por todos lados. Las bodas, lo sabemos, duran lo que los toneles—días—, porque acostumbran a ser un feliz regalo que pagan entre los comensales. Algunos todavía llevan los zuecos, vienen del trabajo.

Copas, platos más o menos modestos, tortas de col, sopa de mostaza, empanadas de nabo, carne de cerdo, de no se sabe qué porquera, quesos y pasteles aligeran la vida del campesinado en El Bosco y en Brueghel, después en Marten van Cleve y en el siempre animado Jan Steen, que era posadero. Danzas y saltos, letras picantes, niños, perros peleándose por un hueso en un barrizal, roban cuanto pueden. Noches entre antorchas. Alguno vendrá, pasados los nueve meses.

A Pieter Brueghel le gustaba confundirse con esos aldeanos, se vestía como ellos, disfrutaba de la fiesta haciéndoles creer que era un invitado más, así aprendía los pasos de los bailes, copiaba los gestos y las bromas, comía con el mismo descuido. Lucas van Leyden, no lo disimula, también ha visto de cerca a estos dos ancianos; no se los oye como a las estridentes gaitas y las zanfonas, porque el laúd queda apagado, no tanto el rabel. Por eso se sitúan justo en medio del corro, o aún mejor, van al interior de la posada, al centro del bullicio, entre largas mesas grasientas, manchadas de otras zambras.

Escribe Karel van Mander en *Het schilder-boeck* ('Libro de la pintura'), que vio la luz en 1604, que Lucas van Leyden nació con los pinceles y el buril en las manos, y que tenía por juguetes los carboncillos y los lápices. Es difícil de entender cómo un adolescente de apenas doce años grabó un *Ecce Homo* encuadrado en una arquitectura tan conseguida y unos personajes de tan rico detalle y carácter. Es un privilegiado, un señalado por la mano de una divinidad. Sus conciudadanos más entendidos creen que aventaja a Durero, al menos en el arte del grabado. Cuenta el mencionado Van Mander, a tenor de un relato de la hija del artista, que echaba al fuego cuanto no consideraba perfecto. Tanto era el apego a su arte que se dice que estuvo trabajando hasta poco antes de la agonía, pues en su lecho de muerte encontraron una Palas que acababa de terminar.

Se ha ido del mundo a los treinta y nueve años, afligido por una sospecha: la de haber sido envenenado. Van Mander dice que Van Leyden—que era, también, vidriero—decidió viajar a Zelanda, Flandes y Brabante para conocer y entablar relación con otros artistas, y lo hizo vestido de «fino camelote amarillo, que brillaba al sol como oro», y que para ello embarcó «en su propia nave». A su llegada, Jan Mabuse lo acoge con calidez, le presenta a muchos de sus compañeros de oficio. A cuenta de Van Leyden corren los convites, se siente estimado. Sin embargo, teme que alguno de sus colegas, tiznado de envidia, le haya suministrado ponzoña, porque al regreso a Leyden ya no se levanta de la cama, «y así transcurrieron seis años» hasta que le llegó la parca.

El complejo trato con el mundo y sus conflictos. Van Mander, al que llaman «el Vasari holandés», relata algunas historias de maestros, todos grandes, que responden al ímpetu de unos corazones intempestivos, como es el caso de Michel Coxcie, del que afirma que cuando estaba ebrio, cosa que sucedía a menudo, emborronaba las paredes con los lápices y carbones; y que Patinir pasaba los días en las tabernas, bebiendo sin cuento y dando desplantes coléricos a cuantos pasaban por su lado; malgastaba lo que ganaba, hasta la última moneda. Jan Mabuse, ahora referido, se permitía cuantas licencias se le antojaban; por eso acabó en la cárcel. Joos van Cleve, ahogado por la vanidad, perdió la cabeza, y tanto fue así que barnizaba sus ropas, birrete incluido, y salía a la calle reluciente como un sol de agosto. A Antoon van Dashort Mor (Antonio Moro) no se le ocurrió otra cosa que echar los caballetes al fuego y deshacerse de muchas de sus obras cuando, estando en Utrecht, fue llamado a Bruselas por el duque de Alba.

El viejo laudista y la anciana con el rabel tocan aires de tiempos pasados; gracias a ellos suenan las danzas festivas en 2/4, bailes que vienen de Escocia—sus pescadores los han llevado a las costas de Flandes y Holanda—, también hay saltos y piruetas que llegan de Alemania. Los campesinos bailan y las espigas ya han recogido toda la luz del verano. Son los haces agavillados los que ayudarán a pasar el invierno, el único sol de las tierras del norte.

XI

CADA PUESTA DE SOL

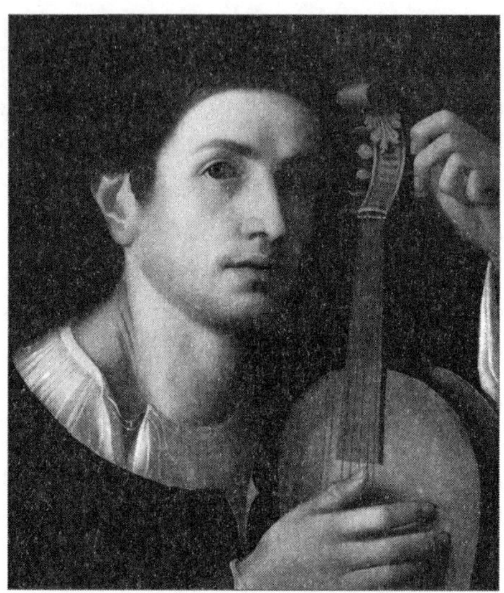

Anónimo, *Músico de «lira da braccio»* (*c.* 1515).

Sin saber bien por qué, a veces nos sorprendemos contemplando durante más tiempo la obra de un artista menor o anónimo que la de un maestro conocido e ilustre. Esto me sucede con el músico de *lira da braccio* que se atribuye a Domenico Mancini. Lo más probable es que no haya salido de sus manos. Este lienzo es también asignado a Palma el Viejo y aun a Domenico Capriolo. Los espejos en los que Mancini se miraba eran Giovanni Bellini y Giorgione. El nuevo arte de Tiziano lo tentará.

La manera poco natural de sujetar el instrumento, la rigidez de su cuello y el gesto de acercar el oído a la resonancia de la cuerda crean una quietud extraña, una suspensión en la que el sonido lo es todo. Siento tal predilección por el hiato que supone esta obra que la elegí para la cubierta de un libro que publiqué en 2008. Uno espera que su música venga del templado *céfiro que torna* de aquellos días renacentistas, de la cuadratura perfecta de una época, por más que el clavijero tenga un error de perspectiva. Nada, en esta pintura, indica movimiento, nada muestra la naturalidad que pretenden los artistas de entonces. Y, sin embargo, pocas veces se advierte con tanta claridad la fijación de la escucha, el silencio previo que reúne al músico y su instrumento antes de dar comienzo a la música.

La lira que vemos en la pintura de Dosso Dossi, la que muestra Jacopo Negretti en su escena campestre, aun la de Cima da Conegliano en la *Madonna* y la de Vittore Carpaccio en *La presentación en el Templo*, y no menos la del ángel de Giovanni Ambrogio de Predis, que tañe abismado, están sonando. Sin embargo, la de este retrato busca todavía la afinación.

Pienso en los pintores menores, en los poetas y compositores que han quedado en la oscuridad, aun cuando en sus días fueran estimados y tenidos por meritorios. La llamada historia del arte está veteada de abandonos, la que ha llegado a nosotros es sólo una memoria de ilustres. Y, a pesar de ello, bajo sus sombras se extiende un firmamento de creadores que dignifican el espíritu y atizan los sentidos. De no ser un asunto de estudiosos y entendidos, ¿quién recuerda a los pintores que yacen, silenciosos, como lo están Macrino d'Alba y Jorge Inglés? ¿A los compositores Johannes Ghiselin y Maddalena Casulana? ¿A los poetas Villasandino y Gaspara Stampa? Muchos de éstos nos costean la vida; me refiero a que la hacen más llevadera. Cualquier cuadro que descubrimos, obra de los ignorados, de los sin nombre, cualquier poema o composición que tengan un cimiento nos entrega bienes impagables.

El tiempo tiende a alisar el pasado, a crear mundos sin nombre, que los creemos de la muerte, pero no lo son. Si uno de estos descendidos del ayer sirve para calentarnos el corazón, no ha existido en vano. Cada puesta de sol dona una herencia.

Salvo los que han conseguido un lugar, los demás, carentes de fama, viven en una eternidad clandestina. Sin embargo, de este habitar secreto mana una felicidad que no esperábamos, como el pobre que encuentra en plena calle un billete que le dará de comer toda la semana.

La infinidad de una antigua cadena de gestos y esfuerzos, de ahíncos, de noches en vela y escasez de medios asegura los cimientos de la realidad, a la que sólo añadimos los pisos más altos, los recientes. Aquel molinero del siglo XVI que vio Carlo Ginzburg en *El queso y los gusanos*; los abnegados navegantes que llegaban a los puertos de Europa con cargamentos de patatas que salvaron a miles de bocas; los médicos, con máscaras picudas llenas de triaca para resistir entre los apestados; las hilanderas, Ariadnas sutiles para vestir al prójimo; Cimón, que amamantaba a su padre, extenuado en el lecho de muerte, abrieron una senda que, sin reparar en ello, aún cruzamos.

La *lira da braccio* de este anónimo pintado en torno a 1515 tiene dos bordones, al contrario de la presentada por Filippino Lippi en el *Retrato de un músico*, ese que vemos en *La ventana*, que cuenta con uno. Los violeros dieron tanto vuelo a su fantasía, que las formas de los resonadores respondían al libre albedrío de cada uno. La *lira da braccio* construida por Giovanni d'Andrea en Verona, en 1511, cuenta con un rostro labrado en la espalda de la caja y su clavijero está formado por dos caras, a la manera de Jano. Dos tiempos: una música presentida y otra que se consuma y pierde como una pavesa en la oscuridad. Otros artesanos, caso del veneciano Francesco Linarol, adornaban la tapa armónica con dibujos geométricos. El microcosmos de la lira es así, antojadizo.

Un manuscrito hallado en Pésaro, que contiene una tablatura para esta lira humanista, presenta la forma de un corazón.

Leonardo da Vinci tocaba este instrumento, era un virtuoso hecho a la técnica *all'improvviso*. Su celebridad se propagó tanto que Ludovico Sforza pidió que acudiera a tocar ante él. Cuando está en Milán, conoce a Josquin Desprez, le pregunta sobre los escondites y vericuetos de la música, y al serle revelados por el maestro de Henao, se da cuenta de que las voces son los pigmentos del aire.

XII
PORDENONE

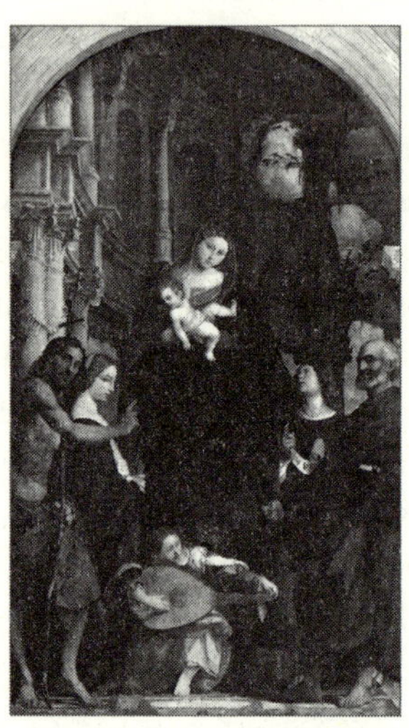

Giovanni Antonio de' Sacchis, llamado Pordenone, *Retablo de Susegana, La Virgen en el trono* (*c.* 1516).

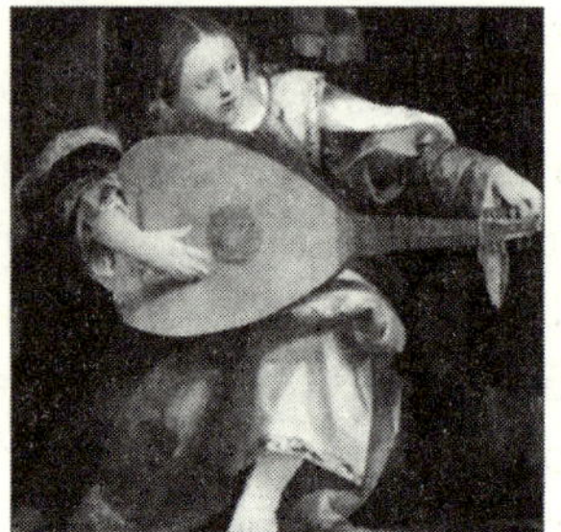

(Detalle).

Pocos como Pordenone. Tiziano alberga más sueños, los modifica, los ahorma a su antojo. Vasari dice que este último está más cerca de lo divino, y que Pordenone es más terreno. Envuelto en un espíritu desapacible, mantiene tanta rivalidad con Tiziano que procura colocar sus obras en lugares donde se hallan las de su adversario. Un pulso continuo con el *adversus*, el que está enfrente, en su sentido más real. No se trataba de conseguir una originalidad, sino de imperar en maestría sobre el otro.

El autor de *Las vidas* cree que esta *grandissima concorren-*

za es un estímulo para los creadores, la concibe como «uno de los alimentos que los mantiene». La pugna, sin embargo, arroja a una pasión dolorosa, como en sus días sucedió a Bagnacavallo, también a Amico Aspertini y Girolamo da Cotignola, no menos a Innocenzo da Imola, que compitieron entre ellos sin tregua y de la manera más desabrida. Pasaron sus días enzarzándose por hacerse un nombre en Bolonia y recibir encargos. Llegaron a la locura.

Esta lucha es una constante del mundo, de la que el arte no queda eximido. En el pasado, los desafíos entre Leonardo y Miguel Ángel, entre Velázquez y Carducho, fueron moneda corriente. La serpiente que muerde la firma del Greco, pintada por Herrera el Mozo, es venenosa y lo dice todo de la inclemencia de las acciones humanas. Así, en este revolverse contra el que se admira en secreto y se considera, por eso mismo, un contrario, vivió Pordenone, en verdad llamado Giovanni Antonio de' Sacchis.

Al contemplar sus obras se piensa en la insaciabilidad de la que somos capaces, en la insatisfacción melancólica y tortuosa que a ciertos espíritus impide el sosiego, aun habiendo conseguido una excelencia sólo reservada a los escogidos para alcanzar lo maravilloso. Es tanta la exigencia, tanta la necesidad de saberse único y vencedor, que muchos viven teñidos de acedía y caen en una ansiedad desoladora. Pordenone, llamado así por el nombre de la ciudad donde había nacido, a dos jornadas de Venecia, es, sin duda, un maestro tocado por la gracia. Y pese a ello, malbarata este regalo ofrecido por su don.

Vasari confiesa que no ha visto trabajar a nadie tan intensa y velozmente como él. Lo evoca como *egregio e spedito maestro*. A su paso por las regiones del norte italiano, no hace más que despertar el asombro entre sus clientes, de forma tan diligente y magistral satisface los encargos.

En la ciudad del Dogo es venerado, en todo lugar recibe alabanzas, no hay círculo de artistas e intelectuales que no comenten las virtudes de su genio. Así, avisado de la fama del pintor, Ercole II d'Este lo reclama desde Ferrara, la ciudad que será su destino último. Pues ocurrió que al poco de su llegada, sin que apenas mediara un malestar, enfermó y cayó postrado en el lecho. Los médicos no hallaban remedio para el que parecía un *gravissimo affanno di petto*. Morirá en el curso de tres días, tal vez aquejado del corazón.

Pordenone amaba la música, tocaba el laúd, lo afinaba como ese ángel sentado a los pies de la Virgen y los santos del *Retablo de Susegana*. Era costumbre que los artistas, en sus aislamientos y descansos, pasaran las horas cantando y en compañía de un instrumento, como hacía Properzia de' Rossi. Andrea del Verrocchio era uno de los que se amparaba en el laúd, como Giorgione, como Rosso Fiorentino, como Tintoretto.

El retablo guardado en Susegana pertenece a una época que aún no había entrado en la *terribilità* de las pinturas de este impetuoso Pordenone, que son un violento grito. Un *Sturm und Drang* de aquellos tiempos, vaticinador. Porque los frescos que adornan la capilla Malchiostro, en la catedral de Treviso, y las *Escenas de la vida de Cristo*, en la de Cremona, ya tienen una expresión que no acierta a decir, porque no alcanza, el dolor de la existencia.

Las tempestades que rasgan los cielos de la pintura son anteriores a las que un día oscurecerá la música, de aires inclementes en los tiempos de Luzzasco Luzzaschi y Carlo Gesualdo. Asimetría, *maniere di fare dolorose*. Pero en el *Retablo de Susegana*, nombre de una población véneta, todavía la calma. Una Virgen de mirada afligida, un santo que purifica a quienes se acercan a él en las aguas del Jordán, una Catalina de Alejandría que filosofa, un Daniel que profetiza, un Simón bar-Jona que ha atracado la barca en un muelle de Genesaret, hecho de maderos de terebinto. Detrás, una arquitectura que busca ser el interior de no se sabe qué.

El músico alado, vestido de un malva suave y ocre, el color de los retirados, de los confinados por la *citrinitas*, afina ahora, en estos momentos, una de las cuerdas graves; siente que vive a solas, rastrea la frecuencia exacta de la nota, esa que ha de encontrar el círculo del sonido que se abre a la reverberación del mundo.

Pordenone es una ciudad de tonos desolados en mi recuerdo, guarda el frío de los paisajes grisáceos de Bohumil Hrabal, con unos trenes rigurosamente vigilados que se dirigen a la frontera. Un amigo cercano estuvo allí preso largo tiempo. Afable, pensativo, pacífico, melena de Durero, estudiante de medicina, libertario, largos caminos en bicicleta, leído. Le escribía a menudo a la cárcel, le mandaba los ejemplares de la revista *Archipiélago* que publicábamos por aquel entonces. Una correspondencia que tenía algo de salvación para los dos. Él no podía sospechar que, cerca del centro penitenciario donde quemaba sus días, hubiera nacido hacía más de cinco siglos un pintor sanguíneo y febril, sobre el que ahora escribo, pasados ya unos años de la muerte de A. V., que abandonó el mundo mientras dormía en un banco de la plaza de la Virreina, como un mendigo, tras su regreso a Barcelona.

XIII
LA ALIANZA Y LA ARMONÍA

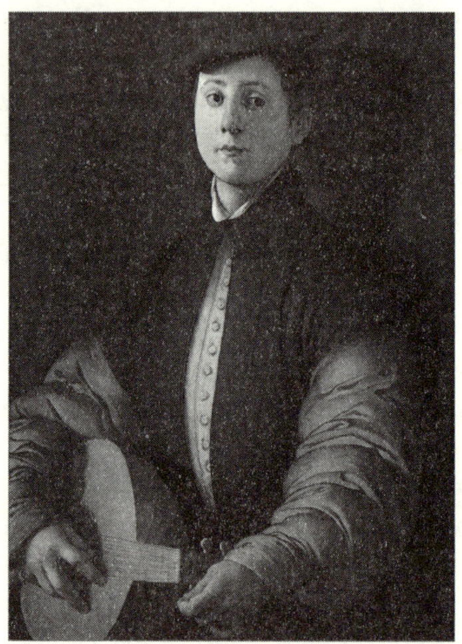

Jacopo Carrucci, llamado Pontormo, *El joven laudista* (*c.* 1529).

Las primeras soledades que conocemos bien, casi hasta el secreto, proceden de algunas vidas rigurosas y apartadizas del siglo XV, cuando se escribían églogas en los bosques, junto a las fuentes, cuando las alondras levantaban el vuelo al silbido de una flecha entre las acacias. Historias de almas solitarias, de aislados, de gentes de existir recóndito que se alimentaban de atardeceres, leyendas de eremitas que sucumbieron en las ciudades y se refugiaban lejos de ellas en una penumbra, esquivos. Más numerosos cuanto más avanzan los días de la modernidad.

Acaso sea cierto que el arte es el auténtico autor del Tercer Testamento. Ernst Jünger lo cree así en *Radiaciones II*. Conociéndolo, lo piensa de verdad; la suya no es una mirada romántica, no se habla en su libro de un vínculo entre el arte y lo divino; se trata de otra cosa: es la aceptación del arte, de la escritura, de la música, como destino moral. El Renacimiento fue, ciertamente, la puerta central de este nuevo legado testamentario.

A Vasari la pintura de Pontormo no le colma—lo llama *Puntormo*—, todo en él le parece enigmático, excéntrico. No puede entender lo radical de un ser que necesita vallar su mundo, vedarlo al prójimo. Pontormo mira a lo lejos, así entiende mejor lo cercano. Prefiere «marcharse a un desierto cualquiera», como dice Nietzsche. ¿Quién no ha tenido esta tentación?

En *Las vidas* se lee que Vasari visitó la casa del pintor, a la que quizá le acompañó Bronzino, discípulo e íntimo de Pontormo, y que allí vio un desorden incontable, propio de alguien perturbado. Para llegar a su dormitorio y taller, el artista había ideado una escalera de la que, una vez subido al aposento, tiraba con una cuerda y, ayudándose de una polea, la subía y cerraba desde lo alto. Eso hacía inaccesible la estancia a cuantos iban a verlo, pues su vista se topaba con unos escalones sostenidos en el techo.

Espíritu de pocas florituras, se cubría de andrajos, temía hasta tal grado la muerte («*pauroso della morte*») que escapaba en cuanto la oía mentar. Se apartaba aprisa ante la presencia de cualquier cadáver, llevado por el pavor. Vivía atormentado, enfermo la mayor parte de los días. Era fácil pasto de los accesos melancólicos, que solían entregarlo a un delirio que lo devastaba. Se contemplaba a sí mismo como un convaleciente de los hombres, que son cerriles y vanidosos.

El *Diario*, escrito en sus años finales, es el testimonio de un ser dañado en tal grado que se sabe imposibilitado para la existencia. Anota en las páginas cuanto come para no violentar aún más su salud. Es obstinado y pertinaz. En su prevención, tiene presente el clima, las lunas, las noches ventisqueras, el sol impío. Vive persuadido de que

> el desorden en el ejercicio, en el vestir
> o en el coito o el exceso en el comer, puede
> en pocos días
> matarte o enfermarte; porque hay que ser prudente
> en junio, julio y agosto, y a mitad de septiembre,
> sudar con moderación
> y sobre todo cuidarse del viento cuando has hecho ejercicio.

El 5 de noviembre de 1554 escribe:

> creo haber hecho
> mis necesidades, que yo
> siempre tengo algún tipo de problema o de estómago o de
> cabeza o dolores en los costados
> o en las piernas o en los brazos o en los dientes sin parar.

El 8 de julio de 1555, martes, señala:

> la diarrea me aumentó y tuve incluso
> mucha bilis (*molta colera*) sanguínea y blanca;
> el miércoles estuve peor, ya que creo haber corrido al aseo
> 10 veces o más.

El 18 de julio de 1555, jueves, confiesa:

el jueves por la mañana cagué dos zurulletes no líquidos
en los que se veían hilillos
largos que parecían de algodón, es decir, grasa blanca.

El joven laudista de Pontormo ha pasado horas en su estancia, centrado en el estudio de las tablaturas. Su maestro le ha aconsejado, casi seguro, unas piezas de la *Intabulatura de lauto*, que Petrucci publicó en 1507, en Venecia. Esta colección reúne obras de Spinacino y arreglos de los más grandes: Ockeghem, Josquin, Brumel, Van Ghizeghem, Agricola... Ese mismo año, vuelve a entregar a la imprenta un *Libro secondo*, pero ahora con transcripciones de Obrecht, Busnois, Isaac, Martini, aunque siguen presentes algunos de los antes mencionados y otros maestros venerados en las capillas y las cortes de Europa.

Música áurea que vuela entre los solitarios como el martín pescador sobre las aguas. Puede que el laudista haya estudiado, también, a Joan Ambrosio Dalza, cuya música pervive en la *Intabulatura de lauto. Libro quarto*, del referido Petrucci, que es de 1508. Las creaciones del silencioso Francesco da Milano todavía no han llegado, será años más tarde, en 1536.

El retrato de Pontormo vio la luz en torno a 1529. Dos años antes había finalizado el *Descendimiento* de la capilla Capponi, en la iglesia florentina de Santa Felicita. El músico, vestido de manera distinguida, con una pequeña parlota toscana, escenifica un acuerdo, así lo quiere expresar el maestro de Empoli: propone el regreso a una armonía que se ha desvanecido a causa de las luchas que sostienen los que persiguen restablecer la república en Florencia y aquellos que han decidido alinearse junto a los Medici. El papado y las huestes de Carlos V, no sin reparos, ayudan a sofocar la revuelta, que es sangrienta. Se cavan fosas como si hubieran irrumpido los días finales del mundo; los hospitales despiden un olor a ungüentos de beleño, opio y mandrágora. Se amputa, se saja, se grita.

Llega el pacto, sin embargo: ha supuesto el regreso, en 1530, de Alejandro de Medici. Pero la venganza siempre está pronta, no descansa, larvada donde menos se espera, porque, transcurridos los años, apenas siete, Alejandro es asesinado por su propio primo Lorenzaccio, de sueños republicanos. El momento es tan incierto, tan fácil de quebrar, que el cadáver ha tenido que ser enterrado aprisa y a escondidas, envuelto en una manta. Contaba ventiséis años.

El laudista de Pontormo sigue una tradición, que Andrea Alciato refleja en los *Emblemas*, de 1531. En uno de ellos, el décimo, para significar las alianzas políticas, «que deben afinarse como lo están las cuerdas de un laúd bien templado», recuerda que es necesario que nada disuene. Así ha de ser. Cuando un compromiso viene a quedar en nada, el instrumento se desafina. Imposibilita la música. Si la cuerda se rompe, como sucede en las *Empresas políticas*, de Diego de Saavedra Fajardo, nada puede hacerse por la paz.

Mazarino y Thomas Browne—el médico inglés—usaron también esta metáfora, la misma que se evoca en el taoísta Wen-tzu como signo de concordia política: la buena afinación de un instrumento hace de la resonancia un abrazo.

El *Diario* de Pontormo, con fecha del 10 de junio del año 1555:

> El lunes me dolió mucho el vientre (*gran doglie di corpo*).
> El martes me dolió mucho el vientre.
> El miércoles lo mismo, y por la noche ni he digerido ni he comido otra cosa que pan.

Estas palabras las sostiene como una verdad, está convencido de ellas: hay que resguardarse, un frío que viene de la luna lo enferma todo.

XIV

CAPÍTULOS DE LA HISTORIA DE LA SALVACIÓN

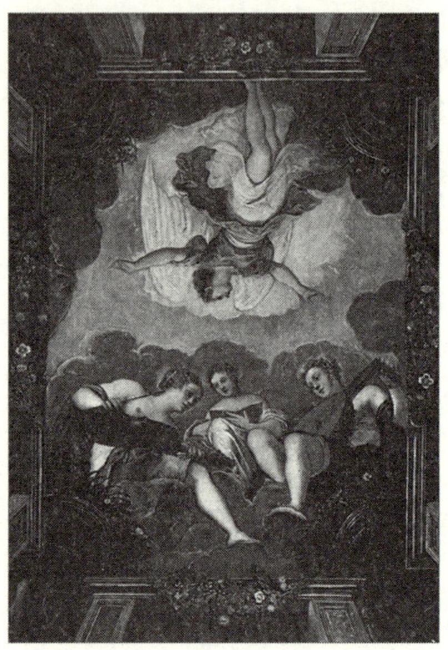

Jacopo Comin, llamado Tintoretto, *Alegoría de la Música* (*c.* 1558).

Son los días que cruzan el siglo XV, en el atardecer de sus decenios. En los Países Bajos y en distintas regiones del norte, los gremios de artesanos han proliferado tanto, y tan numerosos son sus miembros, que no cabe otra solución que cerrar el acceso a estas instituciones. No hay sitio para todos. Cada vez son más los que deciden abandonar el campo, prefieren buscar la fortuna en la ciudad, es duro el trabajo en las turberas, ingratas la azada y la carreta bajo un sol de justicia, peligrosos los bosques, las ciénagas, interminables e insanas. Poco dinero y mucho brazo, cuerpo empapado de lluvia o inclinado a punto de insolación con la hoz, que brilla para la ganancia de otros. Las corporaciones se llenan, el campesinado ya no soporta dormir más en un chamizo mientras los lobos aúllan cerca y las nieves hielan el aliento.

Son hábiles, buenas manos, aprenden un oficio, que es una dádiva sagrada. Necesitan el sustento, se dirigen hacia el sur, a tierras francesas y de España, pero también, y sobre todo, emigran a Italia. Por qué no ir en pos del clima afable y ganarse un pan que consuele. Algunos organeros del norte se afincan en la península ibérica, también en Francia, pero los violeros, enterados de lo próspero de la zona, contemplan en Toscana y Lombardía, en Emilia-Romaña y Venecia, una vida más estable y halagüeña.

Adquieren la ciudadanía de las poblaciones a las que llegan, abren talleres que huelen a arcedos, conocen muy bien la madera, saben escoger el tronco idóneo, son maestros en los barnices, diestros en las proporciones que debe guardar una caja de resonancia, arquitectos de lo inverosímil, artistas, pendolistas de las vetas, miniaturistas que viven a la lumbre del sonido. Mientras trabajan, presienten como nadie lo que se gesta en una bóveda de arce y bajo una tabla armónica del pinabete mejor veteado. Escuchan la sutilidad del interior, el adentro de una porción de nogal, oyen la voz de una madera que para ellos tiene algo de embarcación que siempre deja a salvo.

Los instrumentos de arco y, sobre todo, los laúdes que tocan los ángeles del Renacimiento italiano acostumbran a estar construidos por artesanos alemanes y flamencos. Los de Hans Frei, que ha nacido en 1450, en la ciudad de Durero, en Núremberg, son admirados. En su momento tomó el camino de Bolonia, como lo hará, unas décadas después,

Laux Maler, también escrito Lucas Maller, que era de Füssen, treinta años menor que Frei. Las gemas que salen de sus manos se copian todavía hoy. Gana fama con sus laúdes de caja un tanto estrecha, estilizada. Su hijo, Sigismond, continúa el taller, ya son muchos los aprendices a su cargo. Los músicos anhelan hacerse con un Frei o un Maler, por qué no con un Nikolas Sconvelt, asimismo alemán, que presta sus servicios en la ciudad ducal. A veces, a este maestro Sconvelt, propio del artesano de Richard Sennett, se le encuentra como Schönfeld.

El descendiente de otro violero, bávaro como Frei, Kaspar Tieffenbrucker, que ha fundado un negocio en Lyon, forma parte de una saga de renombre que se ha asentado en Francia y hace posible la música en las más finas violas *da gamba*. Una parte de esa genealogía prefiere viajar, sin embargo, a Padua, continuar el camino hacia Venecia para dedicarse por entero al laúd.

Obradores de lo exacto, una dinastía de manos que calculan y culminan, cuyo arco temporal abarca desde los días de Magno Tieffenbrucker, en el siglo XV, hasta los de Moises Tieffenbrucker, en el XVIII. Sus miembros son tantos como grafías existen de su apellido: Dieffoprukhar, Duiffoproucart, Duiffoprugcar, Dieffopruchar.

Kaspar ha construido, para el rey francés, Francisco I, una viola *da gamba* sin igual, ornamentada con flores y pájaros; en su espalda, hecho de marquetería, un plano de la ciudad de París. Sobre las casas, junto al Sena, un san Lucas inspirado en el *San Lucas pintando a la Virgen*, de Rafael. Este ejemplar, que es una dádiva destinada a los músicos, se conserva en el Museo Instrumental de Bruselas. Un descendiente de Kaspar, Wendelin, al que en Italia llaman Vendelio Venere, crea prodigios que honran a los Tieffenbrucker.

Así, algunas de las creaciones que suenan en las pinturas

de estas páginas son obra de los Tieffenbrucker y los Frei, también de los Sconvelt, los Maler y Michael Hartung. Están, entre ellos, los ilustres Matteo Sellas (Matthäus Seelos) y Christoph Koch. Sus criaturas, hechas de duelas, se asemejan a los buenos escritos, invitan a regresar al principio, al *da capo* de la música, porque en ellos perdura un sonido y un saber que jamás se extingue. Siempre vuelve a empezar, y así nos ayudan. Los libros, las obras pictóricas y los instrumentos musicales son pequeñas salas de primeros auxilios para los de caída fácil en el desánimo.

Aquella música llega de una soledad muy antigua, bien fijada, bien fundada, conocida de todos. Los laúdes y las tiorbas, los violines, las violas, los oboes, los teclados con púa de piel de buey o de cuervo forman parte de la historia de la salvación.

Tintoretto ha querido jugar en la *Alegoría de la Música* con un *trompe-l'oeil*, hacernos ingrávidos a través de un «encuadre ilusionista», transformar el tiempo y el espacio, modificados en este arte de la resonancia según la melancolía o el entusiasmo de quien toque. El ojo se equivoca, no el oído.

A la izquierda, la laudista afina un ejemplar de caja ancha, a lo Tieffenbrucker. La afinación aquí es la razón de ser de toda alegoría que evoque a la amada de Cadmo, Harmonía; que recuerde, también, a Heráclito y su oposición de fuerzas contrarias, donde se funda el equilibrio.

Este fresco alegórico es una escena detenida, un compás de espera; la quietud es una alianza, porque la cantante, en el centro, aguarda a que las cuerdas, que están en trance de afinarse, sellen su acorde. La tañedora de lira de brazo la escucha y la atiende con el instrumento en una mano, el arquillo en la otra. Cada una de las intérpretes es un centro.

Están sentadas en unas nubes, que son el suelo seguro de un vuelo hecho de ondas. ¿Una nube puede sostenernos? A veces ese vapor condensado, ese país de partículas que nos sobrevuela, cambiante con el viento igual que el corazón, es más firme que la tierra.

La lira de brazo, en los días de Tintoretto, está en la cima de su edad de oro. Alessandro Striggio, el compositor, es un virtuoso. En uno de sus viajes a Venecia, ¿habrá conocido al pintor? Seguramente, no. Afable, de talante dispuesto, Tintoretto es, sin embargo, solitario, reacio al trato fuera de su familia. Pasa las horas con su laúd, toca el teclado, lo mismo que Marietta, su hija pintora, niña de sus ojos, que le ayuda.

La Tintoretta viste de muchacho, no está bien visto que una mujer se afane entre los trastos de un taller. En uno de sus autorretratos, la joven se ha sentado ante la espineta.

Los Comin, que era el apellido de la familia de Tintoretto, habitan en el Cannaregio, un barrio de artesanos y sonidos de herrerías y fundiciones. El pintor va caminando siempre hacia la zona de San Marco, cruza el Gran Canal, callejea por San Polo, vuelve a atravesar las aguas de la Madonnetta, sin abrigo y con las pocas monedas que le da su esposa. Cuando ella le pregunta por el dinero, le dice que lo gasta en limosnas. A saber.

Tintoretto es un narrador de turbulencias, un inconforme, pura mudanza. Un día de mayo de 1594, la peste lo alcanza, y sucumbe como los apestados que había pintado en la Scuola Grande di San Rocco, patrón de los contagiados.

Roque, san Rocco, fue salvado, sin embargo. En *La leyenda dorada*, Jacobo de la Vorágine cuenta que el santo murió encarcelado por error, pero la fábula recrea un hecho bien distinto: enfermo, huye de la ciudad con la intención de no contribuir a propagar el mal, de suerte que decide adentrarse en un bosque y permanecer a resguardo. El perro que lo ha seguido le lleva pan día tras día. Una mañana, intrigado, el dueño del can lo sigue y descubre la postración de Roque; lo conduce a su casa, le restaña las llagas, lo cura. En Venecia, sin embargo, se decía que lo había sanado un ángel con tan sólo rozarlo.

Tintoretto yace en la iglesia de la Madonna dell'Orto. En una peana de la pared derecha, un busto suyo guarda la fisonomía del autorretrato de 1588. Está avejentado, trabajado por los días. No ha muerto triste, va a reunirse con su hija Marietta, fallecida de parto a los treinta años. Como promesa de un pronto encuentro, la retrató yacente.

XV
LA CONVERSACIÓN

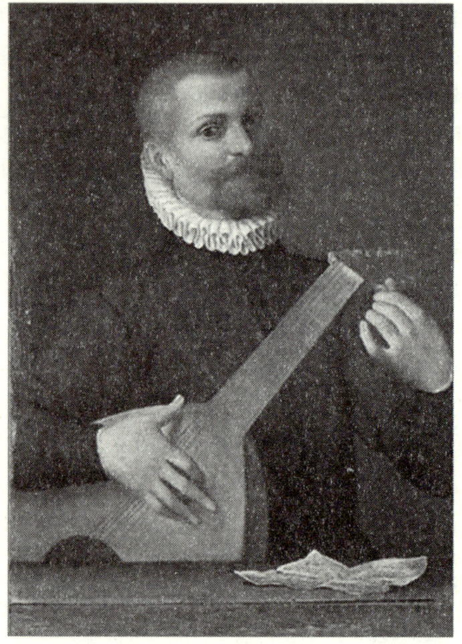

Agostino Carracci, *Caballero con su laúd* (*c.* 1586).

Es domingo y atardece. He terminado de leer un capítulo de *La conversación civil*, de Stefano Guazzo, apenas recordado. Lo descubrí en una edición de Giovanni Macchia, *I moralisti classici. Da Machiaveli a La Bruyère*, una bonita edición de Adelphi, de color teja oscuro. Este humanista, Guazzo, mantuvo una estrecha amistad con Andrea Alciato. Había nacido en 1530, en Casale Monferrato, en el Piamonte. Viaja, siempre en misiones políticas vinculadas a Margarita Paleólogo y los Gonzaga. Como le ocurriera a

Montaigne, el hastío que le causan los asuntos de los grandes lo lleva a apartarse. Decide, en este afán de sentirse a salvo, ir a Olivola, en pleno campo, alejado del simulacro que es el mundo. Vive allí con sus hijos, y aun así está en soledad.

Guazzo se ha casado dos veces y ha cumplido dos lutos. La acedía, después las sombras melancólicas, que, no despacio, van ganándole las jornadas. Con el espíritu consumido, muere en Pavía, donde ha acompañado a su hijo, Giovanni Antonio, tan querido.

En la *Conversación*, publicada en 1574, discuten, mediado el afecto, Aníbal, el médico, y un caballero que ha caído en una languidez que lo apaga. Pensar que es el retrato del propio Guazzo no es aventurarse, aunque bien podría tratarse, porque queremos verlo así, de este laudista que ha retratado Agostino Carracci, que, mientras posa, aparenta una cierta presencia de ánimo. Simula un coraje perdido, o que quizá nunca tuvo.

Afina la prima, que es la cuerda de la comprobación, la que enseguida desbarata el conjunto de los órdenes con sólo una pequeña variación. Es el orden más volátil, el más servicial. El músico ha doblado en cuatro una pequeña partitura; no la guarda en el estuche del instrumento porque está arrugada; la ha abierto sobre la mesa, la leerá antes de tocar.

Agostino Carracci tañe también el laúd, escribe poemas. Le apasiona la teoría de su oficio pictórico, al que está entregado. Es culto, sus alumnos lo reverencian. Ha decidido abandonar Roma, las diferencias con su hermano Annibale, de talante arrebatado, son cada vez más afiladas. No lo duda, se dirige a Parma y allí lo encuentra la muerte, en el convento de los Capuchinos, donde se había retirado tras empeorar su salud de manera súbita.

Su ausencia causa pesadumbre. La Accademia degli Incamminati lo honra con un funeral, que se celebra en la iglesia boloñesa del Ospedale della Morte. Guido Reni, alumno suyo, se encuentra entre los asistentes. Agostino será añorado.

El diálogo no es fácil de desanudar: el médico está persuadido de que una conversación amigable es el remedio contra los males del alma; el caballero piensa, sin embargo, que la curación sólo llega con la soledad, que es un auxilio eficaz para atajar las penas. Participar de este diálogo, jugar con él, recrearlo, añadir, quitar es una manera de entrar en la noche de este domingo de enero que ha dejado en el valle un poco más de frío y la insinuación, hoy sí, de unas nieves cercanas. A veces pienso que si yo fuera capaz de imitar lo que me ofrece la ventana que da al monte mínimo de Bagordi, este libro sería de hierba.

El cuadro de Carracci y las páginas de Guazzo tienen una luz de vela solitaria. La lumbre deja intuir una estancia fría, de paredes encaladas hace poco y suelo de baldosa rojiza. Una mesa de roble, dos sillas de tijera, un caldero de cobre y una hornacina. Cerca de la puerta cuelga una llave. Los oigo conversar desde aquí, atento; tomo nota lo mejor que puedo, pero no traduzco lo que dice la *Conversazione*, lo invento, y aun así no me equivoco del todo, porque ya no se sabe si el laudista es Guazzo o si es uno de nosotros:

CABALLERO: Me han hablado de vos, de vuestra excelencia médica, mas ya no confío en demasía, siendo honesto, en los remedios de los de vuestra profesión, pues mi enfermedad acaso se haya tornado incurable, con su dolor sordo que me abate sin tregua y me desmadeja el cuerpo, y el espíritu también.

MÉDICO: Me honora la ocasión de serviros, y no menos la oportunidad de procurar que esa enfermedad, que vos sospecháis incurable, no lo sea por la gracia de Dios y de aquella sabia doctrina de los antiguos médicos y de cuantos hoy se afanan en combatir los males. Tened como cierto que os trataré como a un amigo, si me confiáis vuestras cuitas.

CABALLERO: A decir verdad, estoy asaltado por una grave melancolía, la cual, he de confesar que, a pesar de los desvelos, ningún médico de los que me vieron en París hace ya unos meses, ni aun en todo el reino de Francia, supo atajar.

MÉDICO: Bien sabréis que las medicinas para el cuerpo son unas, bien distintas, sin duda, de aquellas que son menester para disuadir las enfermedades de los sentimientos. Decidme, ¿qué os turba?, ¿en qué halláis desconsuelo?

CABALLERO: Vivo en la más triste de las pesadumbres. Conversar me fatiga, la presencia de cualquier gentilhombre me aturde. Hablar, por más que mis negocios políticos lo exijan, me descompone el espíritu, cansado de atender razones ajenas, de guardar la cortés pero firme compostura y no poder entregarme a mi natural estado. El mundo me aflige. Cuando me retiro a mis estancias y hallo la amistad del silencio y los libros, también de la música de este laúd de voz tan cálida y fiel, las turbaciones desaparecen, la libertad me visita y la quietud me acoge.

MÉDICO: Permitidme, señor, que os pregunte si vos, atenuado en la paz de una vida solitaria, podríais vivir largo tiempo sin enfermar.

CABALLERO: He de deciros que sería el bálsamo de mis congojas.

MÉDICO: Me asalta, pues, la sospecha de que vos mismo hacéis notar que vuestra enfermedad no es incurable, antes bien, repararla será fácil, la paz vendrá ligera como una brisa del sur y vencerá vuestro descontento.

CABALLERO: Tenéis en vuestras manos las armas que tuvo Aquiles, que sanaban o herían según el caso. Proceded, pues, sea vuestra ciencia mi libertad.

MÉDICO: Ni los físicos de toda Francia, ni los de Europa entera, ni siquiera el propio Esculapio os curarían ni aun con el mejor compuesto, ya que el remedio, permitídmelo, está en vuestras manos.

CABALLERO: Ah, la causa, por virtud de vuestro sabio conocimiento, ¿la conocéis ya?

MÉDICO: Por si no lo sabéis, no padecéis otro mal que las acometidas de la imaginación, que revolotea en torno a vuestro seso fantaseando asuntos que tienen que ver con la muerte. Vos mismo habéis hablado de melancolía. Sombras y más sombras. Porque la vida solitaria es buena para formar juicios nefastos y crear humores biliosos. Os aseguro que acaban por nublar el entendimiento. Sólo una conversación agradable y guiada por el buen sentido es capaz de ahogar estas llamadas siniestras. La soledad es un veneno, y la conversación, su antídoto, porque la primera es nuestra concubina, mientras que la segunda es nuestra esposa.

CABALLERO: Escucharos me confirma que los médicos saben lo mucho que conviene al cuerpo, mas en lo tocante al alma, ya es asunto de unos secretos que los hombres desconocen.

MÉDICO: ¿Por qué os pronunciáis así?

CABALLERO: Porque la soledad me restaña el cuerpo y sacia el ánimo.

MÉDICO: Permitidme que os contradiga, pues la soledad es grata a los melancólicos, mas no al resto de los hombres. De la misma suerte que las embarazadas comen cosas por antojo, aunque no hagan bien al cuerpo, así acostumbran a hacer los aquejados de bilis negra, que cultivan hábitos malsanos creyendo que los benefician.

CABALLERO: ¿Me tenéis por melancólico? ¿Soy de esos que tienen el seso ofuscado y no distinguen la sal del azúcar y vienen a aborrecer la compañía sin pensar que, si estuvieran sanos, la desearían? He de deciros que tengo por hombres juiciosos a los que se alejan del bullicio y prefieren la soledad, a los que desdeñan la turba y se entregan al bienestar del alma, pues obrando así se distinguen de la gente vulgar que malbarata el tiempo en cosas vanas.

MÉDICO: ¡Os repito que vos mismo habéis hablado de melancolía! El hombre es un animal que aborrece la soledad porque halla su razón en el prójimo. Rehuir la compañía no es sino poner un cerco al propio camino. No querer subirse a una barca que navega de Padua a Venecia y en la que van hombres, mujeres, religiosos, seculares, soldados, cortesanos, alemanes, franceses, españoles, judíos y de otras naciones, cualidad y profesión es negarse a viajar con el mundo.

CABALLERO: El sabio poeta dijo: «La ciudad es para mí una prisión, y la soledad, Paraíso».

MÉDICO: Si Adán hubiera sido feliz en el paraíso, no habría necesitado de compañía. Vuestro poeta Petrarca yerra porque, estando entre los demás, puedo asegurarlo, es cuando podemos hacer el bien y convertirnos en un alma de provecho.

Decidme, decidme buen caballero, ¿sabéis de algún filósofo que no haya conversado, bien para enseñar a sus discípulos, bien para discutir las costuras de su doctrina? Ah, señor, muchos autores y estudiosos, si bien aman la soledad en consonancia con los hombres de su mismo espíritu, estiman también, y de manera natural, frecuentar a los semejantes, algunos de los cuales poseen un laúd y un buen acopio de libros, como los que guardáis en vuestra casa y tenéis por tesoros. Os negáis a admitir que los han escrito seres como vos, o muy parecidos, que hablan y acompañan la existencia al grato calor de una conversación. He ahí vuestra medicina.

Agostino Carracci habría entendido bien este diálogo, del que hay una admirable edición castellana publicada en 2019. El hermano de Agostino, el mencionado Annibale, cuya mente estaba trastornada, le recriminaba su poco trabajo, cosa que no era cierta. Se quejaba de que subiera al andamio a los poetas y los cortesanos amigos suyos, a los escritores que no hacían más que estorbarlo, allí, en lo alto, mientras pintaba los frescos del *Triunfo de Baco y Ariadna* o al furioso *Polifemo*, que nunca alcanzará a Galatea.

XVI

LAS CEREZAS, LA INMORTALIDAD

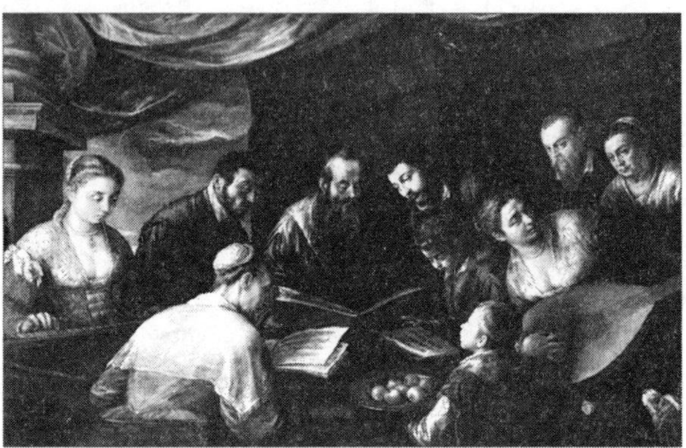

Leandro da Ponte (Leandro Bassano), *Concierto* (*c.* 1590).

Cuanto más movimiento, más cierta la confusión. La zozobra encuentra en la falta de reposo un suelo propicio, como las semillas después de las lluvias. El ir y venir del espíritu, su vagar entre el abismo y el ascenso, el viento que desfigura un cielo hasta hace poco en calma melancolizan. El trasiego sin término es un signo de la nueva época, un pedernal del que saltan los seres humanos en su repentina incandescencia para extinguirse en cualquier rincón de la tristeza.

Giordano Bruno, en *De los heroicos furores*, escribe que «la obra de la inteligencia no es operación de movimiento, sino de quietud». Cuando la existencia es indistinguible del tiempo que no atiende a su compás natural, sino que va más aprisa, no hay lugar para la calma.

Sosiego, de *sessicare*, 'sentarse'.

Al fondo del lienzo de Leandro Bassano, la realidad se revuelve, está agitada. Tortuosa y vertical. Unas nubes torvas, propias de un Descendimiento, y una luz que aflige, como en aquella hora nona con olor a vinagre.

Manierismo es como decir *caída*. La víctima no está, como hasta entonces, en los versículos de la religión. Ahora vive también en el caótico trasiego del mundo, donde una existencia apresurada es el abono de la muerte, que no cesa de cavar y cavar, día y noche. Nadie sabe aguardar. Nadie recuerda que el trigo crece más lento que el hambre.

En el *Concierto* de Bassano gira la rueda de las tres edades; es la señal de un nuevo devenir, la «evocación voluntaria de la Nada», que decía Georges Bataille.

Los músicos del *Concierto* viven fuera del tiempo, pese a todo. La música cuenta con la rara virtud de ausentarse de las cronologías, hace las veces de acotación, sus notas son la entrada en un territorio donde las horas permanecen suspendidas. En ella nada envejece ni nace, por más que el presente tenga sus dominios y su absoluto. Los miembros del grupo han terminado de cantar un madrigal, repasan la partitura del que emprenderán en unos instantes, leen las notas con esmero, casi hurgándolas. La muchacha de la espineta prueba una digitación, los cantantes hablan entre sí, estudian el modo de dar sentido a unos compases de los que no están del todo satisfechos. La cantante, que está de espaldas, pese a sus años fija el ceño con firmeza, piensa los distintos hilvanes de la voz, pone la vista en el papel como si escondiera un secreto bien guardado.

La tañedora de laúd acepta el juego de Bassano. No lo vemos, pero la insinuación del pintor es fácil de percibir. Hace que se intuya; no quiere decírnoslo. La mano que afina no está. El gesto, más allá del cuadro. Deuda del movimiento, del exceso del mundo que gira cada vez más aprisa. El cuerpo ladeado, un poco hacia delante, la mirada en el clavijero, invisible pero real. El pulgar y el índice de la mano izquierda mueven una clavija según pide el oído, que es el fiel de una balanza honesta, como en *La tasadora de perlas*, de Vermeer. Pero esta balanza que requiere aguzar la audición tiene unos platillos diferentes: son para pesar sonidos.

El canto puede recordarnos una perla; los objetos de cristal, los domingos; el lago, el olor a almidón; las cerezas, la inmortalidad.

Los instrumentos musicales, hacernos pensar en un ágata de veta azul, evocar la porcelana, los sábados, el río, el olor a madera, las nueces, lo temporal.

En un silencio aparte, un niño lleva unas manzanas a la mesa, limpian el aire. Anuncio de unas bodas, ya cercanas. La joven de la espineta va a desposarse. Otro niño revisa la música que lo tiene entretenido, vive iluminado por la luz pensativa que Bassano ha dado a los madrigalistas. El laúd tiene una caja grande, no es cómodo tañerlo sin una correa que lo sujete. Los músicos de tiorba y los de *chitarrone* están acostumbrados a ella, emplean a menudo esa cinta que pasa por el hombro izquierdo, como los vendedores ambulantes que llevan la mercancía en un cajón colgado del cuello.

Retrato de familia, la del propio Leandro, o tal vez la de Giovanni Bassano, músico veneciano, que cuenta los mismos años del pintor. No son parientes, pese a la coincidencia del apellido. Acaso los una la amistad, quién sabe. Giovanni es un tañedor de *cornetto*, escribe motetes, ha reunido una colección de *Madrigali e canzonette concertate per potersi cantare con il basso & soprano nel liuto & istromento da pena...* O quizá canten al más poético autor de madrigales de entonces, Luca Marenzio, que ha servido a los Gonzaga en Mantua; en Módena, a Luigi d'Este; a Virginio Orsini en Roma; también al cardenal Cinzio Aldobrandini, que lo protege, como hace con Torquato Tasso.

Marenzio visita la corte de Ferrara, allí se encuentra al *audax*, al osado Luzzasco Luzzaschi, a quien el duque Alfonso II d'Este ha pedido que infunda aliento al *Concerto delle Donne*. A menudo escucho a Luzzaschi, tan enfrentado a todo. Ahora, con este *Concerto delle Donne*, se trata de convocar a cuatro cantantes de virtuosismo puro, voz más allá de la voz. Utopía de la voz, ha dicho un filósofo. Ofrecen esplendor a la corte, Italia entera sabe de ellas. En cada sílaba dan un nuevo sentido a las cosas, las descubren.

El *Concerto* lo forman Tarquinia Molza y Livia d'Arco, Laura Peverara, también arpista, y Anna Guarini, hija del poeta Gian Battista Guarini y alumna de Luzzaschi.

El canto de Anna es tan luminoso que se la considera, con razón, el *gioiello della corte*. Toca, además, el laúd. Su esposo, el horrible conde Ercole Trotti, entrado en edad, roído por los celos y las sospechas, la asesina de un hachazo mientras yace enferma. Es un día de mayo de 1589, echado para siempre a las tinieblas.

Cuando esto sucede, Marenzio se halla en Roma. Recibe el afecto de Jacopo Peri y el de Emilio de' Cavalieri, músicos de un arte inédito que él mismo cultiva; goza, asimismo, de la cercanía de los mencionados Tasso y Guarini, el más herido por Petrarca. Quienes la escuchan dicen que la de Marenzio es una música visual, una *musica visiva*: sin cautela, deja traslucir las pasiones, permite ver cómo nos contraen el rostro y crispan las manos, cómo nos arquean las cejas y los labios, cómo desmadejan el cabello e inflaman los ojos. Nadie como él describe la frente pálida del amor atormentado, las pestañas humedecidas, los jardines cerrados a extraños, las cartas interrumpidas, el anillo que no ha sido devuelto, dos rosas todavía frescas, un pañuelo.

De pronto, en otoño de 1595, un viaje inesperado a Polonia. Lo acompañan otros músicos. Va a ocupar la plaza de maestro de capilla del rey alquimista Segismundo III, vacante tras la muerte de Annibale Stabile, que sólo ha estado dos meses en las regiones del norte.

Las malas lenguas dicen, sin embargo, que el motivo de la marcha de Marenzio es otro bien distinto. Aldobrandini, el cardenal, así como el papa, quieren alejarlo a causa de unos amores que mantiene, para mayor tropiezo, con una familiar del pontífice. Toma el camino de Cracovia; más tarde le espera Varsovia.

No bien cumplido un lustro, regresa, abatido; cuarenta y cinco años de existencia. Siente un declive en la *fabbrica del corpo*, no sabe qué le ocurre, necesitaría de un Vesalio o un Della Croce. Los médicos sospechan que ha enfermado a causa del frío, como Stabile y como lo hará Descartes en Estocolmo. Dolores reumáticos, o puede que un invierno haya quedado escondido en su pecho. No lo saben, no conocen aún los atajos del cuerpo, rastrean los conductos y las vísceras, pasan horas en las salas de disección. En esos lugares, al menos los que cuentan con unas arcas desahogadas contratan a músicos para que el ambiente, irrespirable y riguroso, sea más soportable.

Marenzio se extingue en 1599, corre el mes de agosto.

De nuevo Leandro, hijo del celebrado Jacopo Bassano. Ayuda en el taller paterno en Bassano del Grappa, en la región de Vicenza. La muerte de su hermano Francesco, que se ha arrojado por una ventana al poco de fallecer el padre, ha trastornado a Leandro. No se ha dado muerte a causa de la tisis, como creen algunos. Francesco, pintor también, ha sido silencioso, como lo son los canales de Sant'Agostin. Quienes lo trataron saben que su mansedumbre le hacía arduo el navegar entre los hombres, tan arbitrarios y brutales. Su esposa no ha podido consolarlo. Adivina sus intenciones, pide que sea custodiado. Pero un día de azul veneciano, entrado el mes de julio, aprovecha la distracción de los celadores y se precipita desde lo alto.

Leandro, ese mismo año de 1592, decide instalarse en Venecia y dejar ya para siempre Bassano del Grappa. Sabe que su alma es afín a la de su hermano Francesco. El dedo de Saturno lo señala allá donde va. Es un buen laudista, canta, lee. Ama a su mujer, Cornelia Gosetti, han tenido un hijo. Por decir más, el dogo, Marino Grimani, lo ha nombrado caballero, y aun así vive en la taciturnidad; cree, para mayor penuria, que las sombras lo persiguen. Está trastocado.

A diferencia de los suyos, pinta con un voluntario descuido penetrado de saber, aviva unos trazos de colores cada vez más intensos, contrastados, lienzos que tienen el grosor de los días, la rugosidad del tiempo que dice al corazón sus últimas palabras, que son secretas.

XVII
ENGENDRADOS POR LA LUNA

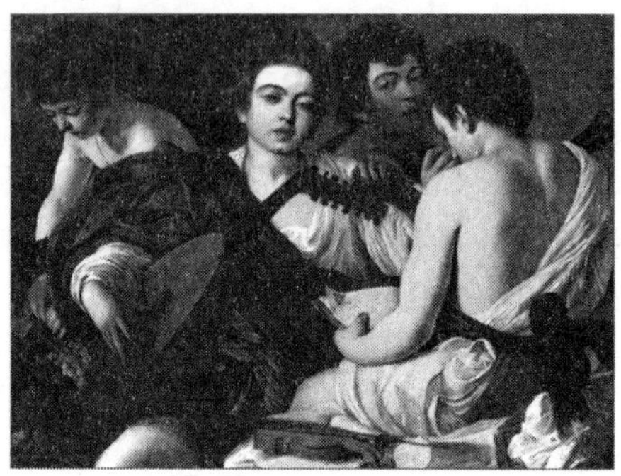

Michelangelo Merisi da Caravaggio, *Los músicos* (*c.* 1597).

Es el instante en que son sorprendidos. Casi siempre que entramos en una habitación sin llamar, la vida está desnuda. Ahora, los muchachos van a abandonarse al canto. El laudista afina el sexto orden, el oído le dice que la cuerda está un poco destensada, como una hondonada de tierra adentro, por debajo del mar. La música, para serlo, debe sonar nivelada, exacta. Hay una audición en nosotros que busca el equilibrio para sostenernos en el mundo. Tensar una cuerda hasta que sonemos.

Para Hugo de San Víctor, en el siglo XII, la música es la consonancia de muchas cosas «reducidas a una sola». Para María Zambrano, es lo contrario a la vida, «porque es armonía».

En esta sala de luz medio velada se obra la *harmonia* al calor de una afinidad. La propicia Eros, su mediar entre el cielo y la tierra. Une, hermana a los seres, tan fáciles para la disonancia. En el cuadro de Michelangelo Merisi da Caravaggio, Amor está a la izquierda. Sus alas son para un vuelo que se deja llevar por las corrientes cálidas, las aprovecha para migrar de un cuerpo a otro. Se le ve entretenido con un racimo, que cortará. La vid, el árbol de la vida. Los misterios de Dioniso. El vino es conocimiento.

Los cantantes de Caravaggio son *castrati*. Cuando la devoción lo pide, la castración se ofrece a una diosa; otras veces, se entrega a un dios. Atis ama a Cibeles, y no bien ha recibido su desdén, preso del delirio infligido por la diosa, cercena sus testículos bajo un pino, el árbol que un día ha de ser venerado en su memoria, símbolo de su muerte y resurrección. Los sacerdotes consagrados a la esposa de Saturno hacen lo propio, siempre un 24 de marzo. Son los *galli* romanos. Se ciñen vestimentas amarillas, de mujer, colorean su cabellera, van adornados con brazaletes, se maquillan, llevan pendientes y violetas en las manos.

En el pasado, como Cibeles, la música requería de algunos cantantes la *castratura*, era preciso que se elevaran a lo hiperbóreo de la voz, a la región más alta de sus cuerdas. Una historia de sangre iniciática, emasculación divina, ascenso a las cimas de lo cantado.

Orígenes el teólogo, el filósofo, se castra. Melitón de Sardes se castra. En el siglo III, los valesianos de Palestina deciden servir a Dios como eunucos. De este modo, se erradica el pecado, su posibilidad. La paz, vivir la soberanía del espíritu, precisa del no-deseo. Se busca ahogar toda *temptatio*.

«Porque hay eunucos que nacieron así del vientre de su

madre, y hay eunucos que fueron hechos por los hombres, y hay eunucos que a sí mismos se han hecho tales por amor del reino de los cielos» (Mateo 19, 12).

Francesco Maria del Monte, cardenal, hospeda en sus aposentos a cantantes jóvenes, casi todos ellos *castrati*. Una parte de los que llegan a Roma son acogidos a petición de su cercano Emilio de' Cavalieri, el compositor que más ha pensado el arte monódico, el primero en pulimentar la melodía, en darle soltura e hilvanarla entre las sílabas como si lo hiciese con un hilo de seda.

Del Monte no es el único en cobijar a estos músicos, cuya voz procede de la parte más luminosa de las mañanas; otros clérigos prestan sus casas, las ofrecen, dan albergue a los muchachos que van a la ciudad en busca de fortuna, tal vez una plaza en el coro de la Capilla Sixtina, tan ambicionado, o quién sabe si en otra institución, como el Collegium Germanicum, donde un día estará Tomás Luis de Victoria. La capital es un *hortus*, un *jardín musical*. También los niños, los *castratini*, se encuentran al amparo de los eclesiásticos, que velan por las voces que más aprisa suben a las bóvedas.

Las veladas se celebran en el *camerino*, la sala destinada a la intimidad de las audiciones. El *camerino* de Del Monte, el prelado que ampara a Caravaggio, está adornado por los cuadros que le ha encargado. El pintor no llega a los treinta años. Retrata a los músicos que ocupan los aposentos, y uno de ellos es Pedro Montoya, castrado que ha venido desde España. Franca Trinchieri Camiz reveló—en «Music and Painting in Cardinal del Monte's Household» (*Metropolitan Museum of Art Journal*, vol. 26, 1991, pp. 213-226)—que Montoya, al que se menciona con el nombre de pila italianizado, es el tañedor de laúd que aparece en *Los músicos*. Tras él se descubre a Caravaggio, que se ha autorretratado, quizá por vanidad, muy joven. Sujeta un cuerno, tal vez un *cornetto*, aunque la mano, al sujetarlo, insinúa una curvatura excesiva tratándose de este instrumento tan estimado en aquellos días.

La figura que protagoniza *El laudista*, de rasgos andróginos, es también Montoya. Toca una partitura del valón Jacques Arcadelt (Jacobus de Arca d'Elta), tan popular entonces.

Arcadelt no ha querido saber nada de los negocios familiares, los aborrece. Su padre es fabricante de armas, cerca de Namur, al norte de Bruselas. Prefiere quedarse en las aguas de *Il bianco e dolce cigno*, el canto lo hace dichoso, anhela otro trato con las tareas del mundo, acepta que Miguel Ángel Buonarroti le pague, a cambio de dos madrigales, con una tela de raso con la que hacerse un jubón. Al fin y al cabo, Durero cambió unos dibujos suyos por un par de guantes.

Las partituras que aparecen en los lienzos de Caravaggio corresponden al franco-flamenco Noel Bauldeweyn, su motete suena en *El descanso durante la huida a Egipto*. En *El laudista*, lo sabemos, se oye al mencionado Arcadelt, pero también llegan las notas de Jacquet de Berchem y Francesco de Layolle, o dell'Ajolle. De éste, se asegura que es el músico que Pontormo ha retratado con un libro de madrigales en las manos.

Música siempre refinada y amiga, sensual, que no deja morir el rescoldo erótico que templa la luz y los cuerpos que ilumina. Es el abrazo neoplatónico, el amor homoerótico que tiene algo de espiritual y nostálgico, con su deseo de retorno a la armonía antigua de cuantos amaron sin separación sexual, de belleza que concibe la fuerza masculina no como dominio, sino como impulso de una unión que, sospechan ciertos humanistas, no es del todo terrena. Hay algo en ella de universo, de totalidad.

Se trata de anudar más que de desatar. Un nudo de cuerpos. Los *nodi* de Giambattista Marino, el poeta. «*Nodi d'amor saldi e tenaci*», en *L'Adone*. Porque no existe resistencia de la naturaleza, de ella manan ambas fuentes, vierten hacia el mismo cauce.

La ambigüedad de las figuras femeninas y masculinas, propia de tantas obras; la dualidad de Leonardo da Vinci en el dibujo *Piacere y dispiacere* y en *La Gioconda*, también de ese san Juan Bautista que está en las aguas de las que nacen los nombres; *El Amor*, de Parmigianino; el hermafrodita del alquímico *Splendor Solis*; el *Ídolo hermafrodita*, de Carlo Carrà, y el de Knud Merrild, con sus dos cabezas, son imágenes de una polaridad celeste.

En el hermafrodita conviven los contrarios, todo se halla en el interior de la existencia, de las cosas: la mujer, el hombre; la noche, el día; la calma, la tormenta. El duelo que sostienen la vida y la muerte se resuelve en el solo curso de la armonía, esa que surge de la oposición.

En el *Banquete*, de Platón, cuando se habla del andrógino leemos que la iniquidad separó al humano—«cada uno de nosotros es un símbolo de hombre, al haber quedado uno seccionado en dos»—, ya que hasta entonces, no cumplido aún el desafío a los dioses, «éramos uno». Y que varón ame a varón es audacia y valentía por abrazar lo que es similar a él, y, de esta suerte, cuantos se entregan a esa mitad «son los más viriles por naturaleza». Y la música, no cabe negarlo, pone en concordancia los elementos dispares, de suerte que ella es «un conocimiento de las operaciones amorosas». Sus melodías todo lo aúnan.

Una parte del humanismo lo ve así, y así lo expresa Caravaggio, que desvela en las telas ese tercer sexo «compuesto de los otros dos», del que ha escrito Marsilio Ficino en *De amore*, mientras sigue a Platón en el referido *Banquete* o *Sympósion*. Pues, según el maestro florentino, en un principio se dio la existencia de tres sexos humanos, no sólo el masculino y el femenino, sino también *un tercero*, y es, por esta razón, *mixto*. El primero ha sido engendrado por el sol; por la tierra, el segundo; el último, por la luna. Y de esta suerte, el primero es fortaleza; templanza, el segundo; justicia, la mezcla de ambos. Por eso la justicia es mixta.

Los instrumentos musicales que están sobre la mesa de *El laudista*, en la versión que se guarda en el Metropolitan Museum of Art de Nueva York, son un *spinettino*, un violín con su arquillo y una flauta dulce. Es presumible que sean propiedad de Del Monte, que colecciona instrumentos; le gustan, sobre todo, los ejemplares de arco. Él es un músico aficionado pero hábil, toca la viola, el laúd, se jacta de tañer la guitarra a lo rasgueado, a lo español, y de acompañarse con gracia mientras canta. Buen amigo de Galileo, vive rendido a la música y la poesía, no hay libro de óptica que no termine en su biblioteca, tampoco de alquimia. Es uno de los benefactores de la Academia de San Lucas, también de la instituida a Santa Cecilia; preserva, así, a los pintores y los músicos.

Que los muchachos vistan ropajes femeninos no tiene por qué estar, sin embargo, en consonancia con la seducción homoerótica. En las fiestas y los conciertos privados, los músicos a menudo encarnan personajes mitológicos, como el Apolo laudista del propio Caravaggio. Se disfrazan. El sueño mítico, la nostalgia del monte Helicón no es un antojo del pintor, responde a un porqué.

Se le tiene por hombre desabrido, de pasión desenfrenada. Viene de la pobreza y llega a la placidez con Del Monte. Violento, asiduo en las reyertas, el Tribunal de Delincuentes lo conoce bien. Agrede a uno y otro. En una pelea a espada, por una riña mientras jugaban a la *pallacorda*, causa la muerte a Ranuccio Tomassoni, se dice que de manera involuntaria, pero, como homicida, huye de Roma, primero con destino a Nápoles, después a Malta y Sicilia. Fugas continuas, impagos, arrestos, agresiones puñal en mano. Vuelve a la capital romana, todo le es contrario en ella, escapa al norte, a Porto Ercole, que se halla bajo el dominio de los españoles. Allí, el paludismo se ha desatado y muere a los treinta y ocho años, asediado por la fiebre.

Se sospecha que su contacto con el mercurio, que usaba para las mezclas de sus pinturas, podría haber influido en lo irascible de su talante. Este elemento daña el sistema nervioso central: insomnio, cambios emocionales bruscos, dolores de cabeza constantes. Caravaggio es un ser de claroscuros, como las repentinas auroras de sus cuadros y los rápidos declives.

Para explicarse esa luz que se abre paso en la penumbra, se sugiere que el artista perforó la techumbre de su taller, y que, con el haz que por ella entraba, iluminaba una parte de la figura que pintaba. También se dice que el orificio lo había abierto en una pared. De hecho, sabemos que tuvo problemas con su patrona, y no sólo a causa del retraso del alquiler, sino debido a unos desperfectos en el techo, lo que indicaría que había convertido su estudio en una cámara oscura.

Él, como nadie hasta sus días, aísla a los personajes con un perfil luminoso que los entrega al presente. Además de las soluciones químicas, del uso de minerales fluorescentes como la sodalita y la fluorita, y del empleo de blanco de plomo, Caravaggio se sirve del polvo de luciérnagas molidas, aquellas que Dante, en un tiempo, vio como verdaderas *fiamme*.

XVIII

LOS LIRIOS DEL CIELO

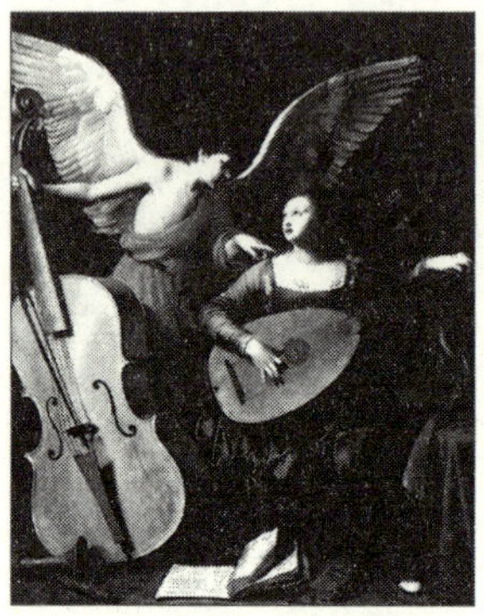

Carlo Saraceni, *Santa Cecilia y el ángel* (1610).

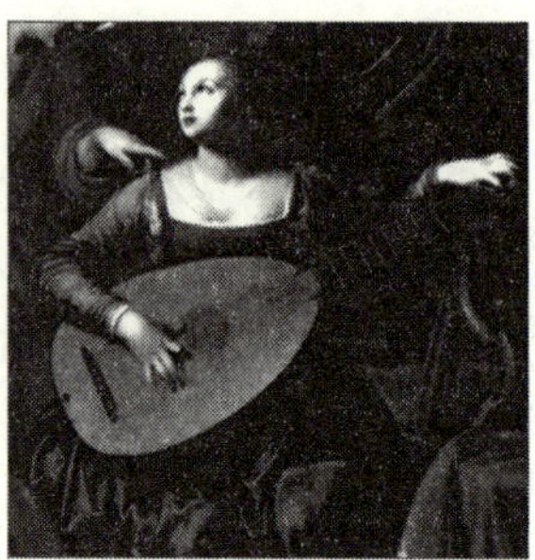

(Detalle).

El amor a la discordia es tan ilimitado que pocos logran escapar de su fuerza gravitatoria. Algunos no aciertan a vivir sin cismas ni al margen de los antagonismos. Las peleas otorgan al tiempo su dimensión real, porque éste sepulta a los que perecen en ellas; una nave los abandona en la orilla de los siglos olvidados. En *Le vite de' pittori*, Giovanni Baglione, malintencionado, dibuja a un Carlo Saraceni deslumbrado por Caravaggio, servil, sin voluntad alguna, imitándolo en todo, vistiendo como él y paseando un perro negro callejero, «*un cane barbone negro*», como hacía el autor de *Los músicos*. Un can juguetón, llamado, claro está, *Cornacchia*, tal como había bautizado Michelangelo Merisi al suyo.

Todo comienza una noche de invierno de 1601, cuando este pintor e historiador acusa a Saraceni de haberle enviado, en connivencia con otro artista, Orazio Borgianni, tan relacionado con España, un sicario para atentar contra su vida. Cree que el ataque es a cuenta de la pugna por presidir la Academia de San Lucas, de la que Baglione es la autoridad saliente. Quiere favorecer a los suyos, están bien posicionados. Será una manera de prolongar su huella.

Presa del resentimiento, Baglione admira casi en secreto y hasta la rendición a Caravaggio, sabe que sus pinceles jamás lo alcanzarán; mortificado, abomina de cuanto rodea a este maestro, le ofende y retuerce. Saraceni forma parte de los caravaggistas. Empeoran las cosas cuando unos versos satíricos empiezan a circular en 1603. Los han escrito, mofándose, Ottavio Leoni y Orazio Gentileschi, secundados por Onorio Longhi: son un escarnio de la *Resurrección* que Baglione ha pintado para la iglesia del Gesù. Encolerizado, cursa una denuncia; se inicia un pleito. Los acusados son amigos, claro está, de Saraceni. Gentileschi acabará en la cárcel con su íntimo Caravaggio, que ha tenido parte en la burla.

Debido a que Merisi, ante el temor de ser encausado por el homicido de Ranuccio Tomassoni, decide huir a Roma, las autoridades del clero encargan a Saraceni la finalización de dos versiones del *Tránsito de la Virgen*, que el maestro ha dejado sin terminar.

Saraceni es un solitario, deambula por las calles romanas ajeno a todo. Su implacable Baglione asegura que «*voleva andar sempre vestito alla francese*», que no ha estado nunca en Francia y que ni siquiera sabe pronunciar una palabra en la lengua de ese país. A quien se desprecia, se le ven todos los salientes.

En razón de su origen, Saraceni es conocido también como Carlo Veneziano. Ama tanto la pintura que consume las horas contemplando los lienzos de Annibale Carracci, los de Domenichino, aprende de ellos, queda absorto ante los Caravaggio, le vence el amor por el arte de Adam Elsheimer. Lo que busca en este último es lo sombrío del paisaje, el callado adentrarse en la espesura, la presencia de unos árboles cuyas copas parecen frentes nubosos, de esos que traen temibles lluvias. A menudo, las raíces de los fresnos y las acacias crecen entre las ruinas, minan lo poco que resta de ellas. Por más que pinte el día, Elsheimer es nocturno. En sus cielos no podría cantarse un gloria, porque su azul grisáceo desciende, veloz, a las desdichas de la tierra.

Se ha sugerido que su obra, la de Elsheimer, es la primera en mostrar las ideas astronómicas de Galileo, con ese universo que nunca más va a cerrarse a la conformidad humana. Ha sido asistente del viejo Hans Rottenhammer, lo ha acompañado a Venecia, también a Roma. Se establece en esta ciudad, contrae nupcias con Carla Antonia, que muere a los treinta y dos años, en 1610. Saraceni lo estima tanto que algunos de sus cuadros caen en la melancolía de esa luz que Elsheimer sabe dar a *La aurora*.

Cuando yo vivía en Nápoles, a finales de la década de los ochenta, iba con frecuencia al Museo di Capodimonte, subía, alegre y joven, por Corso Malta, y cuando cruzaba la Via Ponti Rossi, sabía que me encontraba ya muy cerca de aquel lugar de infinitos. Siempre he tenido una orientación pésima, habituado a perderme, no sólo en mí, sino en mi propia ciudad, en mi pueblo, incluso. Una vez en las blancas galerías del edificio, me detenía ante una serie que Saraceni dedicó a Ícaro. Recuerdo, de manera muy viva, la *Caduta*, que parece un vacío recortado en la tela, un modo de dejar una figura suspendida en el espacio de una mañana que nunca lo llegará a ser del todo.

Aquellos días son de evocación, de imágenes de fulgores medio apagados. Desde mi habitación en Via Scarlatti—en el número 32—, si la noche era despejada, veía las luces de Capri e Ischia, mínimas, tenues casi hasta la invisibilidad, de candelabro que alguien mueve desde un interior misterioso.

Santa Cecilia y el ángel es uno de los cuadros mayores de Saraceni. La santa afina un gran laúd, de caja armónica grande, como los que Andreas Jais construirá en Bolzano. Afina con el pulgar y el índice el orden tercero, si la vista no me engaña. A su lado, un arpa pequeña; a la izquierda, el pabellón de una chirimía y una flauta de pico; bajo el cuaderno de la partitura, un violín. Los instrumentos están en el suelo, desestimados, como en la *Santa Cecilia* de Rafael, que sólo atiende a la música celeste. Que el ángel de Saraceni toque un *violone* o *contrabasso* significa que entre ambos músicos se ha establecido una armonía desde su mismo cimiento. No necesitan las banderolas antiguas, las que fueron comunes en los retablos del XV, donde se inscribían las palabras. Aquí, invisibles, se leen a lo largo de la música.

Mientras Cecilia escucha el susurro de este ser con alas de cisne, tantea la tensión de la cuerda; obtendrá una nota cuando haya comprendido lo que el ángel le ha comentado en voz baja. Es un encuentro sin solemnidad; se trata de una revelación dicha al aire, entre iguales, casi como una confidencia. Quizá todo esté ahí, en el gesto que no precisa siquiera de movimiento, como «una fruta a la que se mira sin tender la mano», dirá Simone Weil.

Acaba de fundarse en Roma, bajo el auspicio del papa Sixto V, la Academia de Santa Cecilia. Es el año de 1584. Este hecho constituye en verdad su patronazgo de la música, no el relato de las *Actas de santa Cecilia*, que datan del siglo V. Como ha ocurrido con tantos documentos antiguos, estas actas fueron objeto de una interpretación errónea. La joven Cecilia, obligada a casarse con Valeriano en cuanto ciudadana de una elegida familia romana, ha consagrado su virginidad a Dios, por eso la circundan los símbolos de la castidad: rosas, azucenas, lirios blancos, hojas de olivo, un huerto cerrado. El ángel custodio lo es de la virginidad de la santa.

Jacobo de la Vorágine, en el siglo XIII, escribe en *La leyenda dorada* que cuando el esposo, terminada la ceremonia, entró en la cámara nupcial, Cecilia le dirigió estas palabras: «Un ángel de Dios está enamorado de mí, y es tan celoso que me vigila constantemente porque no está dispuesto a tolerar que alguien atente contra mi cuerpo». Entonces, insta al propio Valeriano a convertirse al cristianismo, y éste, con mansedumbre, accede. Almas contemplativas, serán perseguidos y martirizados.

El paso del tiempo ha querido entender que los instrumentos de los músicos que ensayan, *cantantibus organis*, para la boda despiertan en Cecilia la querencia por este arte, pero lo que ella hace en verdad es rechazar su alegre sonido, que la contraría, por lo que, ante la inminencia de la ceremonia, sólo atiende a la música que le llega de los cielos. Nada desea que venga de fuera, nunca ha emprendido un camino que no condujera hacia el interior de sí misma.

Rafael, en *El éxtasis de santa Cecilia*, muestra a la joven virgen en 1515 con la mirada alzada hacia la luz celeste y divina, rodeada de instrumentos a sus pies, también rechazados, y un órgano portátil en las manos, que asimismo repudia. Su deseo de paz la impulsa a atender la contemplación y la escucha del coro angélico, mientras, transportada, la circundan san Pablo y el evangelista Juan, también san Agustín y María Magdalena.

Esta de Rafael es una obra de loanza a la *castitas* encargada para la boloñesa iglesia de San Giovanni in Monte a instancias del cardenal Lorenzo Pucci en el decurso de 1513. Sin embargo, Pucci fue sólo el transmisor de un anhelo albergado por la piadosa Elena Duglioli dall'Olio, sabedora de que su petición al artista tenía todos los visos de ser desoída. De modo que la dama respetada por su piedad, recurrió a Lorenzo, y todavía más a su sobrino, Antonio Pucci, amigo del pintor, para persuadirlo de aceptar esta obra.

Es extraño, Rafael ha descuidado un aspecto notable en este *Éxtasis de santa Cecilia*: el órgano está representado al revés, esto es, con la serie de tubos que discurre a la inversa, de manera que el flautado grave debería estar al otro lado, donde los agudos.

De nuevo Saraceni. El pudor, el sexo, tienen el envés de la brutalidad. Artemisia Gentileschi ha sido violada por Agostino Tassi, hombre perverso; engaña, roba unos cuadros a Orazio Gentileschi, padre de Artemisia; estafa, se enemista con todos, tiene trato carnal con su cuñada Constanza, obra siempre en la sombra, persigue matar a su esposa. Es denunciado por el propio Orazio, ya que Artemisia, «joven honestísima», arguye, ha sido «desflorada por la fuerza». Se le abre un proceso por estupro. Saraceni declara contra Tassi. Pide justicia.

En 1620, el pintor de *Santa Cecilia y el ángel* regresa a Venecia, donde enferma de tifus. Siente próxima la muerte, yace en el lecho. Quiere que se le sepulte con el hábito de capuchino en el Oratorio dei Crociferi, muy cerca del mar, frente a San Michele. Muere el 16 de junio, en la casa de su protector, Giorgio Contarini. Ordena que algunas de sus obras sean enviadas a Sebastian Füll, conde palatino de Windach, en la Alta Baviera. Este vínculo con Alemania tal vez lo debiera a su admirado Elsheimer, quizá a Johann König, discípulo de éste y cercano a Saraceni.

En el relato de Heinrich von Kleist, *Santa Cecilia o el poder de la música*, la santa romana salva de las calamidades a un convento de monjas que dispone de su propia capilla musical. El peligro desaparece cuando suena desde lo alto un *Gloria in excelsis*. Su nombre, el de esta Cecilia que socorre, procede de *coeli lilia*, 'lirios del cielo'; otros creen que viene de *caecis via*, 'guía de los ciegos'.

XIX

LAS MANOS

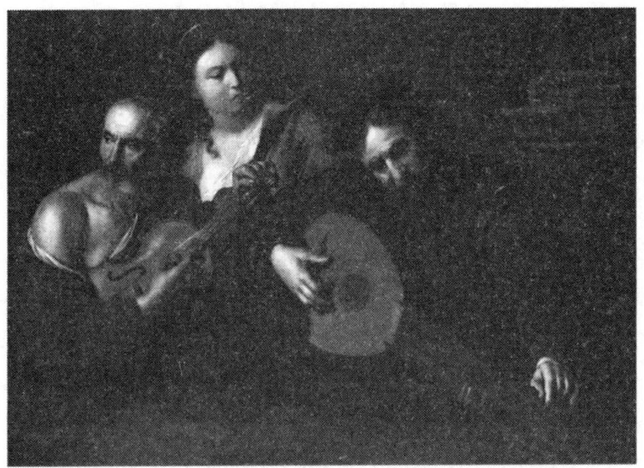

Seguidor de Caravaggio, *Los músicos* (*c.* 1620).

Vienen de una vida antigua y, sin embargo, tocan instrumentos que han sido pensados para la nueva música, al menos el violín. El músico de la izquierda podría ser un ermitaño, un Jerónimo con unos libros apilados, una calavera y un velón consumido; el otro, un carpintero que trabaja en un taller mal ventilado. Afina el archilaúd. El violín es, en realidad, para Giovanni Paolo Cima, para Carlo Farina, no es cosa de unos hombres con aire de desengañados, cuya ancianidad ha despuntado hace ya demasiado. Tras ellos, una mujer con un cierto desaliño, quizá una cantante que escucha la más desprovista vibración de las notas de los que afinan. Esta mezcla de tiempos, este nudo entre lo antiguo y lo nuevo es lo más extraño del cuadro, junto con esas manos, que no son como las de los ángeles de Bartolomeo Montagna.

Las manos de los pescadores, las de los albañiles, que parecen indóciles por lo rígidas, son, en cambio, las adecuadas para su oficio, como los dedos finos lo son para la orfebrería. Por más que pensemos lo contrario, las callosidades, que testimonian el continuo paso de un cuerpo por el mismo lugar de la mano que obra, no impiden el tacto sutil, la recepción precisa en las terminaciones nerviosas. Recuerdo, cuando yo tocaba a diario, que tenía durezas en las yemas de la mano izquierda y nada me impedían. Richard Sennett, en *El artesano*, dice, literalmente, que la función de la callosidad puede compararse a la del *zoom* fotográfico.

Es llamativo que en la *Iconología*, de Cesare Ripa, publicada en 1593, el tacto se indique mediante la representación de un guante, con el argumento de que las manos deben protegerse del frío invierno y el ardiente sol. Quizá ese guante podamos igualarlo a las callosidades que menciona Sennett, porque cubre lo sutil, que se guarda en el interior.

Las manos aprenden de nosotros, pero también nos es dado aprender de ellas. Nos hacen *ver* las posibilidades que tenemos ante la materia. Enseñan a tocar el mundo, a tratarlo con cercanía e intimidad. Un ciego sabe dialogar con el afuera a través del más olvidado de los sentidos. Ahuecarlas, formar una concavidad con las palmas, o bien cerrarlas expresan dos actitudes distintas: un albergar, un rechazar.

Sin el pulgar no sería posible la sujeción de una clavija, sin él se perdería la certeza de que la cuerda va a cumplir con el oído. Es el dedo que afirma los bordones en los instrumentos pulsados, que son el último y más ancho pliegue de la música. Cuando corre por el teclado, da ánimo a la mano entera; en el arco, es su balanza, su cimiento, su equilibrio. Montaigne dice, en un breve ensayo sobre los pulgares, que son los dedos maestros de la mano, y cuenta que Augusto confiscó los bienes a un caballero que había cortado los de sus hijos para librarlos de la milicia; y refiere la historia de Cayo Vatinio, condenado por el Senado porque se amputó los pulgares con la intención de evitar ir a la guerra. Entre los lacedemonios, escribe, el maestro «castigaba a los niños mordiéndoles el pulgar».

La mano izquierda es la que ha recibido el encargo de afinar, es la menospreciada por el cristianismo, la considerada obradora del mal en el Corán. Se la llama *siniestra*, es la zurda, que viene del euskera *zur*, 'avaro'. Impura, la no usada para estrechar el saludo. Pero la música es también suya, pulsa las notas, digita, es la que tiene trato con las clavijas, las fija, como fiel de la balanza, en su centro.

Moszkowski, estudios para la mano izquierda; Saint-Saëns, estudios para la mano izquierda; Max Reger, estudios para la mano izquierda. Ravel, *Concierto en Re mayor, para la mano izquierda*, dedicado a Paul Wittgenstein, al que le fue amputado el brazo derecho durante la primera guerra mundial. Strauss, Hindemith, Prokófiev, Britten escribieron para este pianista y su salvada izquierda. Su hermano era Ludwig Wittgenstein.

Regreso a Sennett con una consideración primordial: no le ha pasado inadvertido que es imposible tocar un instrumento con rapidez si no aprendemos a soltar. Es éste un noble ejercicio humano, nos aferramos a las cosas y a los seres hasta apoderarnos de ellos. En el amor, sobre todo, hay que aprender a soltar. Dejar ir es una forma de generosidad. Imaginemos una noche que no lo hubiera soltado todo: el día tendría oscuridades y estrellas a destiempo.

El tiro con arco, en el pensamiento oriental, es la disciplina de soltar, de vaciarse y recordar, sin tristeza, que nada nos pertenece. Dejar ir es la diana.

Yo he decidido soltar. *Solvere*, liberar.

Las manos de los músicos, cuando afinan, cuando tocan, están alerta, a sabiendas de que han de liberar el sonido para ofrecerlo pleno, han de soltarlo, han de favorecer un dejar huir, como el ciervo que salta, asustado, hacia el bosque.

Afinar, como hacen en *Los músicos*, es tener la conciencia de labrar una buena horma, de lograr el más fino reborde de una porcelana o conseguir que la taracea se incruste, perfecta. Pisar una cuerda, corregirla con un leve movimiento lateral de la yema del dedo, para la mejor afinación, significa buscar la simetría, como si se tratara de hallarla en una miniatura de los hermanos Limbourg. Todo ello con la respiración contenida; de lo contrario, en el caso de la música, no oímos bien.

Un músico debe llegar a ser la cuerda, como el ebanista el árbol, como la matrona el origen. Un oboísta sabe a qué me refiero si digo que la caña es parte de su cuerpo. Tratar la materia pide reconocerse como parte de ella; no se puede saber el mundo si uno olvida que está hecho de sus partículas.

Los instrumentos musicales son herramientas que excavan el aire, como las gubias la madera y las quillas el agua. Apartan, vacían, pulen el espacio con el sonido, sea con un re que nos llega de hace cinco siglos en una cuerda de Girolamo Frescobaldi, sea con una sonoridad reciente de Toshiya Tsunoda.

Las figuras de estos músicos insólitos que afinan sus instrumentos surgen de un claroscuro en cuyo fondo se han mezclado las noches cerradas de los libros de astronomía y los pasos de los caminantes con sus linternas. Todo está contenido en todo, el resultado es siempre la aleación de lo dispar. El ermitaño y el carpintero se pondrán pronto de acuerdo, los instrumentos hablarán por ellos, tocarán por el placer de mirarse y asentir sin cruzar una palabra, sin público, mientras la música, que carece de tiempo, lo llenará todo de presente.

XX

LA BARCA

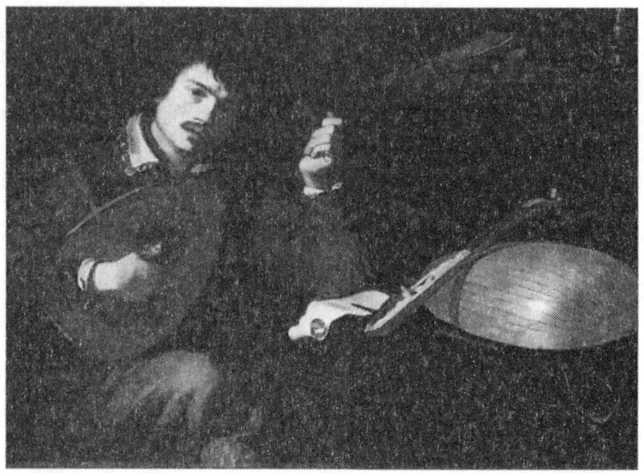

Escuela de Caravaggio, *Laudista afinando el instrumento* (antes de 1610).

Ars bellum. Descartes ha ido a Breda para ejercitarse en una escuela militar; las huestes de Mauricio de Nassau, príncipe de Orange, están acechadas por ilustres y viejos enemigos. El filósofo cuenta veintidós años, 1618. No lo imaginamos con un arcabuz a la espalda. Mientras cumple sus tareas, elabora, enfebrecido hasta altas horas de la noche, un breve tratado que obsequiará a Isaac Beeckman. Acaba de conocerlo en la ciudad de los asedios; lo admira, con razón. Se trata del *Compendium musicae*. La dedicatoria: «De René para Isaac Beeckman».

Calcula, estudia las consonancias, se pregunta el porqué de la distinta vibración de las cuerdas en relación con la distancia de los intervalos. Tiene un laúd entre las manos, es ahora su laboratorio, observa las clavijas torneadas, el primoroso trabajo de la roseta; lo ha cautivado el sonido de la espalda curvada, tan resonante, hecha de duelas que muestran con qué pudor puede tratarse la materia; *cogita* para sus adentros, piensa si daría toda la ciencia por tocar con maestría una alemanda. Sueña y despierta. Despierta y sueña. Pasa el rato así, ensoñado; no sabe tocarlo. Los acordes se le vuelven un laberinto, una malla enredada en los dedos. El músico, el que ha pintado el artista atraído por el arte de Merisi, sí conoce bien su oficio.

Permanecer una tarde, acaso una mañana, encerrado en tu habitación sin salir es más fácil cuando se tiene un instrumento con el que, de un modo u otro, conversar. Confidencia por confidencia. Recuerdo los largos días de estar a solas con la música, de estudiar y ensayar sin tener en cuenta las horas, con la conciencia de entregarme a un provocado vacío, de abandonarme, después, a la intempestiva nada que es detenerse, dejar a un lado la guitarra o la viola, dar tiempo al tiempo, silencio al silencio, mientras fuera la otra realidad se transforma en un devenir mecánico con la misión de lo útil. Es en estos descansos cuando uno, ya de muy joven, sin ni siquiera darse cuenta, decide la existencia.

Memorizar, entregarse a lo que acaba de sonar es un tratado de paz. Si se desea saber qué es la nada, basta con dejar de tocar un instrumento y rendirse a su vibración pasada, por más que se haya apagado. Abandonarse a la pasividad. Carecer de deseo. No se trata de un rapto místico, tampoco del impulso celeste de Ruysbroeck; es otra cosa. La música está hecha de estos estados de lejanía, del *post scriptum* que es lo callado, de renuncia no dolorosa. Cuando se toca o se canta y, poco a poco, se llega al calderón, lo único que de ti queda es la vaguedad de un haber sido. Diluirse es la tarea.

El músico viejo que sigue en sus trece, que continúa afirmado, no se ha disuelto. Está lejos de la música.

No podré legar, como este laudista que ha preferido quedarse en su estudio y no sabemos quién es, ni quién lo ha pintado, ni en qué museo se encuentra. No he sabido descubrirlo ni localizarlo. Es un profundo solitario. No podré legar, digo, porque siempre he vivido al final de la música, en lo que ha cesado, como un zumbido en el cristal. Dejaré una biblioteca extraña, una silva de varia invención, más discreta de lo que hubiera querido, dos cuadros de mis padres, una mesa, un sofá y unos instrumentos musicales de valor desigual, un violoncelo de 1840 (del círculo de Agustí Altimira), un bajo de viola *da gamba* (copia de Mark Ellis, de siete cuerdas), un rabel renacentista (copia de J. M. Pinto), una guitarra barroca (copia de Fritz Hofheimer), una guitarra toscana (copia), una zanfona (copia de Jacky Gonthier), un laúd árabe y una viola de arco medieval que mi primo Miguel y yo construimos en 1979. Una flauta de pico francesa, bastante antigua, un oboe y el violín de mi padre. Ninguna propiedad, ninguna casa, sólo un coche alemán que llegó a mí de segunda mano y que, después de los años, todavía me lleva a los sitios.

Hay un modo de vida cuyos hábitos son la consecuencia de un desprenderse, de saberse el impulsor de la barca que se ha dejado de remar. Yo he sido esa inercia en las aguas, el deslizarse entre lo que me ha rodeado. Esta apacibilidad es más peligrosa que cruzar una tempestad en alta mar, si hablamos de embarcaciones. El salario es la soledad. Cuando se está solo en la tempestad, se piensa en una isla, y esa isla es la música.

Este músico, después de afinar, después de tañer—¿acaso una obra de Pietro Paolo Melli?—, ¿adónde irá?

Al final de la música.

Nietzsche: el primer músico sería aquel que «sólo conociese la tristeza de la más profunda felicidad».

Otro laúd descansa sobre la mesa, bocabajo, deja ver unas costillas bien delineadas. Es, seguramente, una tiorba. Lleva la estrecha correa para sujetarlo. Al fondo, unos libros y lo que parece un candil, no alcanzo a distinguirlo. Apoyada en la caja armónica, una *pochette* con su arquillo. *Pochette*, 'bolsillito' en francés. En Francia, y todavía más en tiempos de Jean-Baptiste Lully, en Alemania, en los Países Bajos, es común. En Italia lo llaman *sordino*; en la España de los días de Góngora, *violín chico* o *violín de faltriquera*. Un instrumento, pues, de bolsillo. Los *violini piccoli alla francese* de Monteverdi en el *Orfeo* son, quizá, *sordini*. Esta *pochette* es casi exacta a la que Marin Mersenne incluye en *Harmonie universelle*, un compendio de sabiduría de 1636. El resonador de este ejemplar destinado a los maestros de danza es alargado y estrecho; por eso se lo conoció como *linterculus*, de *linter*, 'barca'. De la que, de pronto, se deja el remo.

XXI
UNA MINIATURA DE LA ETERNIDAD

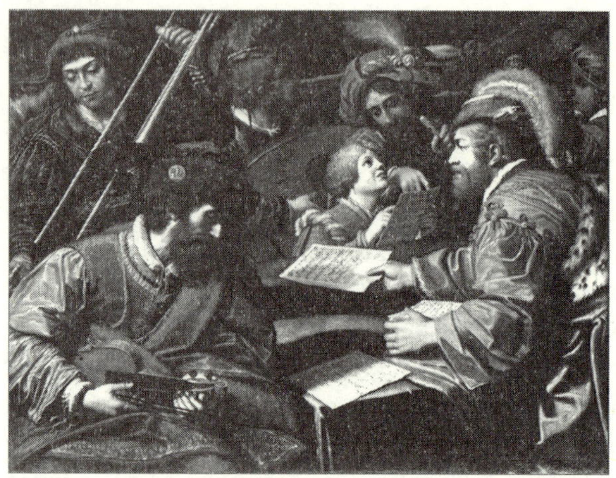

Leonello Spada, *El concierto* (*c.* 1615).

Hay briznas que contienen en sí el verano entero, saltos de agua que, en su caída, inventan un ciervo de humo que corre y corre por nuestro interior, mente adentro. Duraciones que no están en el tiempo porque lo diluyen. Jeanne Hersch decía en *Tiempo y música* (Barcelona, Acantilado, 2013) que un concierto es «una miniatura de eternidad». Existe un tiempo previo al concierto y otro que se abre cuando finaliza. Sin embargo, en el devenir del momento intermedio, ¿qué ha ocurrido? ¿Se ha conseguido un poco de eternidad?

Aquello que consideramos eterno cabe en el tiempo lineal que hemos imaginado. Es muy poco. El tiempo construido como amenaza, al que se ha dado carta de ciudadanía, nos ha dejado sin ciudad. Nos cronometra: hemos sido clepsidra, reloj de arena, reloj de sol, reloj mecánico, reloj atómico, reloj digital. Despedida.

El tiempo aparece, sobre todo, cuando la decepción nos domina. Reparamos, entonces, en lo que ha sido nuestra existencia. Nelly Sachs decía, en una carta a Paul Celan, que cuando sufrimos sólo somos de Dios.

Cuando nos afligimos sólo somos del Tiempo.

De madrugada, Blaise Pascal se levanta angustiado, hace unas semanas sufrió un accidente en el puente de Neuilly mientras viajaba en su carroza, que estuvo a punto de caer en el agua. 1654. Se despierta sobresaltado, piensa en el infinito, en el tiempo del Tiempo; se descubre perdido en ellos. El sudor que deja en las sábanas, poco a poco enfriado, es el tiempo.

John Donne se finge muerto, ha pedido a un amigo pintor que lo retrate como difunto. Quiere imaginar el mañana, que para él es el ahora mortal. Mientras simula estar en el país de las sombras, por un instante contiene la respiración. Ese diafragma paralizado es el tiempo.

Siendo joven, Calderón de la Barca vive en la Hermandad del Refugio, en Toledo, estancia de pobres y de enfermos. Aun habiendo alcanzado el favor de la corte, pasados los años, ya avejentado, todos saben que ha vuelto a caer en la pobreza; dicen que apenas tiene leña para el invierno y poca luz en casa. La espera de una mano que lo alivie es el tiempo.

Los dos cuadros musicales de Leonello Spada viven el momento previo del que hablaba Hersch. No se trata de una preparación, sino de lo que está pronto a suceder. El inmediato antes. Las primeras notas, las que han de abrir la tarde, las encerradas en los dedos de los músicos, no las han liberado aún. Las piensan. Apremian. El trombonista ha tensado los labios, los ha movido y contraído para calentarlos.

El *trombone* es un instrumento aéreo, de color nostálgico, se esfuma arquitectura arriba, se va. Pocos describen y entienden como él lo que vive apartado. La música eclesiástica lo acepta como suyo, hace siglos que acompaña a la polifonía, la arropa con pudor, sin apenas tocar su cuerpo, la ampara sin necesidad de un manto sobre su desnudez; se trata, más bien, de cubrir con un aliento.

Decir *trombón* significa el Duomo de Florencia, significa Notre-Dame de París, la catedral de Toledo. Viene de las antiguas trompetas bastardas, con su boquilla deslizable unida a una corredera. Sonido del siglo XV. Hans Memling hace que suene en el *Tríptico de Nájera*. En Francia, se lo llamaba *saqueboute* por analogía con la forma de una lanza medieval de garfio grande, abierto, con el cual se desarzonaba a los caballeros en los campos de batalla.

El *trombone* italiano es el *sackbut* inglés, el *sacabuche* español. De *saquer*, 'tirar', y *bouter*, 'arrojar', 'lanzar'. Se refiere a este ir y venir de las varas. Sebastián de Covarrubias, en el *Tesoro de la lengua castellana o española*, de 1611, cree que el nombre lo debe a que «cualquiera que no estuviesse advertido le parecería, quando se alarga, sacarle el buche».

Junto a la voz humana es tan generoso, le otorga una claridad tan de hoja nueva de haya que la restaña en el instante mismo de encontrarla.

Hay un sonido que es la suma de lo que calla, había dicho Rilke; cuando es así, se cumple *la madurez del espacio*.

El violinista de Spada afina, los dedos mueven la primera clavija, hace sonar la cuerda en *pizzicato*. Sabe, sin dirigirle la mirada, que es recibido por el *chitarrone*. Los dos recorren las cuerdas como un campesino camina junto a los surcos. El *chitarrone* está encordado con veintisiete cuerdas, con cuatro el violín. Uno marca el camino, el otro lo acompaña. Sin el bajo, no hay altura; sin la basa, no hay columna segura.

Spada pintó el cuadro hacia 1615, los días en los que Giovanni Girolamo Kapsberger había impreso el *Libro Secondo d'intavolatura di chitarrone*.

Los compositores vieron en el violín su arcadia, el instrumento con que aspirar a los territorios altos de la música, a los cimeros. Su vuelo hace del límite una normalidad. Es el telescopio de los astrónomos, porque el violín también posee su lente para descubrir lo que está por encima de nosotros. Galileo y Biagio Marini, uno de los violinistas más afamados entonces, contemplan aquello que existe muy arriba. Se parecen en eso. Un cielo nuevo, una música nueva. Y, pese a ello, el violín es un tanto geocéntrico, se encierra en sí mismo con facilidad.

El arte barroco no podría ser tan leibniziano sin este instrumento de arco: abre fisuras en lo que parecía asentado. La capacidad de propagar con tal rapidez el sonido, su urgente viaje a los espacios hace que se entiendan mejor las fuerzas del caos, porque lo frecuenta y ordena. El *Hipercaos* de Quentin Meillassoux ya lo habían pensado aquellos compositores y violinistas.

El niño cantor habla con el flautista, está contento. El maestro, quizá el autor de la composición que va a sonar, dispone las partituras. Este lienzo deja oír la avanzada música de Tarquinio Merula: una parte de ella está pensada para interpretarse *in chiesa e in camera*. Un arte nítido, ramificado, que, sin olvidarlo, abandona el pasado.

Tarquinio Merula, digámoslo, es un intemperante, a lo Caravaggio. Se pelea con sus alumnos y con aquellos que lo contratan; es turbio y arrojado, lo enfebrece el carácter colérico. Ha estado al servicio de reyes y ejercido en las mejores capillas. Viaja de Lodi a Varsovia, de Bérgamo a Cremona. En Bérgamo, le es encomendado reconstruir la capilla musical, casi todos sus miembros han muerto a causa de la peste que devastó el norte de Italia. Ahora, la epidemia ha despertado en los alrededores de Milán. Alessandro Grandi, un maestro principal, también ha sucumbido.

La muerte, la lucha contra ella, la música. Georges Vigarello cree que la idea de república fue entonces análoga a la del cuerpo y a la de los conjuntos musicales: los distintos elementos, dice, convergen para preservar un todo. Si los cuerpos humanos no son capaces de unificar sus órganos y sus funciones, si la música no cumple un común acuerdo, nada se funda. Así en política, así en la existencia, así en los instrumentos que hilan la música y hacen de ella un ovillo para la naturaleza del sonido.

Merula, en italiano, es el nombre del mirlo, ave de la tentación, que canta en los poemas de todos los tiempos.

XXII
EL FINAL DE BABEL

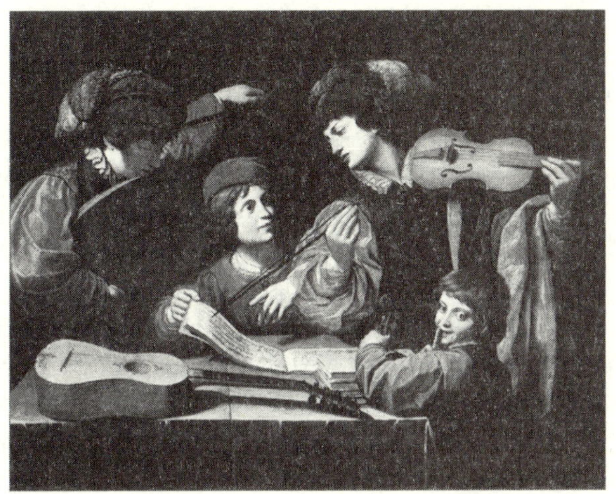

Leonello Spada, *El concierto* (1610).

Leonello Spada casi siempre está solo en el taller, cuenta con pocos aprendices. Sus hijas se ven obligadas a poner la mirada en otro lugar. Violante, Lucia, Lucrezia. La *bottega* de un pintor no es un establecimiento para mujeres. No todo Gentileschi tiene su Artemisia, no todo Caccini su Francesca. Tintoretto y su Marietta son también una rara alianza. A los varones, a los siete años se los ocupa ya en las tareas paternas. Las niñas apenas si tienen acceso. Su destino, de no pertenecer a la burguesía, es acogerse a los humildes empleos: costureras, cesteras, hilanderas, cereras, lavanderas, criadas. Si, por fortuna, se hallan entre las bien casadas, las bienmaridadas, que decían los antiguos, pasan a formar parte de un discreto reino doméstico, sin apenas voz. En cualquier caso, angostura. Unas manos blancas, un callar y preparar unas tortas, desbrozar el huerto de la casa, cortar unas flores. La esposa de Spada se llama Caterina Cocchi.

El artista aprende con Cesare Baglione, admira al flamenco Denys Calvaert, que ha decidido afincarse en Bolonia con sólo veinte años. Spada es dueño de un trazo privilegiado, cuenta con la virtud de pensar con ingenio el espacio y tender en él un señuelo a quien lo contempla: es un *quadraturista* de fuste, un maestro de la perspectiva, pintura de la ilusión, magia y óptica a un mismo tiempo. Extiende reinos donde no los hay. Los escogidos *quadraturisti* son tan apreciados que los pintores de mayor fama acuden a ellos.

A Spada lo conocen como «Leonello de la Perspectiva».

Cuando, en 1609, llega a Malta para el encargo de unos frescos, le causa tal impresión el arte de Caravaggio que allí resuelve, por un momento, pintar como él. El claroscuro, el contrapunto de luz y oscuridad lo ha subyugado, sabe que se nos parece en lo más hondo. Entre los burlones, esta devoción por Michelangelo Merisi le vale ser llamado «el mono de Caravaggio».

La capacidad de menosprecio entre los hombres es proverbial. El final de Babel fue, sin duda, el predecible. No era necesario que fuese relatado en la Biblia. No cabía otro desenlace, conociéndonos. Tantas torres, tantos fiascos. Esta palabra, *fiasco*, 'botella' en italiano, que en los tiempos de Spada se usaba en el teatro, se rompía si no había aplausos: se tiraba al escenario como protesta. Un fracaso del actor y del mundo, que vienen a ser lo mismo.

Y, pese al arrebato tenebrista de Spada, ama a sus maestros de Bolonia, no ha caído en cedazo roto su aprendizaje con los hermanos Carracci, sobre todo alentado por el magisterio de Ludovico, primo de éstos. Spada ha nacido también en esa ciudad. Prefiere, por el carácter afín, a Agostino, el autor del laudista que aparece en el capítulo escrito hace unos meses sobre *La conversación civil*, de Stefano Guazzo. Los Carracci, aunque desavenidos entre ellos, le ofrecen un estar pausado, un vivir aplicado al contorno de las líneas y a la caída de una sombra no tan desesperada como en Merisi. Guido Reni lo critica porque, dice, se parece demasiado a ellos, los fundadores de la Accademia degli Incamminati.

El concierto, guardado en el Louvre, tiene cierto aire de Bartolomeo Manfredi: una escena feliz deshace la tiniebla, la minimiza, es el contraste de la música sobre el común fondo de los días, apenas luminosos. Al igual que en el lienzo anterior, los músicos han llegado a ese momento previo de Jeanne Hersch: están a un paso de acceder a la miniatura de eternidad. El niño, con el gesto de silencio en los labios, avisa: la música va a comenzar. Sostiene el violín del otro muchacho, ya adolescente, que comenta algo con su mayor, quizá un final de frase que no termina de cuadrar. A la izquierda, el *chitarrone* afina los órdenes intermedios.

La Bolonia de entonces abundaba en talleres de artesanos de laúdes, de *chitarroni* y tiorbas. Estos instrumentos acompañan el canto de manera *così dolce*, que se dirían hechos «*a proposito di uno che canta*», según escribe Alessandro Piccinini, el laudista boloñés que dio a la imprenta, en 1623, la *Intavolatura di liuto, et di chitarrone, libro primo*. Es uno de los mejores compositores y tañedores de laúd.

Sobre la mesa hay una guitarra de aros anchos, hechos de finas duelas, como la espalda, un poco abombada; también de costillas—aunque no las veamos, están—, a la manera de la guitarra toscana, que también llaman *chitarra battente*. En Francia, por esta suave curvatura, se la conoce como *guitare en bateau*. Siempre la vemos en manos distinguidas, taraceada.

La leyenda: se dice que Caravaggio ha encerrado a su amigo Spada en una habitación, trata de impedir su huida. Lo necesita como modelo para *La decapitación de san Juan Bautista*. Ambos se encuentran en Malta, en La Valeta. Uno, encerrado; el otro, erigido en celador. El carcelero ha ido a la isla huyendo de la justicia; el cautivo, en cambio, ha viajado a ella para crear los frescos de tres grandes salas del palacio del Gran Maestre. Son los últimos días de verano de 1609.

La realidad: nada de esto es cierto. Nunca han coincidido. Cuando Spada observa desde la nave pronta a atracar las torres maltesas del fuerte de San Telmo, Caravaggio hace un año que ha dejado la isla rumbo a Sicilia, también como fugitivo. Sin embargo, algo ha ocurrido que desconocemos. Al regresar a Italia, Spada es contratado en la corte del duque de Parma, el cruel Ranuccio I Farnesio, que en un día mandó ejecutar a cien hombres. Pinta en ella largos años, decora el Teatro Farnesio. Cuando un viajero lo encuentra en 1621, dice hallar en Spada a un ser irreconocible, le cuesta coger el pincel, está demacrado. Y aun así pinta las *Bodas místicas de santa Catalina de Siena*. Tiene cuarenta y cinco años y el aspecto de un viejo indigente. Una enfermedad lo aqueja, es asaltado por continuas pesadillas, suda a causa de la fiebre, apenas prueba la comida; macilento, pide ayuda a su joven amigo Guercino, que está en Roma. Éste no sabe qué hacer por él, Spada apenas reacciona, se consume en un extraño silencio. Son los días en que Guercino pinta *La incredulidad de santo Tomás*, recibe encargos, tiene un poco de dinero, se lo ofrece. Spada sólo entiende las tinieblas, ha pedido que, entre sus conocidos, recauden dinero para él, pero muere al año siguiente como un mendicante, en una tarde que el siglo XVII ha engullido.

XXIII

EL DESAMPARO

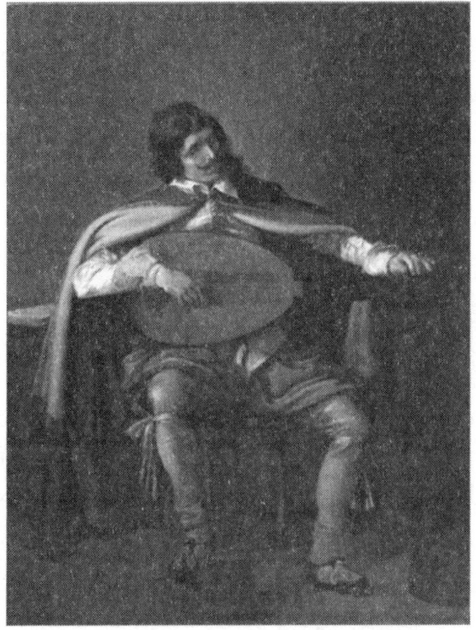

Hendrik Gerritsz Pot, *Laudista afinando* (antes de 1657).

Más fácil la muerte que cortar una flor. Las vidas se rasgaban al menor roce, como sábanas viejas. Aquellos tiempos, que algunos hoy añoran, estaban hechos de cristal fino, cualquier hecho los quebraba. Una fiebre, un aire maligno salido de las aguas pútridas como un ave siniestra, el frío, la comida escasa, unos ríos que descendían entre desechos, el hacinamiento de personas y animales, los muladares en torno a las ciudades, los maleantes. La indefensión era tal que aquella existencia era más azarosa aún que la nuestra; se moría con la misma simplicidad que cae una miga al suelo.

Los tres hijos de Hendrik Gerritsz Pot, todavía niños, fallecieron en 1613. La mortalidad infantil era una llaga que no cerraba, como lo era también la muerte de sobreparto, que abundaba. No es verdad que a causa de lo cotidiano de este hecho los padres lo contemplaran con resignación. En la Baja Edad Media, cuando se empieza a tener noticias de la relación paternofilial, el vínculo entre los progenitores y su descendencia era de amor y apego, como en cualquier época. Pese a que los documentos no sean explícitos al respecto, en los escasos registros de los nacimientos que nos han llegado, la necesidad de proteger la vida de los menores era prioritaria y, a veces, desesperada.

El llamado amor materno, el paterno, no lo hemos ideado nosotros, los que hablamos de la filosofía del cuidado. Lo que sí hemos hecho es ideologizar el hecho de tener un hijo, de ahí los despropósitos. Madeleine Foisil, en un estudio de las formas de privatización, muestra cómo el proceso histórico ha llevado, en efecto, a privatizar a los hijos, como ocurre hoy, y señala que la calidez nunca fue algo secundario en los siglos pasados. La presencia, en los *livres de raison*, de nombres con su diminutivo—Margot, Fanchon, Toinette—, dice Foisil, revela ese trato de ternura hacia la infancia.

La procreación, antaño elevada, se debía en parte al continuo rondar de la parca, ya desde la cuna. El caso de Johann Sebastian Bach, que tuvo una veintena de hijos, no fue un hecho aislado. Él, que vivió acechado por la presencia de la muerte desde sus primeros días, obró como la naturaleza pedía. Sólo sobrevivieron unos pocos de los suyos. Una situación similar a la de Marin Marais, que fue todavía más prolífico que el maestro alemán. La insistencia de la muerte devastadora no significaba que permaneciesen ajenos al más desnudo dolor por cada una de las pérdidas.

La melancolía repentina de algunos pasajes de la música de Bach se explica por este continuo asedio. Las dos hijas de Heinrich Schütz, que murieron en torno a la treintena, lo dejaron postrado, como a Telemann la muerte de su hijo Andreas, y a André Grétry, la de sus tres hijas. Julian, de nueve años, fue encontrado a orillas del Dniéper a su paso por Kiev, hijo de Alexandr Scriabin: el recuerdo de aquel cuerpo inánime lo ensombreció para el resto de los días, y así les sucedió a Alma Mahler y Walter Gropius con la tragedia de su hija Manon, de dieciocho. Para ella, las notas *a la memoria de un ángel*. En ninguna época lo sucedido a Pot ha llamado a la resignación.

He hablado de músicos porque sus duelos me han venido a la memoria, pero la turbadora constancia de estos episodios no tenía término.

En los órdenes bien acordados de este laudista, la *catástrofe*, la vibración de la cuerda. Es un hombre que está solo, que afina un laúd de resonador proporcionado y puente de dibujo cuidado, el pie sobre una caja que hace las veces de escabel. La posición de la mano derecha revela que ha tenido un buen maestro. Está acostumbrado a tocar. Lo dice el propio cuadro. Las pinturas como esta de Pot encierran pensamientos y situaciones que apenas adivinamos, sueños de sus protagonistas a lugares impensados, viajes al fondo de sus propios descensos órficos.

Una persona en soledad, como este tañedor, es una vela que arde lenta, una llama que deja ver una condición desamparada. Es la cera caliente que se pierde en el platillo de la palmatoria, la mecha que tizna, como una existencia cuando se duele y desgasta.

El músico de Pot vive desprendido, desnudo, sin necesidad de representar. Si lo pensamos, una de las sombras de la humanidad consiste en el esmero por la representación, en la debilidad de la sobreactuación y en el impúdico querer demostrar. Nuestros libros sagrados rebosan ese continuo sobreactuar, están llenos de clamores en el desierto, de grandes matanzas, de luminarias cegadoras y toques de trompeta que retumban en los montes y en los templos fastuosos, en los mares que se abren, y crean un desfiladero en las aguas, en los aparatosos derrumbes de murallas y en los infelices pueblos pasados a cuchillo, en los padres dispuestos a matar a sus hijos, un infeliz muestrario de degüellos y de expulsados, de quijadas fratricidas, maldiciones, castigos, verdades. Escenas ampulosas, con actores que gritan para ser oídos desde la última fila del mundo, episodios asimismo dibujados en la literatura desde antiguo: odiseas, titanes que caen del cielo ensangrentados, violaciones, rayos que fulminan al que no acata, cuerpos desollados, naves contra los arrecifes por el embrujo de una canción, edipos e hidras impías, hombres convertidos en cerdos y mujeres enloquecidas en la embriaguez. Un imaginario desolado con pretensión moral que ha nutrido a una civilización que sobreactúa por herencia.

Sobreactuación social, personal, individualismo, que es una forma de extinción del siglo XXI.

A los años, casi veinte, después de la muerte de sus pequeños, Pot vivió el nacimiento de una hija durante su estancia en Londres, donde había ido con su esposa Janeken. Allí residió un tiempo, el que duró su trabajo. Casi siempre estuvo entre Ámsterdam y Haarlem, ciudad de la que se cree era natural.

Pot fue aprendiz en el taller de Karel van Mander, pero le atraían, sobre todo, el trazo de Frans Hals y los ambientes distendidos del simpático Willem Buytewech. Hals, que estimaba a Pot, lo pintó entre los oficiales y suboficiales de la *Milicia de San Adrián*, lo vemos justo a la derecha del cuadro, con un libro grande entre las manos, el rostro sonrosado, vivaz. Si nos fijamos bien, guarda cierto parecido con Peter Sloterdijk.

XXIV
UN AMIGO DE GIULIO MONTEVERDI

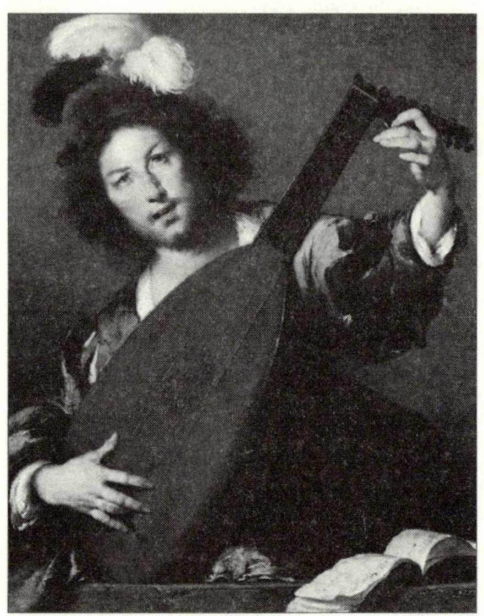

Bernardo Strozzi, *El laudista* (*c.* 1630-1635).

Lo peor ha pasado, han sido años de forcejeo con el mundo, de contienda y pleitos, de continuados desplantes de la fortuna. Pero al fin ha logrado escapar del convento de San Bernabé. Lo ha intentado en varias ocasiones, y ahora, en otoño de 1635, la fuga se ha cumplido. Ha burlado a sus *frati cappuccini*, los ha convencido de que debía visitar a su hermana Ginetta, que se hallaba en graves dificultades, no podía dejar de acudir en su socorro, la compasión por su cercana *miserella* lo obligaba. Si al final ha obtenido el permiso, que los capuchinos han concedido a regañadientes, se debe a la predisposición de Strozzi a aceptar hasta ahora los encargos para la orden, como es el caso de la *Santa Catalina de Alejandría.*

Pero no, sepámoslo, Ginetta está muy bien—es cierto que siempre vive rayana en la pobreza; gana un pan escaso como modelo de los pintores de la ciudad—, ha sido una fabulación, una estratagema largo tiempo trabajada, de modo que, después de varios intentos, Strozzi ha dejado Génova con la complicidad de su hermana, y lo ha hecho como el que huye de la peste. Conseguida la montura, que Ginetta ha preparado, escapa hacia las tierras del este, a Venecia. Ha aguardado este momento con la paciencia de un cazador, apostado en su propia sombra a que llegara el ansiado salvoconducto de la Signoria veneciana, en virtud del cual se lo acepta durante un largo período.

Cuando es necesario fugarse, no ha lugar la duda. El pintor se ha dibujado en la noche como una centella, disfrazado, la mandíbula prieta al galope. Ya ha atado el caballo en el amarradero de un puente del Gran Canal.

Sus tratos con la comunidad de los frailes menores han sido tortuosos. A los diecisiete años, hacia 1598, entró en San Bernabé, aunque pasado el tiempo, en 1610, se le dispensó del ejercicio religioso a causa de la muerte de su progenitor: el motivo, cuidar de su madre viuda y de Ginetta. Lo que hizo en aquel período de adversidad fue alquilar una casa en las afueras, ya en el campo, cerca de Borzoli, en lo que hoy es un barrio de Génova. Allí estudia, cultiva su buen oficio, ha aprendido del pintor y alquimista Cesare Corte, que ha muerto en prisión por un comentario al Apocalipsis considerado herético. También ha seguido la enseñanza de Pietro Sorri, maestro de Marietta, la amada hija pintora de Tintoretto.

El joven necesita dinero, consigue el cargo de preceptor de la familia de Andrea Manríquez de Mendoza en Milán, hijo del conde español Jorge Manrique de Lara. Sin embargo, y pese a que aquellos días empiezan a despejarse, la mala estrella se avecina: el fallecimiento de su madre hará que los capuchinos reclamen con diligencia su regreso. Strozzi, aterrado, se resiste. Tan hastiado está de los frailes, que trata de persuadirlos; he aquí su propuesta: si bien decide no abandonar la religión, pide que le consientan abrazar otra orden, la agustina de San Teodoro de Letrán. Sus autoridades, arguye, le prometen entera libertad para ejercer su arte. Los *frati* se alarman al oírlo y Strozzi acaba en la cárcel. Le espera un año y medio de reclusión. Estamos en 1630.

El hermano de Ginetta es un artista de fuerza innata, un alma hecha para la pintura, pocos trazos tan físicos como el suyo, tan incontestables y de color resuelto. El espíritu de Strozzi se asemeja al del músico que, en uno de sus cuadros, mal titulado *Il pifferaio* ('El pífano'), toca una chirimía grave con desenfado, sopla alegre esa bombarda que atronó las calles renacentistas y que todavía se deja oír en el siglo XVII.

El mismo instrumento aparece en otros lienzos suyos. En *Los dos músicos* lo vemos sobre una mesa: uno de esos músicos es apenas un muchacho, toca el violín, mientras un anciano se dispone a acompañarlo con el laúd, y si no lo hace aún es porque tiene el oído puesto en lo que dicen las cuerdas: está afinando. Si he dicho «mal titulado *Il pifferaio*» es porque toca un instrumento no muy distinto, de lengüeta doble, como es la chirimía o su bajo, la bombarda.

Además del magisterio de Corte y Sorri, Strozzi ha tomado la enseñanza que supone la *Circuncisión de Jesús* y de *Los milagros de san Ignacio de Loyola*, que Rubens había pintado en la iglesia del Gesù a su paso por la ciudad, en 1605. También son un aprendizaje las telas del caravaggista Bartolomeo Cavarozzi, y no menos las de Vanni y las del aprensivo Barocci.

Contemplar es una de las lecciones mayores. Admirar, instruirse con el que sabe más que tú. No hay en la universidad un mejor profesor de literatura que Shakespeare, no hay mejor decano que Dante, ni rector que Cervantes.

Strozzi, como Leonardo, como Grünewald, posee, además, la habilidad de ser un hábil ingeniero. Ha planteado diversas obras portuarias al Senado de la República, una de ellas, la mejora del sistema de amarres. Génova es un continuo destino de navegantes, puerto de abundancia. No cesa de trabajar, adquiere fama, su ayuda es decisiva para Ginetta y su esposo Onofrio Zino, que es un pintor humilde, no recordado. Les procura alimentos durante años, carga con sus deudas, vela por sus sobrinos. Pese a los estorbos de los tiempos, se ha hecho con una discreta fortuna, es valorado, se decide a comprar unas pocas tierras.

A menudo sobrevienen unas circunstancias que claman, que te dicen que ya no es posible quedarte en la ciudad. Nunca es una decisión tomada de un día para otro, va madurando como el membrillo en noviembre. Si se piensa, por ejemplo, en el año 1625 vivido por Strozzi en la mencionada Génova, uno entiende bien qué significa tener el ánimo mellado: en esa fecha había mantenido un pleito con los propietarios de un taller contiguo al suyo que producía argamasa de cal: el polvo, suspendido como nube estancada, le arruinaba las pinturas; protestó, empeñó sus fuerzas en la acusación. La duración del proceso, lento, comportó la demora en la entrega de los encargos y, en consecuencia, varios de sus clientes lo demandaron. Se le acusó, en otro litigio, de ejercer ilegalmente la pintura, so pretexto de que no era decoroso que un religioso obtuviera beneficios con temas profanos, y menos si estaban destinados a los espacios públicos. Por más que algunos, muy pocos, lo defendieran, una buena parte de los pintores del lugar se sumaron a la acusación: lo malquerían porque recelaban de su genialidad.

Es el sino de Strozzi, que allá donde vaya será llamado por siempre «*il Cappuccino*» o, en su defecto, «*il Prete genovese*». En Venecia, lo sabemos, vive una liberación, como la *Gerusalemme* de Tasso al abrir las puertas. Su afabilidad le es de gran ayuda, porque establece estrechos lazos con los artistas y los músicos de allí, algunos insignes.

Su reputación de retratista está en boca de todos. ¿De cuándo es el retrato del laudista que afina el segundo orden de cuerdas? ¿Es genovés o veneciano? Aunque la tradición acostumbre a situar la obra antes de 1635, es muy posible que responda ya a una de sus primeras creaciones venecianas. A juzgar por su caja armónica, el instrumento suena profundo y amplio, idóneo para tocar la música de los *libri d'intavolatura* que se imprimen en Venecia. ¿Lo ha construido Magnus Tieffenbrucker?

Que el pintor mantuvo una cordial relación con ciertos compositores y músicos de la ciudad lo testimonia el conocido retrato de Claudio Monteverdi, firmado hacia 1640. Imagino a Strozzi, que fue muy amigo de su hermano Giulio Monteverdi, hablando, sinceros, y a esas alturas de la edad, sobre la necesidad de apartarse de las discordias mundanas; lo pienso también retratando a Barbara Strozzi, la autora de los bellísimos *Lamento «sul Rodano severo»* y *Eraclito amoroso*. La ha representado con una viola *da gamba* que sujeta por el mástil. Barbara es, además, una cantante virtuosa que ha publicado sus obras con admirable tesón, educada en lo musical por Francesco Cavalli, *delicato spirito*, y, en lo literario, por su padre, el poeta Giulio Strozzi, libretista anhelado por los maestros de ópera. Pero ¿fue de verdad su progenitor?

Se dice que Giulio Strozzi quiso ocultar su paternidad, un nacimiento ilegítimo se consideraba un desdoro, y más si procedía de la unión con una sirvienta, en este caso Isabella Garzoni, empleada al cuidado de este hombre de letras. Pero lo cierto es que Strozzi se desvivió por su hija, lo mismo que por Isabella. Convivieron los tres en la mejor armonía, y a ellas les fue otorgado el legado que dejó a su muerte, en 1652.

Strozzi, el pintor, también retrató a este buen Giulio. Sus apellidos son hermanos, aunque ello no responde a ningún vínculo familiar. En aquellos años, y todavía hoy, el de Strozzi era un *cognome* muy común en Italia. En el sur, en Nápoles, trabajó otro importante maestro llamado Gregorio Strozzi, autor de música sacra y para teclado. Existió otro músico llamado Pietro Strozzi, que formó parte de la Camerata Fiorentina de los Bardi.

Atrás ha quedado el convento de San Bernabé; muy atrás, también, la molesta cortina de cal del taller vecino, los pleitos, el galopar en la montura con que escapó por las calles de Génova. Y, a pesar de todo, a pesar de las inclemencias vividas en su ciudad, unos retratos, entre ellos el mencionado de Monteverdi, le han sido encargados por un mecenas y amigo genovés, Tommaso Raggi.

Su última luz, sin embargo, es veneciana, clara incluso en el aire lacustre, que ya viene turbio desde primera hora de la mañana. Allí ha trabajado en la reforma de unas canalizaciones y en la restauración de una zona de la Cavanella, con la intención de favorecer el mejor paso de las embarcaciones.

Venecia es insalubre, por doquier hay pozos de agua pútrida a los que nadie presta atención, la Signoria lo descuida; la peste la ha azotado en demasiadas ocasiones: la última epidemia terminó en 1631, tras dos años de estragos. Es fácil contraer unas fiebres, sucumbir a un contagio, las emanaciones, la conservación difícil de la comida; la humedad de las casas es un peligro, las ratas pululan por las aceras.

Strozzi se siente enfermo de gravedad, decide testar aprisa, algo le dice que el tiempo se esfuma, llama a sus más cercanos alumnos y amigos. Uno de ellos es Johann Anton Eisenmann, que ha nacido en Salzburgo y hoy, en pleno verano de 1644, ha decidido firmar como «*Giovanni homo di ferro*», quizá para dar a entender su lealtad. El otro es el estimado Ermanno Stroiffi, que, siendo discípulo suyo como fue, no ha dejado de trabajar en el taller con *il Prete*. Muere al día siguiente, en una estancia austera. En las paredes cuelgan algunas de sus obras, también de artistas que han cruzado sus mismos días y de otros maestros antiguos; así lo revela el inventario de los bienes de un hombre que hoy yace en un rincón del *seicento*.

XXV
UNA NOTA EN EL TIEMPO

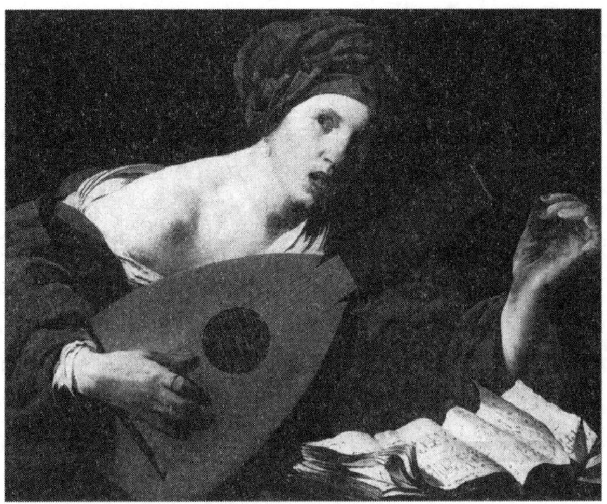

Hendrick Terbrugghen, *Mujer afinando el laúd* (*c.* 1624).

Mi estudio mide unos doce metros cuadrados, no es mucho. Lo mejor es su luminosidad; cuenta con un ventanal que da a los montes de Bagordi y Legate. Amezti queda un poco más a la derecha, se divisa también desde aquí. Arboledas, caseríos y pequeñas casas diseminadas en las laderas, ovejas, caballos y vacas pirenaicas a lo lejos y, en primer plano, los tejados de Elizondo, de teja rojiza los más nuevos, parda y ocre la que resiste en los viejos.

Reconozco que en este lugar de trabajo lo que se advierte a primera vista es el desorden de papeles, se hacinan como las nubes que vienen del Cantábrico y se posan en las suaves montañas donde los corzos acaban con las ramas y los troncos de los árboles jóvenes. El cielo es tan amplio desde aquí, abierto entero con sólo mirar a la izquierda, que uno no concibe cómo le ha sido dado el bien de contemplar tanta extensión sin lenguaje.

Lo escrito de verdad se encuentra en los márgenes, al contrario que en los libros.

En las paredes acostumbro a colgar imágenes que me acompañan, a menudo sujetas con un alfiler. Tengo a Käthe Kollwitz; a Juana de Castilla pintada por Juan de Flandes; una *Santa Águeda* de Guarino, que iba a ver con frecuencia cuando vivía en Nápoles, fotografías de Frost y Colli. También está la torre de Hölderlin junto al Neckar. Dos de las reproducciones pertenecen a Hendrick Terbrugghen: *El concierto*, de 1626, conservado en la National Gallery de Londres, y esta *Mujer afinando el laúd*, que retrató poco antes, en torno a 1624, en la época de las *Cantiones sacrae*, de Heinrich Schütz. Estas postales llevan años conmigo y todavía no han perdido el color.

Los músicos que participan en *El concierto* son muy jóvenes: una cantante y un flautista que toca el pífano, un *traverso* pequeño, por así decir. A la izquierda, una muchacha con un turbante blanco, amarfilado, que no se sabe si canta o tañe algún instrumento; en cualquier caso, está a la espera, escucha con el rostro alumbrado por una vela que no alcanzamos a ver, pero el haz tiene una calidez de pan recién sacado del horno; esa sola llama insinuada envuelve a las tres figuras, bien guarecidas, no necesitan otro espacio que el resplandor tenue, de brasa que se conforma con apagarse, que nadie sopla para avivarla y cuya delgada luz construye la habitación como si fuera un albañil de claridades humildes.

La *Mujer afinando el laúd* recibe, asimismo, esta iluminación tan de Caravaggio, aunque en Terbrugghen es siempre más espesa, más atmosférica, menos tajante. Lleva, como la joven de *El concierto*, un turbante, cuya palabra hay que entender con el significado persa de 'banda de amor', como se dice en el poema de Omar Jayyam, donde la enamorada cambia esta prenda por el sonido de una flauta. Esconde la cabellera, sólo puede ofrecerla a su amado. Este tocado, de moda entonces, cubre la cabeza de muchas protagonistas del pintor, como también adorna a las mujeres que viven en Gerrit van Honthorst, Dirck van Baburen y tantos más de sus contemporáneos.

El laúd es elegante como lo es la vestidura que cubre a esta dama, posee una caja estilizada, parecida a los instrumentos que fabricaba Matthias Fux, de marcado declinar hacia el mástil. Sobre la mesa, un libro de música manoseado por el uso. Esto nos dice que se trata de una intérprete acostumbrada a los senderos intrincados de Ennemond Gaultier, a la música que pide lo que Ludwig Wittgenstein decía se necesitaba para tocar el piano: «una danza de dedos».

Su boca abierta bien puede revelar dos cosas, a saber, que entona una nota para acompañar y confirmar la afinación de la cuerda, o que, mientras canta, se detiene un instante con el propósito de retocar la altura del sonido y, tras la interrupción, decide prolongar con la voz ese re o ese la. Se dice que esta extraña postura puede deberse a la marcada gestualidad propia del teatro, que entonces empezaba a influir en el arte.

La música está hecha de estas interrupciones, de secuencias fallidas, de súbitos cortes y regresos que dicen: «hay que volver al compás 16»; o mejor: *da capo*. Sucede también en el arte pictórico, que oculta retoques y pinceladas que ni siquiera sospechamos. Estas correcciones equivalen a las tachaduras de un escrito, son semejantes a la cuarta o quinta entrada en la misma escena de una actriz durante el ensayo. Es la vuelta a empezar. Una y otra vez hasta conseguirlo.

En una ocasión, siendo yo muy joven, Jorge Oteiza me comentó que se sabe a ciencia cierta si una obra está terminada cuando le quitas la pieza que acabas de poner. Si cae, significa que ese añadido era lo último que necesitaba. Para llegar hasta ahí, decía, son innumerables los intentos, las enmiendas, las renuncias, los desfallecimientos.

Componer, crear, escribir vienen de haber buscado, a veces de manera desesperada y a menudo inocente, sentido en todo lo que hacemos y darnos cuenta, al fin y al cabo, de que pocas cosas lo tienen. Lo esencial no viene dado, como el cielo sin lenguaje que se ve a través del ventanal. Se trata de cavar, de insistir y librarse del miedo a errar. Stravinski afirmaba que un compositor preludia igual que un animal hurga.

Rubens, a su llegada a los Países Bajos y al contemplar los cuadros de Terbrugghen, los creyó por encima de cuantos había visto en aquellas regiones. A él, a Terbrugghen, le cupo la ventura de contar con los mencionados Honthorst y Baburen como amigos cercanos, caravaggistas como él. Quizá Rubens advirtió que el autor de *Mujer afinando el laúd* era una mente inteligente y tenaz, un artista que conmueve, por más que pintase bebedores y alcahuetas, jugadores o, en el lado opuesto, una *Alegoría de la Fe*.

El pintor es de carácter grave, fácil para la bilis negra, amable y reservado a un mismo tiempo. Laudistas, gaiteros, flautistas, cantantes, una gran compañía musical alegre y colorista recorre su obra al lado de un Esaú que vende su primogenitura por un plato de lentejas a la luz de una vela; de un Marte descontento al que, acostumbrado, ya no le sabe a nada la victoria. ¿No quiere guerrear más?

Ha retratado a los evangelistas, a ese Cristo que muestra la llaga a Tomás, a Heráclito el Oscuro. Mundo antiguo para un tiempo nuevo abocado a las escenas terribles de Valdés Leal y a la tiniebla de las oraciones fúnebres de Bossuet.

De joven, como tantos maestros del norte, viajó a Italia en varias ocasiones: entre 1606 y 1608 vive en Roma y Nápoles; en 1614 se dirige a Milán con su estimado Thijman van Galen, asimismo pintor. No se detiene; desde Utrecht, adonde había regresado en 1615, retoma en 1619 el camino del sur, hacia Roma, y allí permanece hasta 1621. Lo ha fascinado Caravaggio, lo han impresionado Manfredi, Gentileschi y Saraceni, sin duda Reni y los franceses Vouet, Tournier y Valentin, que trabajan allí. Absorbe cuanto descubren sus ojos, que no se rinden, recogen de aquí y de allá, apilan, guardan. No es un asunto menor que Terbrugghen inspire a Vermeer, que tomará de él detalles para sus obras. Lo estudia.

El tiempo no le deparó una larga existencia, vivió cuarenta y un años; se cree que la peste fue la causa de su muerte, acaecida el 1 de noviembre de 1629. Imagino su cuerpo en un ataúd de madera clara y demasiado reciente, depositado en una carreta que lo lleva al cementerio, situado a la salida de una de las puertas de Utrecht, la que está al noreste, con un resplandor apagado, sometido al suelo, como en la *Crucifixión* que pintó, donde la luz está al pie de la cruz, como implorante.

XXVI
EL QUE CONTEMPLA A LOS MAESTROS

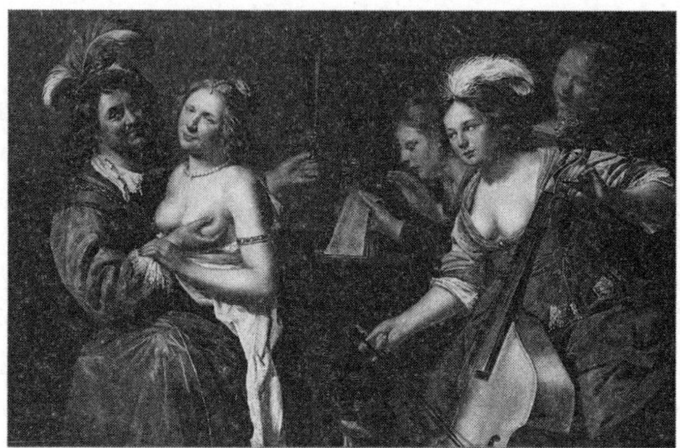

Johannes Baeck, *El hijo pródigo* (1637).

Un inventario de Bratislava del siglo XVIII registra por vez primera este lienzo de Johannes Baeck con el título *El hijo pródigo en compañía de mujeres disolutas.* Su autor, militar de oficio y del que apenas sabemos nada, sentía devoción por los pinceles. No fue, sin embargo, un aficionado tal como pueda entenderse hoy si se juzga por el logro de sus obras—escasas, es cierto, apenas quince han llegado a nosotros.

El trabajo cotidiano, profesional, el que lo reclama todo y somete una vida, acostumbra a tener, sin embargo, una puerta trasera por la que escapar. Una brecha, un cancel mal cerrado, el descuido del que ha dejado la llave puesta da pie a convertirse en un fugitivo y, por unas horas, soñar con no ser alcanzado. Baeck ha encontrado esta escapatoria y la ha aprovechado.

Tuvo la suerte de convivir con los caravaggistas que se

asentaron en Utrecht, donde él había nacido. No lo oculta, sus pinturas las adeuda a Baburen, todavía más a Bijlert, en quien se ha inspirado para este hijo pródigo que aquí adquiere la figura de un soldado, que no es raso a tenor de su atuendo, bien al contrario. A no dudarlo, conocía bien las costumbres de la soldadesca, siendo, como era, oficial de grado. Durante una época sirvió en una compañía bajo las órdenes de un capitán llamado Blomendael, estuvo en el ejército de su ciudad y también en las guarniciones de Ámsterdam. Se supone que el cargo lo había heredado de su padre Herman, y éste de su progenitor, que era, al parecer, de origen alemán. Estirpe de militares acostumbrados a la brega, qué importan las penurias, creen algunos, si se ha tenido la gloria sobre el caballo «en el furioso laberinto de los ejércitos», como escribió Borges.

La guerra, las campañas entre la neblina de la pólvora y el barro, la ración escasa y el poco dormir escenifican la discordia común a los hombres. Baeck sabe que el receso en la milicia no consiste en la tregua, sino en el desahogo, en la diversión, que tiene un tizne exasperado y de última noche de la vida.

En una mano la copa, en otra el seno desnudo de la que se ha sentado en sus rodillas. En el centro, aunque en segundo plano, una muchacha lee una partitura, la repasa con el gesto de quien vacila, no la ha aprendido del todo: en unos instantes debe empezar a cantar acompañada de los sonidos de la viola *da gamba*, que afina una tañedora de rostro honesto. El clavijero lo adorna una cabeza femenina bien esculpida, se diría que la talla está mirando la escena por la que revolotea un Eros pícaro, a la izquierda. Tras la violista, con una mirada de cierto resabio, desdibujada, una joven lleva a la mesa un plato de uva. Hay racimos verdes, hay racimos negros.

Caminos de la moral: esta extraña obra, al paso del tiempo, ha tomado diferentes títulos, aparte de *El hijo pródigo en compañía de mujeres disolutas*. Uno de ellos, *Compañía alegre*; otro, *Los cinco sentidos*. En este último caso, se ha justificado por la secuencia que es fácil de adivinar: el tacto lo simboliza la mano lasciva del soldado; el gusto, la copa de vino; el oído, la viola *da gamba*; la vista, la cantante, que mantiene una cuenta pendiente con el pentagrama; el olfato, las uvas que dejan su frescura en el aire de este interior, cuya oscuridad se rompe por la tensión de la cuerda, que, poco a poco, cuando la tañedora pasa el arco, suena camino de la afinación.

Luigi Nono decía: «me esfuerzo por escuchar los colores». Aquí, en Baeck, esos colores vienen de un fondo de espesa penumbra para tornarse cálidos y explícitos en esta escena de 1637, el año en que contrajo matrimonio con Geertruydt, de la que tuvo seis hijos. ¿Qué trató de expresar en este lienzo? No lo sabemos. Los entendidos señalan que, como aficionado que era, no acertó a formular una composición congruente; no lo consiguió. A primera vista, una reflexión como ésta puede resultar aceptable, aunque tal vez no sea del todo así. La *Reunión musical* de Bijlert le ha dado la idea, pero Baeck la desdibuja y la vuelve más enigmática por lo estática: aísla a las figuras en su mundo, como lo están en verdad las personas, ensimismadas y ajenas. Quizá piense que no es necesario ceñirse al orden acostumbrado, *seguir la semejanza*, mantener la coherencia, un poco a la manera en que lo observó Michel Foucault en *Las palabras y las cosas*, cuando comentaba aspectos del arte del siglo XVII.

Baeck está en el taller, *El hijo pródigo* aparece poco a poco en la tela como un alba, vuelve, vuelve; una luz desvela los rostros, día a día, a cada sesión de trabajo se hacen más visibles, también la viola, los vestidos, el perro negro que está abajo, en el centro, feo y sañudo. Transcurren las horas, los personajes están cada vez más cerca, vienen de una lejana penumbra y ya son reales entre nosotros: no pueden desdibujarse porque ya lo deben todo al tiempo, han entrado en él. Están a nuestro lado.

En el Evangelio de Lucas (15, 11-32) el hijo, recordado como pródigo, requiere al padre su parte de la hacienda, la vida lo empuja a ir al siglo, y así lo hace, olvidado de todo escrúpulo. Derrocha cuanto le ha sido legado: festines y burdeles, un vivir opulento y necio, venalidad. Un día, comido por el arrepentimiento y la escasez, regresa, y lo hace empobrecido; ha comido las algarrobas de los puercos que le tocaba cuidar. Dice para sus adentros: «¡Cuántos jornaleros de mi padre tienen pan en abundancia!».

El soldado de Baeck es el hijo que ha dilapidado cuanto tenía. No podía haber mejor ejemplo que este pasaje bíblico para los protestantes, que veían en esta parábola la posibilidad del perdón divino, sin atenerse a la penitencia ni recibir castigo. Es la Providencia la que guía el camino humano, siempre desvalido; es ella la que repara el infortunio de quien ha sido engañado por el mundo. Esta mirada magnánima, que llama a la contrición del que ha obrado de manera errada, hizo que las escenas de burdel, los *Bordeeltjes*, se pusieran de moda entre los biempensantes, pues en ellos se anunciaba, en el fondo, el necesario retorno a la virtud.

Los pintores vendieron abundantes telas de estos libertinos a los que aguarda el arrepentimiento; salían de los talleres de Louis Finson, de Honthorst, del propio Rembrandt. En estas escenas los holandeses entendían la tentación vencida: mejor rehuir el vicio, denostarlo, renunciar al vino, al aguardiente también, nada hay como alejar la acedía, lo propio es trabajar y trabajar, cultivar la tierra, limpiar los canales de los molinos, descargar un barco que ha llegado de las Antillas, atestado de especias y de maderas con las que hacer buenos laúdes, que acompañen la canción que celebra el retorno del hijo.

XXVII
UNA LUZ PARA CADA MUNDO

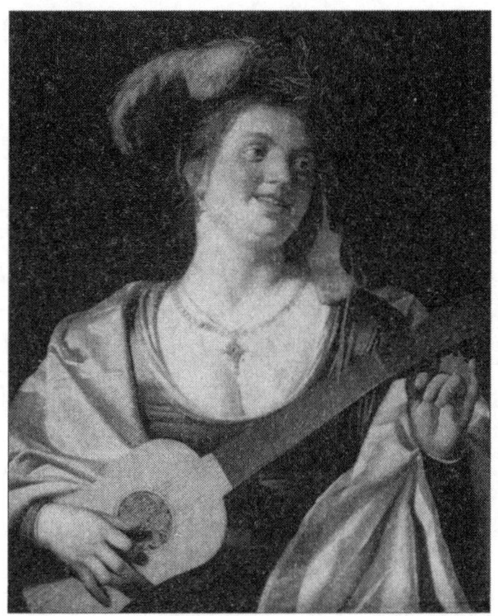

Gerrit van Honthorst, *La guitarrista alegre* (1631).

Tenía la costumbre de pintar a la luz de unas velas, como Godfried Schalcken, cuyos lienzos crean un continuo resplandor. A veces, a Honthorst le bastaba un único haz. Le atraía tanto el fondo oscuro de Caravaggio que entraba en la tela con el sigilo de un viajero en la noche. ¿Qué me ofrecen las sombras?, se decía. Un seguir la búsqueda, un olvidar lo que veo a pleno día, donde están *el ruido y la furia*.

La luz afirma, pero una sola llama, que es una existencia sencilla, hace que las formas sigan en su pregunta. Lo vacilante, lo que vive entre ocultamientos tiene el prestigio de lo misterioso, la metafísica le viene dada. Cuando una vela arde, sabemos que quema el aire y hace de él una oquedad, una llaga que se está curando: ilumina los contornos, desvela un rostro y los objetos con la intimidad de lo cercano. La luz eléctrica no transige, ocupa toda la habitación, irrumpe, no se detiene en los pormenores, en los que todo es más solitario. Gerrit van Honthorst lo ha decidido así, quiere evocar mientras pinta.

El cristal y el vidrio, la seda y la sarga. Luces distintas, tactos diferentes; están comprendidos en el giro del mundo. Crecen el álamo y el matojo; baja el Danubio y corre la acequia. Aquello que se pretende uniforme lo han pensado los absolutistas. La realidad se alimenta de su escisión. Hay un Hugo de San Víctor y un Göring; una Clara de Asís y una Antonina Makárova. El bien y el mal, sendas diversas, pasos diferentes.

Baruch Spinoza escribe en la *Ética* que el soldado que ha visto en la arena las huellas de un caballo, de inmediato pensará en el caballero, y el caballero le evocará enseguida la guerra; y de otro modo, el caballo, a un campesino, con sólo verlo, le recordará al arado, y el arado al campo, «y así cada cual».

La historia de los instrumentos musicales sabe de esta duplicidad y de estas rápidas asociaciones, de los ecos que resuenan en las distintas laderas del mundo. La guitarra tiene también su doble, cuenta con sus caminos bifurcados y la reminiscencia de otros universos.

Sebastián de Covarrubias, en el *Tesoro de la lengua*, señala con desabrimiento que en su tiempo la guitarra se emplea «muy en perjuyzio de la música». La guitarra no es más que «un cencerro, tan fácil de tañer, especialmente en lo rasgado, que no ay moço de cavallos que no sea músico de guitarra». Mientras escribe en su estudio de la canonjía, justo detrás de la catedral de Cuenca, añora el tiempo en que la vihuela hacía que el siglo fuera más de oro. Considera la guitarra para las noches de vino y la compañía altanera, quizá por ser el más *mañero* y menos costoso de los instrumentos, como dice Cervantes.

Tampoco falta en las barberías, suena entre los clientes con ganas de alegría, se abre paso junto a las navajas y las jofainas. Quevedo está convencido de que el verdadero suplicio de un barbero en el infierno es no tener una guitarra.

Pero la guitarra, y he ahí la otra cara, no sólo está en manos de los *moços de cavallos* y de los barberos, no. Algunos compositores escriben una música valiosa para ella, obra de pendolistas, destilada. Porque en sus partituras nace caleidoscópica, está taraceada de pasajes súbitos que se abren a armonías complejas y, de manera impensada, muy barroca, cambian con rapidez para ofrecer otro ángulo insospechado de la composición.

Existe una música digna para cada instrumento. El siglo XVII es el momento de un primer esplendor. El título de Pietro della Valle, *Della musica dell'età nostra que non è punto inferiore, anzi è migliore di quella dell'età passata*, que vio la imprenta en 1640, es una declaración.

Francesco Corbetta fue uno de los virtuosos que dedicó los días a calcular el gramaje del sonido más puro. Viaja a lo largo de su país, se dirige a España y Francia, recorre una parte de Alemania, recala en los Países Bajos, llega a Inglaterra, donde Carlos II queda deslumbrado ante la maestría de su arte. Samuel Pepys, que asiste a una velada en la que interviene el maestro italiano, se asombra, en su *Dia-*

rio, con fecha del 5 de agosto de 1667, de que una música tan excelsa suene tan bien en un instrumento «tan malo».

Corbetta es un artista como pocos, gana cuantiosas sumas en Londres en las apuestas; el rey le ha otorgado el monopolio del juego. Es sagaz, tiene buen trato con todo aquello que gobierna el azar, sale airoso siempre. Su existencia es un puente tendido entre la capital inglesa y París. Imprime *La guitarre royalle* en 1671 y, tres años después, otro volumen con igual rótulo. La primera entrega es alambicada, de escritura afiligranada, con sorpresivas disonancias, únicas; la segunda, atiende a ese mismo estilo, pero acude más *a la maniera spagnuola*, a lo rasgueado; es la que deplora Covarrubias y divierte al cardenal Francesco Maria del Monte, el melómano mecenas de Caravaggio en Roma.

Este toque feliz y desenvuelto, que bulle en los libros *alla chitarra spagnola* de otro maestro como Giovanni Paolo Foscarini, es el propio de la guitarrista de Honthorst, el pintor de las intérpretes festivas. Afina la cuerda prima, la tabla armónica tiene un rosetón bien labrado, no es cualquier cosa. Canta, participa en una reunión grata, quizá ha corrido algo de vino. ¿Alguien fuma? Se llama Minette, tal vez Saskia o Anneke. Lleva un buen rato tocando, las cuerdas de tripa ceden con facilidad, hay que recomponerlas a menudo. Parece distraída, pero su oído ama lo que suena claro, esa onda que ya no puede ser replicada. Lo llamamos precisión.

Si no fuera porque el cuadro es anterior, otra guitarrista de Honthorst, guardada en el Museo del Louvre, podría ser la secuencia de esta animada tañedora que se conserva en la ucraniana Lviv, que llamamos Leópolis. Toca a lo rasgueado, con las cuerdas *strusciate*.

Gerrit conoce bien Italia, Roma sobre todo, ha oído tocar allí *alla spagnuola*. Él, como Corbetta, vive en los dos caminos, los representa. Lo refinado y lo popular no se estorban, ni tienen por qué. Isabel de Bohemia y su hermano Carlos I de Inglaterra estiman al pintor; Christian IV de Dinamarca pide ser retratado por él. Cuando se encuentra en Italia, Cosme II de Medici lo considera un escogido; el conde William Craven lo solicita. La vela de *Los músicos ancianos* y la llama que ilumina *La negación de san Pedro* confluyen en Honthorst, sabe que hay una incandescencia para cada mundo.

No lo olvidemos: las velas que dejamos encendidas de día, también las necesitamos.

XXVIII

UN MOMENTO DE DICHA

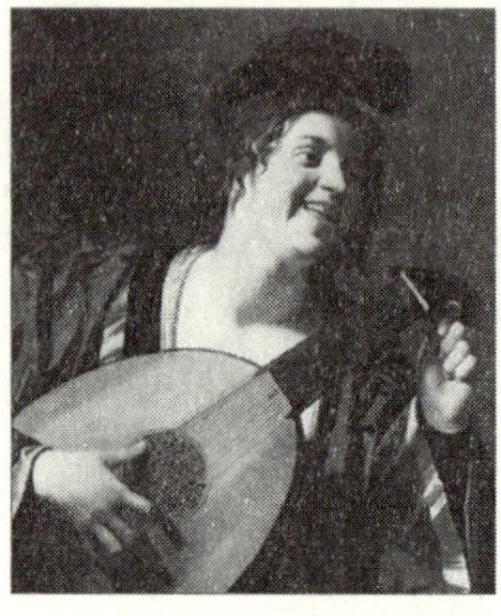

Gerrit van Honthorst, *Laudista afinando* (1624).

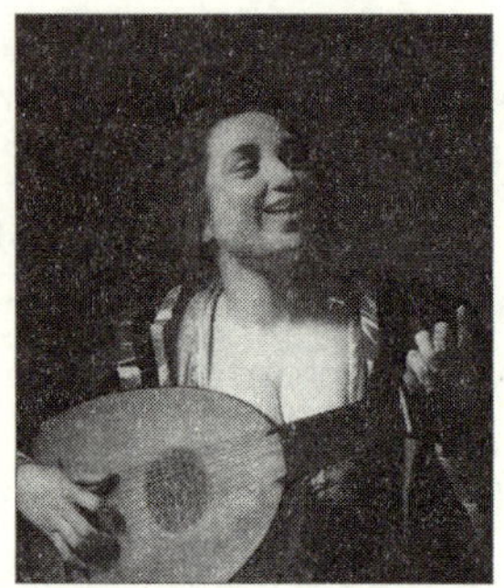

Gerrit van Honthorst, *Laudista afinando* (1624).

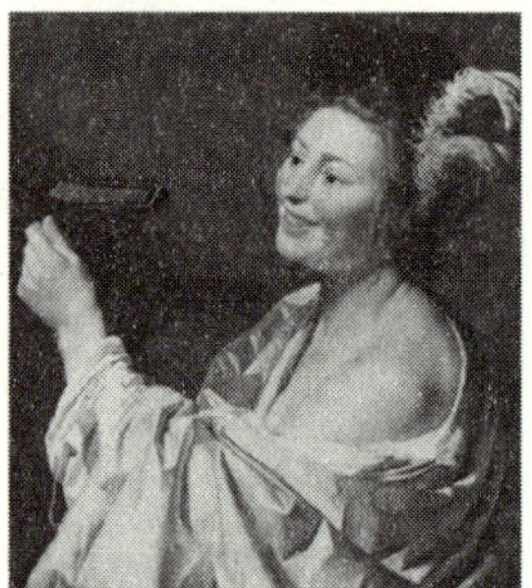

Gerrit van Honthorst, *Laudista afinando* (1624).

Recorrer aprisa la obra de Gerrit van Honthorst, como si emuláramos a Alexandr Sokúrov en la película rodada en una noche en el Museo del Hermitage, *El arca rusa*, nos dejaría una impresión de claroscuros radicales, de reuniones en torno a una mesa feliz, de luces que desvelan, en un abrir y cerrar de ojos, unos rostros de mujeres joviales y de hombres alborozados y juerguistas. Y de músicos, de muchos músicos. Tañedoras de laúd y guitarra, cantantes, flautistas acompañadas por un tamboril; un grupo instrumental asomado a una balaustrada, que vemos desde abajo; una violista *da gamba* con un sombrero de elegante vuelo; un bebedor de nariz roja y su violín bajo el brazo, copas y vasos siempre vacíos, comida, fruta.

Aquí, donde vivo, a esas narices protuberantes, de venas rojizas que se ramifican, risueñas, acostumbradas a vivir colgadas del borde del vaso, se las llama «mapas de La Rioja».

Béla Hamvas estaba convencido de que el vino es amor líquido, y que «la ebriedad es un estado infinitamente superior al de la razón cotidiana». A eso lo llama «la sobriedad superior» (*La filosofía del vino*, Barcelona, Acantilado, 2014, p. 111). Sea.

Las tres guitarristas han sido pintadas en 1624. Es un momento de plenitud para Honthorst: ha regresado de Italia, de nuevo está en su natal Utrecht, acaba de casarse, es el cabeza de la Guilda de San Lucas, y, como tal, se le presenta la ocasión de ofrecer una cena en honor a Rubens, que está de paso. Pinta músicos sin cesar, ha hecho caso de Bartolomeo Manfredi, que es algo mayor que él, muy poco. Este caravaggista estaba convencido de que la pintura debía despojarse de los temas graves, aligerarse del peso de la trascendencia, porque, bien pensado, ¿no es importante también un músico tocando la guitarra? ¿No lo es una conversación al calor de la lumbre con un vaso de vino en la mano? Afirmaciones de la vida. Honthorst tiene treinta años.

Las guitarristas y laudistas de sus cuadros suelen venir de un mundo desinhibido, apostantes en los juegos de amor. Escotes anchos, mejillas encarnadas, cabellos revueltos, un gesto simpático, de fiesta robada al tedio. A los barrios del que hoy es el viejo Ámsterdam, los marineros de ultramar llegaban con el deseo a cuestas, deambulaban por las callejas insalubres de De Wallen. Meses en un filibote, interminables jornadas comiendo salazón, días de comer galletas insípidas y de mantener el equilibrio en la cubierta. Las piernas se cansan, la cabeza también. Ginebra y tortas secas. En estos lugares portuarios, la oscuridad se hace más triste cuando envuelve al paseante y lo diluye bruma adentro. Entonces, unas mujeres hacen señales con una linterna, avisan a los marinos de que en ese destello está el calor, la promesa del desfogue primario, antiguo como lo es el grito. A veces tocan la guitarra, a veces, el laúd.

Los protestantes se han impuesto, pero los burdeles continúan con la puerta entornada, ahora disimulados en casas de juego. En sus interiores la música acompasa un vaivén de cuerpos, de carreras escalera arriba, de arcos ahumados y lechos revueltos.

En la ciudad del Ámstel, el Rosse Buurt empieza justo en la Oude Kerk. Saskia van Uylenburgh, que ha muerto a los veintinueve años, yace en el abandono. El órgano de Pieterszoon Sweelinck ha dejado de sonar; la última reverberación de su *Diligam te Domine* se apaga como un monje anciano. Desde la nave de la iglesia se oyen las gaviotas que rasean sobre el espejo de los muelles, se mezclan con las voces de los que enfilan las calles como quien entra en un mercado de especias y reses colgadas y abiertas, tal como las ha pintado Harmenszoon van Rijn.

Dos laudistas afinan la cuerda prima; una tercera, el bordón. No tocan las obras de Joachim van den Hove, pero se divierten y despejan los pesares. Saben las canciones que gustan a los clientes, las cantan con la boca bien abierta y la dentadura algo picada; es una forma de desoír la noche que se vive a solas. Las melodías tabernarias corren de mesa en mesa, los compositores las copian y adornan, como ha hecho Servaes de Koninck en las *Hollandsche minne- en drinkliederen*, impresas al terminar el siglo. Literalmente, 'canciones holandesas de amor y bebida'.

Rezos calvinistas a un lado, jaleo en el otro. En los figones de Europa se cantan letras calientes como brasas, ponen coto a las penas. Las dejan en nada, las queman. Henry Purcell anima con las suyas a los londinenses que deseen brindar. Benditas *drinking songs*; son los himnos escritos en la lengua vernácula de los que viven sin renunciar. Jácaras, folías, zarabandas para el olvido de la muerte.

Las tañedoras de Gerrit van Honthorst no son tan hábiles como las de Eglon van der Neer, adolecen de una mala formación, su técnica es, digámolo así, precaria, tocan más a lo rasgueado, acordes sencillos. Qué más da, su cometido es otro. No han recibido lecciones de los maestros versados, tal vez las primeras las han tomado de algún pariente, quizá se las ha enseñado su propia madre, puede que una amiga.

Pero es en las estancias domésticas donde aprenden toda manera de arte: a las mujeres no se les permite tocar en la iglesia, son reducidas al público de su familia, cuando no a su soledad. El escenario: una mesa, una jarra, una jaula, la luz que entra por nuestra izquierda, un virginal, un *spaniel* que husmea los restos del suelo, un laúd que cuelga de la pared, quizá una cítara, acaso una viola *da gamba* apoyada en una esquina de la habitación.

Sweelinck había impartido clases a las muchachas de la burguesía, también Carolus Hacquart y el mencionado Servaes de Koninck, que unos días a la semana enseñaba en una escuela de niñas. Es necesario llenar el plato. Quién sabe si una de ellas es la pequeña que ha pintado Judith Leyster con un laúd. ¿Es su hija, que alisa la página de un libro de música con la mano derecha? Viste de blanco, resplandece sobre el fondo oscuro; ya se ha puesto el sol. Mañana aprenderá una canción de Jacob van Eyck, que Judith, buena virginalista, ha armonizado.

XXIX
NOSTALGIA DEL CAOS

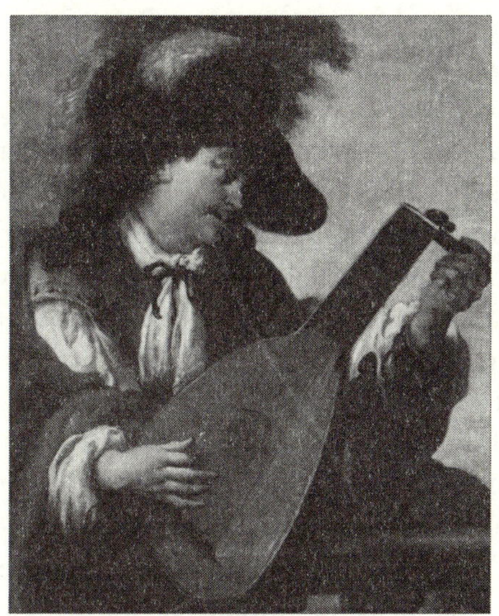

Jan Lys, *El laudista* (*c.* 1622).

Somos cambiantes como los vientos estacionales, a nuestro entusiasmo acostumbra a sucederle la melancolía, a una euforia, un impensado declive del ánimo, por más que a veces el camino sea el inverso: de la postración al estallido. Pedro de Mercado escribía en 1558, en *Diálogos de filosofía natural y moral*, que los aquejados por la destemplanza de estos cambios acostumbran a ser espíritus sutiles, «hombres de bien y de mucho aviso». El entusiasmado, el de exaltación repentina y sentir emocionado suele pagarlo con neblinosas ausencias y largos desconsuelos. Es el caso de Jan Lys, que fue, en el sentido más literal, un alma arrebatada, un *entheós*, un poseído. Portador de un dios interior, fácil para el éxtasis. *Enthousiasmós*, inspiración divina.

Cuenta Joachim von Sandrart, en *Teutsche Academie* ('Academia alemana de las nobles artes'), que compartió una casa con Lys en Venecia, que éste desaparecía durante días, y que caía con frecuencia en un silencio largo y meditativo. Una vez transcurrido este plazo de ausencias, regresaba al hogar y empezaba a pintar de manera enfebrecida, sin detenerse un solo momento durante la noche; entonces, no comía ni bebía, apenas descansaba unos instantes al amanecer para, de nuevo, retomar la tarea, y así, jornadas con sus enteras noches, siempre febriles. Las súbitas evasiones no lo llevaban, sin embargo, a vagar a solas por la ciudad ni a esconderse en lugares de retiro; bien al contrario, nada de clausuras: era buen cliente de tabernas, le gustaban las saturnales, la comida asada, la jarra vuelta a llenar, el bullicio.

Rudolf y Margot Wittkower escribieron sobre la frecuencia de estos vaivenes emocionales de los artistas, de manera que en *Nacidos bajo el signo de Saturno* relatan que tales arrebatos eran comunes en Leonardo da Vinci, Pontormo, Sebastiano del Piombo, Miguel Ángel y Andrea Sacchi. Lys se halla entre los mencionados. Fueron muchos más, claro está. Se podría ampliar este elenco de ardientes hasta un número insospechado y extenderlo a todas las épocas. Uno mismo es absorbido con una extraña constancia por esos «raptos de devoción» profana, como los describe el tercer conde de Shaftesbury en la *Carta sobre el entusiasmo* (Barcelona, Acantilado, 2017). Es honesto que reconozca la pertenencia a esta saga de imposible vida plácida, sedentaria, indolora.

El tañedor de laúd que ha pintado Lys parece hallarse en una de esas suspensiones de contemplación y quietud. En su rostro, apacibilidad y una mirada de cierto embeleso. Afina las cuerdas del tercer orden, las iguala para conformar un sonido de altura exacta. Las calibra. Si Spinoza dice que la verdad hay que buscarla en el orden debido, también en la afinación de un instrumento es así, para que pueda entregar su verdad.

Pero ¿qué tiene que ver la afinación con la verdad? Entonces, el ruido, con su discordia de frecuencias, ¿miente? No. Pero es un antiguo aliado del poder, enmascara la vida; allá donde impera hay lucha y exceso. Casi siempre está en el origen de lo que irrumpe, sus ondas crispadas se encuentran en el grito, en la rotura, en la deflagración, en el golpe. Cuando un ruido asorda otro ruido, significa que una brutalidad mayor lo ha remachado.

¿Qué obliga al oído a recuperarse tras haber perdido el equilibrio? ¿La nostálgica audición del paraíso? ¿Tal vez la mente, que busca no ser tragada por el caos? El orden, es cierto, «es una rareza donde el desorden es lo ordinario», decía Michel Serres en *El paso del Noroeste*. Se preguntaba, al igual que nosotros ahora, por ese ruido que turba, por el ruido de fondo que todo lo ensordece. Pero sin él no habría nacimiento, porque el acontecer surge de la disensión y el estallido. Del caos. De la fluctuación irregular.

Consideración: Serres refiere un «desorden lujoso», un «desorden suntuoso» que trabaja desde el universo para ordenarnos. Me pregunto si el universo pugna («helo aquí en medio de las cosas de la tierra»), si se constriñe en la tierra con el objeto de pausarnos. Es excesivo pensarlo así, hay en eso un tizne narcisista. Tratamos de apresar el infinito y decimos, como si fuera sencillo, llenos de vanidad, que somos microuniversos, sin reparar en que llevamos, como las nebulosas estrelladas y caóticas, implícito ese mismo caos.

De dónde vienen los filamentos de Pollock, de dónde si no la materia deslizada en las superficies de Gerhard Richter.

Tres pensamientos sobre el *cháos* y la música:

Una gran obra de música (como una gran teoría científica) es un cosmos impuesto sobre el caos. (K. R. Popper)

Todos llevamos, en grados diferentes, una nostalgia del caos, que se expresa en el amor a la música. (E. M. Cioran)

El canto originario consiste en transformar en un cosmos el conjunto confuso y discordante de los elementos. (M. Cacciari)

Jan Lys no podía sospechar que, cuatro siglos después, estuviéramos hablando de estas cosas a propósito de su cuadro, fechado en los últimos tiempos de Jakob Böhme, ese que dice: «no puedo escribir nada sobre mí, sino como un niño».

Lys ha nacido en Oldenburg, al norte de Alemania, a cuarenta kilómetros de las costas del mar que llega a las playas de la bahía de Jadebusen. Casi adolescente, ha viajado hasta Haarlem para aprender el oficio con Hendrick Goltzius, grabador portentoso. Para la cubierta de un libro que publiqué en los años noventa, *Tiempo y caída*, escogí un grabado de este artista: *La caída de Ícaro*. No se sabe cuánto estuvo Lys en dicha ciudad, porque después tomó el camino de Ámsterdam y Amberes, y de ahí se dirigió a Venecia y Roma, donde lo encontramos entre los alegres e irreductibles Bentvueghels, de los que hablaré enseguida.

Retorna a Venecia, enferma a causa de un aire malsano

que corría por los humedales. Hay insalubridad en todas partes, se vive aterido por el frío, los contagios son fáciles. Sandrart sostiene en *Teutsche Academie* que Lys murió en 1629, a los treinta y dos años, a causa del desorden, que lo fragilizó.

El caos frente al cosmos. De nuevo Serres: afirmaba que el desorden invade al mismo tiempo los textos y el mundo; decía: «¡Tomad la palabra antes de toda estructura!».

XXX
EL HERMANO DE ARTEMISIA

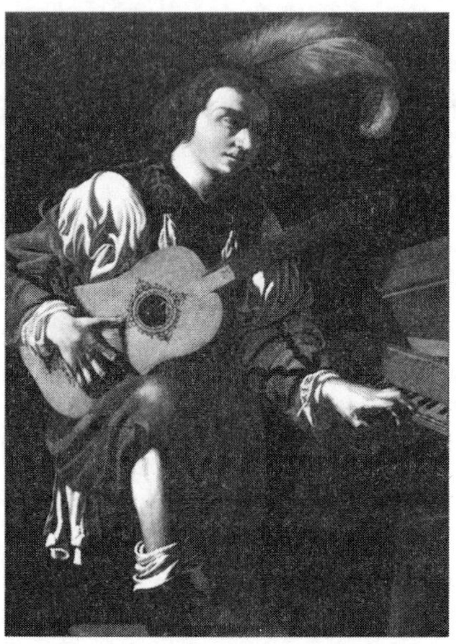

Francesco Gentileschi (atribuido), *Guitarrista afinando el instrumento* (principios del siglo XVII).

Pasan como una nada, como una brisa que se extingue bajo la sombra de un árbol. Apenas han sido, apenas son. Francesco es hijo de Orazio Gentileschi y hermano menor de la también celebrada Artemisia, pero él, Francesco, toma un camino que se desdibuja al rebasar una loma, cruzado el río. Se desconocen las obras de su mano, son escasas aquellas de las que un buen conocedor pueda afirmar: «es suya». La mayor parte se han atribuido a otros maestros. Francesco ha navegado sin estela.

De pronto, hay silencios que apenas son una silueta fugaz sobre un muro, un pasar, la historia de una historia, una existencia sin desvelar, como lo fuera también la de monsieur de Sainte-Colombe, *le Fils*: sólo sabemos de este violista que marchó a Gran Bretaña, que estuvo en Edimburgo y que, en el Londres de 1713, se organizó un concierto para recaudar fondos en su beneficio. Poco más. Hoy se duda incluso de que fuera hijo de Sainte-Colombe, *le Vieux*. Las neblinas estancadas, esas que persisten en los vados de los ríos que creemos haber cruzado, cubren el camino, nos perdemos sin remedio. Pasan dos urracas, también se disuelven. No alcanzamos, no podemos saber *todo*. Así las cosas, está en entredicho lo que hasta ahora se afirmaba de este enigmático Sainte-Colombe, *le Vieux*, del que trató Titon du Tillet en *Le Parnasse françois*.

El que posiblemente tuviera por nombre Jean de Sainte-Colombe, originario de Pau, al sur de Francia, a dos horas de donde escribo, que marchó a París y se instaló en la rue Jussienne, cerca de la parroquia de Saint-Eustache, y que falleció un día de 1680, a tenor de los últimos descubrimientos, nunca habría sido maestro de Marin Marais, y los supuestos meses de aprendizaje de este último con el viejo violista tampoco habrían tenido lugar. Es una invención de Titon du Tillet, o acaso fue una historia que le contaron y que no correspondía a los hechos. La leyenda de la cabaña, su *petit cabinet de Planches*, en el cual Marais, de manera furtiva y admirada, escuchaba tocar a su mayor, responde sólo una fábula. Quizá nunca amaneció la luz de *Todas las mañanas del mundo*.

Francesco Gentileschi llega a Angers en 1665 como pintor ordinario del rey, cuando tiene la edad en la que escribo este libro. Declinante. Un día, las orillas del Maine lo verán borrarse. Lo han oscurecido el talento paterno y el de Artemisia. Comercia con las telas de otros artistas, vende también las propias. Su hermana le ha confiado una buena cantidad de lienzos y ha conseguido que algunos adornen las cámaras de Francesco d'Este en Módena y, en Roma, las de Antonio Barberini, que es un rendido a los placeres de la música: es el cardenal que ha protegido a Stefano Landi y a Girolamo Frescobaldi, ha ayudado también a Luigi Rossi y a Marco Marazzoli, al que nombra ayudante de cámara. Lo admira tanto porque, además de compositor, es un cantante y un arpista de raro talento, y Barberini ama el arpa.

A Francesco se le encuentra en Génova, después en Londres, vive en Turín, se dirige a Lisboa, allí es fabricante de *artiglieria da campo*. Es encarcelado, acusado de fraude. Qué extraños recovecos, las vidas. En Madrid vende, en 1633, un cuadro de su afamado padre Orazio. Dos años más tarde está en Nápoles con su hermana, él mismo se ha encargado de preparar los pormenores del viaje.

La obra que representa al guitarrista lleva las iniciales «F. G.» como toda guía. Están pintadas en el diapasón del instrumento, abajo, cerca de la caja armónica. Es una guitarra hecha con cuidado, con los hombros un poco alveolados y una roseta calada, bien trabajada. De pertenecerle este lienzo, habría entregado una tela para nosotros única. Al menos, yo no he sabido encontrar otro músico de aquel entonces que afine el instrumento con la ayuda de un teclado, que pulse esa tecla para que lo encamine a la afinación; un re. La citarista de Eglon van der Neer, sentada ante un virginal, acaso recrea ese mismo instante, como también Maria Helena Sabina Imhoff en el retrato hecho por Jan Kupecký, que tiene en sus manos una viola de amor.

Un clavicémbalo, una espineta, ofrecen lo deseado a cualquier intérprete que esté buscando la perfección de las cuerdas. El teclado, como este de Gentileschi, que corresponde a una espineta que descansa sobre una mesa, es el campo de experimentación del temperamento. ¿Cómo define Jean-Jacques Rousseau el *temperamento* en el *Diccionario de música* de 1768?: «Operación por la cual, mediante una ligera alteración en los intervalos, haciendo que desaparezca la diferencia entre dos sonidos contiguos, son confundidos en uno, el cual, sin molestar al oído, integra los intervalos respectivos del uno y del otro. Esta operación simplifica la escala al disminuir el número de sonidos necesarios. Si no existiera el temperamento, en lugar de los doce sonidos que contiene la octava, se necesitarían más de sesenta para modular todos los tonos», y menciona, entre los franceses, a Mersenne, Loulié, Rameau y Sauveur como los señeros en el cálculo de los nuevos temperamentos.

Los teóricos y los músicos desean que los instrumentos transmitan comodidad al oído, que la recepción sonora deje una impronta de naturalidad, de agrado. Como guante en mano, como anillo al dedo. Que las consonancias signifiquen bienestar. En razón de ello, espoleados por este afán de placidez auditiva, no cesan de investigar y probar la longitud y la tensión de las cuerdas y sus ciclos vibratorios, porque lo importante, descubren, son las vibraciones y no sólo el largo de la cuerda, como asegura Giovanni Battista Benedetti, que ha publicado en 1585 *Libro de diversas especulaciones matemáticas y físicas*. Se ha percatado de que las consonancias entre los intervalos armónicos se hallan en relación con el término del ciclo de vibraciones.

Isaac Beeckman—el sabio al que el todavía joven Descartes ha dedicado el *Compendio de música* de 1618, cuando está en Breda—es quien más ha profundizado en estos asuntos. Los atraídos por esta alquimia de los temperamentos, como Mersenne y Stevin, son de lápiz en mano y oído explorador, de cálculo detenido y pacto con la naturaleza, de esquemas numéricos y escucha obsesionada.

Unos apuestan, decididos, por el que consideran el mejor temperamento para afinar las cuerdas: es el fundamentado en el ciclo de quintas, en el cual cada una de ellas queda modificada, de manera que lo que se antojaba al oído inconmensurable se revierte y deviene conmensurable. Es decir, se *quita* un poco a cada quinta, *se la rebaja*, por así decirlo. A esa parte *usurpada*, Franchino Gaffurio la llama *participata* en la *Practica musicae* de 1496. Se trata del *temperamento mesotónico*, que avanza en los días del Renacimiento.

Pietro Aaron, el audaz maestro, en el *Thoscanello della musica*, publicado en 1523, escruta la función de esa *participata* para dar cuerpo al mencionado mesotónico. Otros, como Giovanni Lanfranco en *Scintille di musica*, de 1532, privilegian el conocido como *temperamento igual*, divisor de la octava en doce semitonos de idéntica magnitud.

Cuestiones áridas, de las que sólo unos pocos pueden hablar con propiedad, todavía hoy, pero que el oído recibe como una ofrenda. Relaciones sonoras que son bienestar, ondas que acompañan un buen pasar. Calman, abrigan. Andreas Werckmeister, el autor de *Musicalische Temperatur*, impreso en 1691, ha hecho unos cálculos todavía más precisos del ciclo de quintas, con los que consigue tres temperamentos principales, con relaciones de intervalos cercanas al temperamento igual; por más que irregulares, son facilitadoras de modulaciones *naturales*. Este organista, que ha inspirado *Las armonías de Werckmeister*, obra de los cineastas Béla Tarr y Ágnes Hranitzky, es el más avanzado de los teóricos que han propuesto los llamados *temperamentos circulares*, que eliminan la quinta del lobo—una quinta justa que se halla desafinada en relación con el resto de un sistema de temperamento dado, es decir, la que disiente de las once quintas puras acústicamente—. Es a ellos a los que cabe identificar de *bien temperados*, antes que asociarlos al temperamento igual. *El clave bien temperado... Das Wohltemperierte Klavier*: un puente de tonalidades tendido entre 1722 y 1744, de Cöthen a Leipzig.

Los teóricos todavía propusieron otro modo de temperamento, objeto de complejas y refinadas operaciones que condujeron a una sutilidad difícil de imaginar para un oyente del siglo XXI, acostumbrado a las poderosas masas sonoras que ocupan los auditorios y avasallan los oídos. Francisco de Salinas, en *Siete libros sobre la música*, sugiere, en 1577, que la octava sea dividida en diecinueve tonos; Christiaan Huygens, amigo del buen Spinoza, defiende en *Novus cyclus harmonicus*, de 1691, que la división sea de treinta y un tonos; y todavía más: en 1701, Joseph Sauveur, el *petit muet* que no habló hasta los siete años, se adentró como ninguno en esta materia: en *Principes d'acoustique et de musique, ou Système général des intervalles des sons* insta a fraccionarla en cuarenta y tres. Rousseau afirma que Sauveur «encontró las divisiones que proporcionan todos los temperamentos posibles».

La escucha ayuda a calcular la dimensión del mundo en el que estamos: tantos metros de realidad por tantos de ensueños. Metros cuadrados de existencia. En ellos vivimos y desaparecemos, ya sea en una ciudad lejana, como «F. G.», ya sea en nuestra propia casa, que es un lugar perdido en la memoria de los otros, y para uno, seguramente, la cotidiana fragua que, de manera extraña, nunca termina de apagarse.

XXXI
LA BANDADA DE PÁJAROS

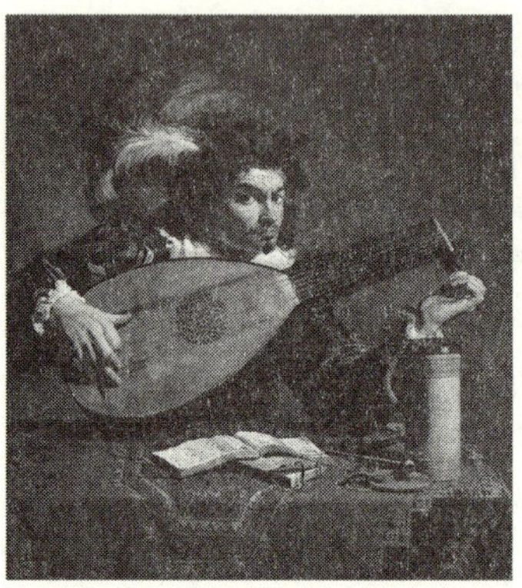

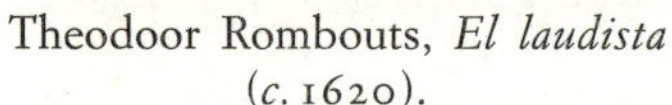

Theodoor Rombouts, *El laudista* (*c.* 1620).

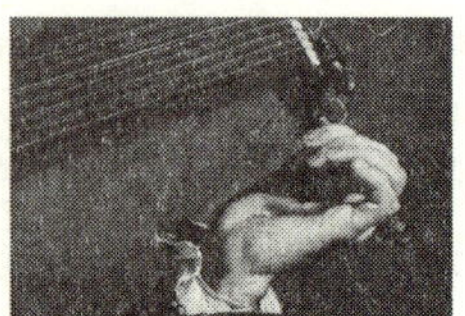

(Detalle).

Su rostro es el de un jugador que ha hecho una trampa, o el propio del que, astuto, trata de quedarse con el cambio que no le corresponde. Espera no ser descubierto. O acaso le embarga cierto enfado: unos compases se le resisten, no los frasea bien, se le escapan, no los entiende. No quiere pasar por un aficionado. Casi nada es fácil en el laúd; el mástil, además, es muy ancho, las cuerdas, dobles, la mano debe abrirse bien, requiere apurar la extensión de los dedos. En la música de los Gaultier, los Mouton y Gallot se trazan auténticos laberintos, «infinitos», que diría el autor del *Aleph*. Esos laberintos nos engañan como las obras de Olafur Eliasson.

Todo es complejo en las costillas de ese Adán de la música, que siempre está solo. Espera la voz de Eva. Su música son continuadas anamorfosis para el oído, simetrías que nunca terminan de serlo porque se desvanecen al poco de dibujarse.

Los laudistas franceses son rizomáticos, por usar la metáfora que Deleuze y Guattari emplearon en *Mil mesetas*. Los italianos, en cambio, juegan con una lógica más lineal, pero resultan igualmente indómitos en su manera de buscar, de ir a lo más desnudo de la pregunta. Es su modo, su *recercare*. En cualquier caso, músicas habituadas a descender aprisa, a caer armonía abajo y quedar en vilo, como Pascal ante los abismos del universo.

¿Qué somos? «*Un néant à l'égard de l'infini, un tout à l'égard du néant*».

Los maestros de la viola *da gamba* y los de tecla aprenden de ellos, los laudistas, que viajan a caballo o van andando con el laúd a la espalda. Los que tocan instrumentos de mesa o montados sobre unas patas son proclives a asentarse. Una habitación apartada, una esquina recogida de la casa, un altillo son espacios propicios.

Las teclistas de finales de la Edad Media labraron su solitario estar en las pequeñas estancias. Lo confiaban todo al claveciterio y al clavicordio, a la espineta, como las jóvenes que se sinceraban con sus madres en las moaxajas. Es una música femenina, recoleta, que sonará durante siglos. Muchos hemos hablado con un instrumento. Es una forma de cantar, en el fondo. Ellas, lo mismo que hilaban, tocaban canciones, casi siempre amorosas, es decir, nostálgicas. En la música, las manos de la mujer y la nostalgia proceden de un lejano vínculo, de una promesa y un regreso incumplido, porque hay una guerra, un asalto, una navegación, una venganza que empuja a tomar las armas y separan a los amantes.

Pocos cuadros dedicados al gesto de afinar un instrumento tan hermosos como el de Theodoor Rombouts. El laudista, bien ataviado, con un sombrero de plumas y puños de encaje, no ha llegado a una taberna campesina con olor a chimenea y comida recalentada. El suyo es otro ambiente, y eso que Rombouts estaba acostumbrado a pintar a bebedores, fumadores, jugadores de cartas en torno a una mesa, casi siempre perjurando con los ojos vidriosos de alcohol. Se empieza a sentir una necesidad de huida de los asuntos trascendentes; por eso la pintura flamenca y la holandesa se llenan de fiestas, de interiores de posadas, de muecas y sofocos de los nuevos aficionados al aguardiente y al tabaco fuerte.

El aspaviento del fumador de Joos van Craesbeeck, el ahogo del bebedor de Adriaen Brouwer, son instantáneas de una sociedad que busca divertirse. Esta apuesta por el desenfreno la llevaron consigo los artistas flamencos y holandeses que viajaron a Italia. Rudolf y Margot Wittkower dan noticia, en *Bajo el signo de Saturno*, de las orgías que organizaban; festejaban las cosas tan por lo alto que sorprendían incluso a los italianos.

Estos desbocados pintores nórdicos se identificaron como los Bentvueghels, es decir, 'bandada (de pájaros)'. Y lo eran, ciertamente. Celebraban rituales en honor de Baco a lo largo de un día entero, incluida la noche, las copas iban y venían con una alegría *mai vista*, se compraba tal cantidad de vino que hubiera saciado a una ciudad entera. Tomaban nombres de dioses y héroes, apodos ingeniosos, reían, se sentaban en los toneles, rodaban como ellos. Vidas un tanto perdularias que emprendían los caminos del sur con el convencimiento de que allí había mayor licencia, goliardos de la religión de los pinceles.

En este ambiente tan relajado se encontraban algunos de los grandes, como Dirck van Baburen y Samuel van Hoogstraten, también Jan van Bijlert y Gaspar de Witte. Los había que llegaban de otros países; eran admitidos en esta cofradía del contento si daban la talla, por así decir, como la dieron el francés Valentin de Boulogne y el alemán Joachim von Sandrart, el autor de la mencionada *Teutsche Academie*, en la que sospecho se cuenta la mitad de lo que este artista e historiador debió de ver en Roma. Los Wittkower afirman que aquellos creadores, a menudo ebrios, «mantenían ocupados a los tribunales romanos».

Rombouts, que había nacido en Amberes, no está entre ellos, pero sus telas son animosas, en sintonía con lo más feliz de la existencia. Acaso fue el mejor caravaggista de entre los flamencos; los suyos son cuadros memorables, yo lo estimo de verdad. Cuando regresa a su país, su espíritu se atempera, le atrae Rubens y, en mayor medida, Anton van Dyck. Es hijo de un sastre, demuestra ser capaz de plasmar con espíritu los asuntos religiosos, como *Jesús expulsando a los mercaderes del Templo*. Sabe del doloroso devenir humano, pinta un Prometeo con una herida que no cerrará, porque no es posible restañar el destino.

El laudista del cuadro—esas cuerdas, que asoman despeinadas detrás de las clavijas, siempre me han hecho sonreír—tiene a su merced una buena jarra de cerveza, unos libros de música *in octavo*, una pipa. Fumar en pipa se ha puesto de moda en los Países Bajos. A cuantos aspiran con placer el aroma de las hojas de la *Nicotiana rustica* les encanta cargar bien la cazoleta. No porque sí el tabaco llega a los puertos fresco de América, aunque el cultivado en Utrecht es también magnífico. Buenas pipas de arcilla hechas en Róterdam, de caño fino y largo, a veces labradas con diminutas anclas o con flores, a veces pintadas; también son buenas las fabricadas en Gouda, en Holanda. M. P. me ha regalado una de esas pipas, blanca, comprada el año pasado en Delft. Se fuma en todas partes, las mujeres no quedan atrás en esta moda, así lo dejan ver no sólo los escritos, sino también los cuadros de Jan Steen y David Teniers.

Hacia 1632 Van Dyck retrata a Rombouts, parece un hombre sereno, de nariz aquilina, con la calma de un poso antiguo, como si nada hubiera tenido que ver con los Bentvueghels. Le queda un lustro de vida, morirá a los cuarenta años. Dejará viuda a Anna van Thielen, y huérfana a su hija de nueve años, que juega en el jardincillo de la casa taller que da a un estrecho canal del Escalda, el río que fuera de Josquin.

XXXII
LOS NAIPES

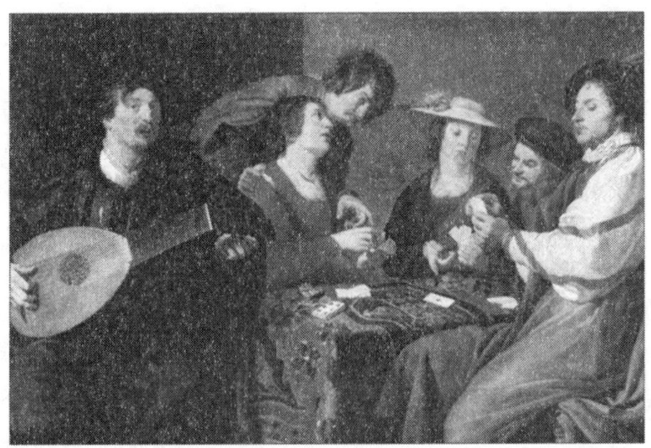

Theodoor Rombouts, *Los jugadores de cartas* (*c.* 1620).

El único azar que está en nuestras manos, la sola posibilidad de zafarse de un destino, es el juego. Fantasía, simulación ante las mudanzas de la vida. Jugar es arrogarse la potestad de imitar a los dioses, que miran, desganados, el breve tiempo de los muertos preparatorios que somos. Estrategias que esconden una baza para descabalgar al caballero o malherir a la reina, inocentes engaños, emboscadas de mesa que acaban en sonrisa o en riña, sana banalidad para amortiguar los trabajos del mundo.

Los moralistas veían en el juego una desidia del ánimo, futilidad, un obstáculo para el espíritu. Si los naipes aparecen en las *vanitas* junto a una calavera, un candil consumido, unos nardos prontos a marchitarse, un reloj que ya no contiene arena, sino las cenizas de unos amantes, se debe a que son réplica de nuestra inconstancia. Pascal aborrecía estos entretenimientos; en ellos, estaba persuadido, asomaba lo más desnudo de nuestra debilidad. Es lo opuesto a Spinoza.

Dice Gracián: «¿No hace de las suyas la fortuna, y de sus mudanzas el tiempo? ¿Siempre está en él llena la luna? ¿No se barajan los contentos con las penas, las copas con los bastos, los oros con las espadas?».

Dejar de pensar en la muerte mientras se juega, convencerse, así, de esconder los ases al destino, sumirse en pasatiempos ayuda a que los días transcurran con sus atardeceres amables junto a un grupo de amigos. Fuera de estas reuniones, en época de Rombouts, se oye el estrépito de la guerra de los Treinta Años, la fatiga de las humillaciones, los recelos entre los gomaristas y los arminianos, que empiezan a surgir con el filo que ha sido bruñido a conciencia. Rencillas políticas, traiciones, lo de siempre. Los juegos son fáciles treguas, ingenuos palos en las ruedas del obsesivo construir humano, celadas candorosas.

Los de Rombouts están muy pendientes de lo que van a hacer los demás jugadores, guardan bien sus cartas, nunca mejor dicho. En el lienzo, las damas dudan; una, vestida de rojo, la otra, de azul, atienden los consejos de dos hombres de mirar pícaro, diestros en señuelos; en una esquina, el tahúr que maquina la victoria. El laudista vive aparte, no se lo toma demasiado en serio, convencido de que esta partida la iba a perder; no ha querido siquiera participar. La música está fuera de esa telaraña de fingida indiferencia, de gestos e insinuaciones que simulan no tener un as. Juegan al *linerool*, a la *aluette* y al reversis, que han venido de Francia. Tréboles, rombos, corazones, picas, bastos, copas, espadas, oros.

Hay tantos palos y juegos de naipes como formas de aburrimiento.

Viene al caso lo que György Ligeti escribió hace unos años, que transcribo aquí, letra por letra: «Los verdaderos juegos, como por ejemplo el ajedrez o los ritos religiosos, no están sujetos ni a las ciencias ni a las artes. Por lo tanto, ciertas artes, la música entre ellas, tienen analogías con los juegos y los ritos».

En Rombouts, la representación de jugadores de cartas, a veces con apuesta de por medio, es una costumbre. Los han recreado también Lucas de Leyden, Caravaggio, La Tour y tantos más. A veces, la mesa consiste en un tambor, bien lo saben los soldados. En España, en tiempos de Goya, el chilindrón y la pechigonga acercaron tantas almas en torno a un tablero que por un momento la felicidad fue cosa de jugársela a una carta.

De adolescente me entretenía de vez en cuando jugando al siete y medio y a la brisca, que viene de la antigua *brusquembille* francesa, juegos en familia, en una mesa camilla, después de la comida. Eran los únicos que conocía. Nunca he tenido paciencia para estos asuntos. Recuerdo, sin embargo, que en Bretaña, en el adolescente verano de 1970, quedaba hipnotizado en una taberna a la que iba a llamar por teléfono a España, a mis padres; veía allí a los pescadores que jugaban a no sé qué juego de naipes, parecían excavados en aquella luz que venía de la playa, cada uno con su botella de tres cuartos de vino blanco y fresco. No eran todavía las ocho de la mañana.

Aquí, en Elizondo y tantos años después, vivo rodeado de habilidosos jugadores de mus, gentes ágiles y certeras que libran campeonatos en los que el *txapeldun* consigue el rango de autoridad. La exigencia: fingir desidia, ser cuco, calculador, expedito, teatral y un tanto solemne.

Es cierto, nunca he podido concentrarme en los juegos, no por creer que pierdo el tiempo y no ser de provecho, sino porque he preferido, y todavía hoy, mirar las montañas, seguir el paso de las nubes o detenerme largos ratos ante el mar o un río, aficiones en las que no es preciso apostar, porque aquí nadie gana ni pierde.

A juzgar por la expresión, el laudista de Rombouts afina una cuerda que parece destensarse con facilidad, puede que esté defectuosa, no le gusta cómo suena. Es mejor cambiarla. Cuando las notas carecen de una sonoridad limpia, es como si la música guardara algo oscuro y hubiese marcado sus cartas. El tiempo empleado en templar, aquí, en este lienzo, es propio del tanteo de quien va a asestar un órdago, que es la nota afinada, exacta, para que dé comienzo una gallarda o una zarabanda.

Pocos tan valiosos como este pintor flamenco, al que estimo tanto, autor de escenas musicales numerosas e impagables: un trío de flauta, violín y laúd; un guitarrista y dos cantantes; un grupo de violín, *traverso*, tiorba y guitarra; otro con el cantante solista, *traverso*, violín y tiorba; el tiorbista de *Los cinco sentidos*; el tañedor que afina en una mesa con tahúres, que está en la sección «Museo del oído» que cierra este libro; el dúo de cantantes; en fin, dos laudistas más afinando, uno en solitario, con un sombrero de plumas coloreadas; el otro, junto a Baco. Ambos se encuentran en nuestro museo.

Rombouts hizo caso a Bartolomeo Manfredi, que, como ha quedado dicho, aconsejaba apartarse de la gravedad religiosa y del artificio mitológico que él mismo había cultivado, demasiado serios, a su parecer, demasiado alejados del mundo. De entre sus alumnos, Jan Philip van Thielen se hizo célebre por las flores; Nicolaas van Eyck, por los soldados; Jacobus van Schoor, por sus grabados.

En *La negación de san Pedro*, así lo ha querido Rombouts, uno de los tahúres se la ha jugado con un as de rombos, que ha afirmado, con un gesto asertivo y seco, en medio de la mesa. Y ya no se puede replicar.

XXXIII
LOS AFANES AJENOS

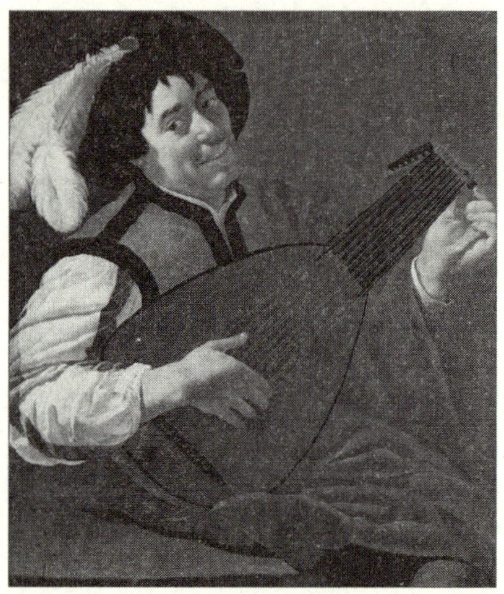

Jan Harmensz van Bijlert, *El laudista* (*c.* 1650).

Hoy es un domingo de principios del mes de junio. Mi trabajo y mis costumbres hacen que no distinga un martes de un sábado, septiembre de marzo. No cabe entenderlo como una condena o un haber cedido a la victoria de la monotonía; bien al contrario, es lo más alejado de un castigo. Hace décadas se ha borrado en mí el inocente contento por la cercanía de una festividad o el disgusto por empezar en lunes un trabajo ingrato y costoso. Vivo mejor así, en un todo.

Aquel afán de la infancia por la llegada de las vacaciones, que muchos adultos conservan sin saberlo, responde a la necesidad de treguas. Creemos que el mundo las permite. En él, sin embargo, no hay interrupción, porque seguimos en movimiento constante, viajamos, cavamos barbacanas contra el aburrimiento, ponemos aislantes a la desgana, disgusta el mano sobre mano, caer en la tentación de la quietud. No consentimos detenernos, la realidad es una dueña exigente, que cuenta y cuenta el salario que nos paga por ir aprisa; ni un céntimo de más, impuestos aparte.

Tentado siempre por la contemplación, atraído por los paseos solitarios o en buena compañía, la balanza me ha llevado a lo contrario, a trabajar a gusto y sin miramientos, asumido el esfuerzo como el antiguo labrador que prestaba el brazo y la hoz a los dueños de los campos. Habré tenido la existencia de un ocioso que reniega de serlo, al que le llama antes una conversación cercana o la luz de un hayedo que todas las riquezas, halagos y cátedras. Lo que me ha facilitado vivir así, con el menor engaño posible, si es que esto es dado a un humano, es el admitir que nunca he sido un hombre de provecho, siempre dedicado a las cosas más inútiles.

Y, pese a todo, sin que sirva de descargo, es necesario reconocer que cualquier disidencia, que estar decidido a tomar el camino infrecuente, esa *dirección opuesta* que Thomas Bernhard menciona en *El sótano*, que ir por aledaños poco transitados es también una labor costosa. Ser discorde, disonante, resulta arduo por cuanto requiere de graves renuncias, quedar rezagado en una sociedad de propietarios o de aspirantes a serlo, de gentes nacidas para ocupar y prevalecer. El arte, la música, la poesía, digamos, también, la filosofía, piden tanto que los que nos dedicamos a estos asuntos sobreros y limítrofes acostumbramos a ser infatigables a nuestro pesar, vagos contrariados y pobres medianos. Sin embargo, por más que el pago sea raquítico, nada como la contemplación y la admiración hacia lo que uno ve y aprende de los otros, de los maestros que más de una vez habrán preferido cien pájaros volando que uno en mano.

Así, nadie puede afirmar que el músico contento de Jan Harmensz van Bijlert no forme parte de esa pequeña población que vive con paciencia la prisa y los afanes ajenos. Y, sin embargo, ha trabajado, tenaz, incontables días, años, para tocar con destreza este difícil instrumento que es el laúd. Está alegre, no es para menos, lleva entre manos a Thomas Robinson, a Pierre Dubut, *le Père*. Afina la primera cuerda, sencilla en contraposición a las dobles, tan bien perfiladas aquí, en este cuadro pintado hacia 1630.

Me pregunto si los laudistas de Utrecht retocaban con mayor frecuencia las clavijas que los guitarristas de la Córdoba del siglo XVII las suyas, por poner un caso. Porque la humedad y los continuos cambios de tiempo, tan propios del norte, las lluvias, los vientos racheados, afectaban de manera incisiva la sensibilidad del delicado material que son las *corde di budello*. He referido Utrecht dado que Van Bijlert formaba parte del grupo de caravaggistas de esta ciudad, junto a Gerrit van Honthorst, Dirck van Baburen y Hendrick Terbrugghen.

Nunca debe faltarse a la verdad: Bijlert es más irregular que los mencionados, aunque sus destellos geniales no son escasos. Sus escenas de músicos, casi treinta, presentan una calidad tan desigual que no parecen obras de la misma mano; entre ellas, una elegante intérprete que afina un laúd poco cuidado, marchita no tanto por la edad como por la mirada que deja intuir una espera en vano (el lienzo se le atribuye); un violinista con una capa roja y el clavijero propio de una viola de brazo; un violoncelista vestido de verde y gorro aterciopelado, muy hecho a su instrumento, del que templa la segunda cuerda con delicadeza; una reunión donde suenan un violín, una flauta, un arpa, una cítara y un precioso bajo de viola *da gamba*; un conjunto de laúd y viola con una cantante, tras los cuales se ve a un flautista; otro músico de flauta tocado con una guirnalda; una laudista de azul y un violinista; una mesa suculenta que hace las delicias del hijo pródigo, mientras a la izquierda una violista *da gamba* pasa el arco. Cierto, estas obras son de un mérito tan desigual que se antojan de maestros diferentes. Las que muestran a los músicos afinando los órdenes están colgadas en el «Museo del oído».

El tiempo dedicado a la afinación es sonido tanteado, ese que no forma parte del devenir; nada dice, nada cuenta, aislado, no hay pasión en él, ningún gesto cómplice con el dibujo de una melodía que exige un corazón implicado, ningún arrebato ni atisbo de unas escalas intrincadas que conducen, audaces, a la región aguda. Aquí sólo se trata de una búsqueda, de un oído que encuentra su ser en el equilibrio, de un hiato que se abre en la mente del músico. Es la nota que no ha escrito nadie, el barbecho de la partitura, la crónica que no forma parte de la historia de la música y, aun así, resulta primordial en sus hechos.

Lo que no cuenta es, a menudo, decisivo, también sucede en nuestro devenir: lo que no hemos anunciado ni mostrado, lo que nadie sabe de nuestra vida y ni siquiera intuye, lo que no suma acaso es lo mejor que poseemos.

Bijlert se fija en lo que piensa cada uno de nosotros, en el celebrante con una copa de vino en la mano, en la alcahueta, en la vendedora escotada que va de un puesto a otro del mercado, en el incrédulo Tomás, en la cortesana, en un Juan Evangelista que escribe con una pluma de ganso, en la mujer que prepara unas tortas. Todos miran distinto. Bijlert está acostumbrado a los contrastes, ha sido feliz en Roma en medio del disparate de aquellos cómicos rituales de iniciación de los Bentvueghels, se halla entre sus fundadores, se ha divertido como pocos, pero, al regresar a Utrecht, incluso su pintura se torna clara y pausada. Contrae matrimonio y se alista en los Schuttersgilde, la guardia encargada de velar por la ciudadanía. Ahora ya no es un trueno, se ha vuelto un hombre cabal, dirige durante un tiempo una casa de misericordia, preside la Guilda, crea una escuela para artistas noveles. Cada vez son más los aprendices que frecuentan su taller, pasan los años, llega la ancianidad, enferma, está débil, muere en el mes de noviembre de 1671.

XXXIV
EL INTRUSO

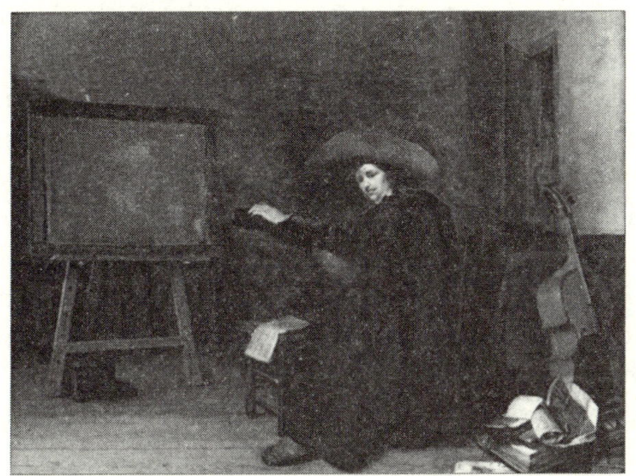

Pieter Codde, *Autorretrato* (1629).

La costumbre de muchos pintores italianos, la de compartir el pincel y la música, fue asimismo cultivada por los artistas holandeses y flamencos. Lo sabemos ya. En el estudio, junto al caballete y las telas enrolladas, junto a la mesa manchada de pigmentos y disolventes, al lado de un taburete y unos trapos, casi siempre la presencia de un instrumento, cálido como un brasero, a menudo un laúd, a veces una viola *da gamba*, también una cítara. Sonidos íntimos, en cualquier caso, de compañía solicitada día a día, necesaria.

Aunque no haya nadie en la vivienda, acercarse a una ventana, observar desde la calle el interior de una estancia te dice lo que ocurre dentro, cómo son sus moradores, qué trato íntimo se respira entre ellos. Más de una vez me he detenido a mirar ese reverso de mundo que es una casa, no por curiosear ni entremeterme, no por fisgar, sino para admirar desde fuera lo que está en silencio. El reloj de pared, las sillas, los libros, la lámpara de pie en un rincón, un perchero del que cuelga una bufanda azul, la cafetera que alguien ha dejado en una mesita, la taza están envueltos en esa quietud de lo ajeno, en lo que vive sin nosotros, en un aparte.

Un cuadro tiene algo de ventanal, de espacio examinado desde el exterior, de habitación donde se adivina el ser de cada cosa, los tiempos del Tiempo, que es uno de los dones, grandes, de este arte: ir al siglo XVII a través de una pintura de Vermeer, conocer el Danubio porque lo pinta Egon Schiele, respirar los prados de Asheham en los que ahora mismo está Vanessa Bell; sin moverse de aquí, pasear por una duna gracias a Francis Alÿs.

Reconocerte en lo que ocurre sin ti, saberte foráneo es una lección que imparte la pintura: el que siempre está al otro lado eres tú, el meteco fuera de la imagen, el recién llegado, el emigrante sin papeles en el arte, que es lo que soy. Uno es el empujado adentro, el *intrusus* que pide asilo.

Pieter Codde es uno de los maestros holandeses que tocan el laúd para hablar en otra lengua, la hace audible en la pintura. Afina uno de los órdenes graves de un instrumento que ha comprado en Ámsterdam. Ha nacido en esta ciudad, apenas ha salido de ella. A la derecha, un violoncelo de cinco cuerdas, un ejemplar que se ha puesto de moda en los ambientes musicales. Lo ha pintado Pieter Claesz en una naturaleza muerta, también lo ha grabado en una *vanitas* Theodor Matham, el autor del frontispicio del *Mundus subterraneus* de Athanasius Kircher. En una *Alegoría de la Vanidad*, Gabriël Metsu ha decidido colgarlo en la pared.

Codde es un pintor de músicos y danzarines, de personajes que conversan alrededor de una mesa en la que no falta la música. Una de sus virginalistas está de espaldas, a punto de sentarse al teclado, se recoge los faldones, partitura en mano. Apoyado en un lateral, un bajo de viola *da gamba*. Violinistas, violistas *da gamba*, cantantes engalanadas, tiorbistas, fumadores de pipa, una mezcla feliz. Ambientes gratos, a veces junto al fuego. Codde se ha autorretratado en varias ocasiones ante el caballete, sólo una con el laúd.

El *Joven erudito en su estudio*, con un gesto melancólico, seguramente es él. Siempre he sentido admiración por este lienzo pintado hacia 1630, por el vacío que rodea a esta figura medio contrariada, expresada en un no saber qué hacer.

A quien gusta recrear la fiesta y el buen pasar de una reunión, de un encuentro, es normal que lo gobierne la pasión. A veces se llega a los besos; otras, a las manos de la peor manera, como les ocurrió a Codde y Cornelisz Duyster mientras compartían el tiempo con sus amigos. Acabaron ensangrentados, a puñetazos. A saber qué los llevó a enzarzarse. No es nuevo entre los artistas. Cellini, Miguel Ángel, Caravaggio, Jacob van Loo, un hermano de Paolini, también pintor, hicieron muchos votos en el que fuera un gremio de altercados.

La existencia del fogoso Codde fue novelesca, un pendenciero de horma grande, un Cyrano o, si se quiere, un Limónov. Pasó una noche en el calabozo, acusado de haber forzado a la sirvienta. Su esposa, cansada de sus revuelos, lo abandonó para unirse a otro artista, contrincante. Vivían en calles muy cercanas; al cruzarse, vituperios y muecas de sorna. Los últimos años los vivió junto a su criada, a la que nombró heredera de sus bienes, en algo semejante a las tribulaciones vividas por Rembrandt.

Las casas, su núcleo, imaginarlo desde fuera. De niño me fascinaban las maquetas, pasaba rato contemplando su interior, tenía la costumbre de recrear lo que veía dentro de los cochecitos de mis juegos; alimentaba mundos que me llevaran lejos; me demoraba en las salas de un pequeño castillo de cartón que hice yo mismo, allí estaba a recaudo. Solía detenerme, discreto y solitario, camino de la escuela, ante estos hogares a pie de calle, abiertos a la mirada del extraño; los veía como una bendición en una tierra elegida, refugios a cal y canto, jaulas de Faraday. Me pregunto si yo no hago lo mismo ante este libro hecho de ventanas que muestran rincones de lo que en un tiempo fue. Búsqueda de lo que carecemos, necesidad de quienes amamos, faltos del aliento ajeno, del pneuma que es el ánima.

George Grosz decía que el alma no existe, pero que es necesaria.

XXXV
UNA CÍTARA ENTRE AMIGOS

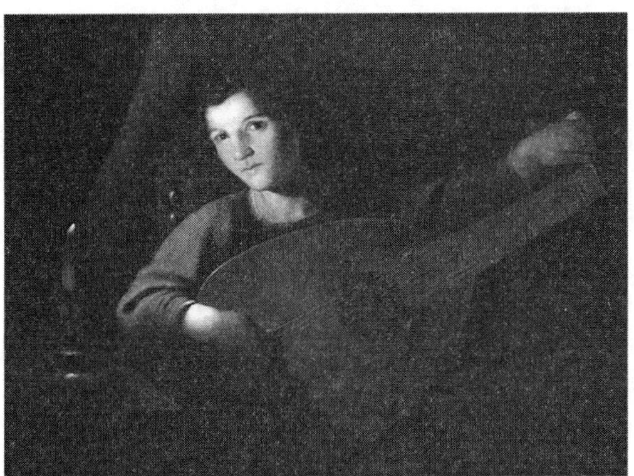

Pietro Paolini, *Joven laudista a la luz de una vela* (antes de 1681).

Apremiado por la situación, Pietro vuelve a Lucca para cuidar de sus seis hermanos. El padre, Tommaso de Michelangelo, ha fallecido a causa de la peste, que alarga su negra lengua hacia las regiones del oeste de Florencia. Es el año de 1626. El primogénito, Giovanni Domenico, en cuya mano habría estado el ampararlo y tutelar a la familia, ha sido ordenado no hace mucho canónigo de Letrán, profesa en la Basílica de San Frediano, se debe a su congregación. No es tan arrojado como Strozzi, el pintor. Pietro es el *secondogenito* de los Paolini.

Al poco de su regreso a la ciudad natal, fenece su madre, Ginevra Raffaelli, también contagiada. Un hogar a punto de consumirse. Pietro tenía sus esperanzas puestas en Roma, adonde se había dirigido cuando contaba dieciséis años.

Allí, su otro hermano pintor, Paolino, perderá la vida tras una pelea, en 1638. En la capital romana, el *secondogenito* ha conocido a Domenichino y ha trabado amistad con el sensual Angelo Caroselli, continuador de Caravaggio, magistral copista, falsificador memorable, creador de unas alegorías de la vanidad que lo dicen todo sobre nosotros. Caroselli ha hecho con Pietro las veces de maestro, aunque sin continuidad ni rigor, lo siente como un amigo, no como un discípulo; él es así, descuidado y poco metódico, un sin porqué. Pintor extraño, carnal, incapaz de disimular, hipnótico como esa sibila que pintó y que aún nos mira desde su arcano.

Los primeros lienzos de Paolini se los debe a este buen Caroselli, ambos comparten una cítara, la han comprado a medias, están entregados a la música, cantan, componen canciones; pero en lo que atañe a la pintura, cada uno sueña aparte. Paolini es más emotivo, aunque no tan entregado al afuera; su luz queda en la yema de los dedos, se toca, sazona las cosas, es un polen, un poso hecho de hojas otoñales. Cuando en sus telas ciñe el mundo a la lumbre de una vela, el aire tiene algo de susurro, de puesta en escena de lo que pudo ser el día y que, sin haber despuntado por entero, ha quedado en una luminosidad refugiada.

El muchacho que ha pintado Paolini afina un instrumento de caja ancha y mástil corto, que recuerda a los laúdes que elabora en Venecia Giovanni Hieber; se asemeja al que pulsa otro de sus laudistas, que lleva un sombrero con una pluma blanca. El rostro del que es casi un niño está iluminado por una lucerna que apenas descubre el espacio; esa llama es pudorosa, arde con la modestia del que no se atreve a pedir paso entre el gentío. Mientras tensa la clavija mira hacia fuera, aguarda a que demos el visto bueno de cada una de las cuerdas bien templadas. «Ahora sí», decimos. O «la tercera todavía está un poco baja».

Ama a Caravaggio y Veronese, pero esa oscuridad hendida por una candela la ha aprendido de Terbrugghen y Honthorst, que han dejado una huella tras su estancia en Roma.

Como músico aficionado que es, en los cuadros de Paolini hay gaiteros, flautistas, laudistas, guitarristas, cantantes, violinistas. El *Concierto con cinco músicos* es uno de sus mejores lienzos, como también el que recrea a un violinista adolescente, conservado en el Chazen Museum of Art de la Universidad de Wisconsin. En este *Concierto con cinco músicos* participan tres cantantes—dos hombres y un niño—, un intérprete que toca una tiorba de tres rosetas en la caja armónica y el tañedor de la espineta, que nos mira, triste, con una expresión que debe su nostalgia a Caravaggio. Distinguido, con el sombrero de cuatro plumas de colores distintos y un medallón. En la mesa, un violín y una trompeta pequeña, a la manera de un *clarino*. Si uno se fija bien, el cantante con gafas que se ve a nuestra derecha, por detrás de la espineta, apoya la partitura en lo que parece un cantoral sobre el facistol, lo que nos hace pensar que están en una capilla o en alguna estancia de la sacristía. Ensayan.

En este cuadro—se estima que pintado entre 1629 y 1631—, Paolini ha dejado su firma en la tiorba. Todavía cuenta con otra composición titulada con el mismo nombre, *Concierto*, aunque esta vez las protagonistas son tres mujeres y Amor, que está detrás. Tocan dos laúdes y una cítara; sobre la mesa, un violín con su arco.

Podría destinarse, en el «Museo del oído», una sala entera a este pintor amigo de poetas, numismático, coleccionista de armas, de bustos de yeso, creador en su ciudad de la Accademia del Nudo, sombrío y delicado, concienzudo, como el violero que ha pintado encordando un laúd. Silencioso y de gesto esmerado, paciencia antigua, tiempo horneado lento, un ayer perdido.

Ha aprendido de los universos de Carlo Saraceni, observa a Pietro della Vecchia, se detiene en Nicolas Poussin y Nicolas Tournier. Lee a los poetas de los siglos pasados, goza de la amistad de la *poetessa* de Lucca, Isabetta Coreglia, que ha escrito las *Rime spirituali e morali*, con un aliento de amor a lo divino. Se la admira, sobre todo, por las fábulas pastoriles *Dori* y *Erindo il fido*, que no ha terminado. Quizá la muerte la ha segado. Es la poesía de la soledad del corazón que cruza un bosque, de las grutas que acogen a un desconsolado, a una ninfa perdida, versos de arroyos y pastores y de vuelos de tórtolas.

Paolini vive en el ambiente del *Retrato de un hombre que escribe a la luz de las velas*; su manera de fijarse en cuanto ocurre se expresa en el ceño del inventor de instrumentos matemáticos, es la sombra del personaje que muestra un dibujo del Cristo melancólico de Durero, pero también el pintor de ese hombre calvo que pulula en varias de sus telas, enigmático y gracioso, que no pierde un instante de alegría.

Ha dejado de pintar, la edad le dice que un cuadro pide demasiado a los sentidos y, sobre todo, a la voluntad. El cuerpo tampoco acepta una entrega tan sin límite al arte. Ahora, su día a día es la enseñanza, cree que es viejo para perseguir otra cosa. Continúa en la academia que fundó hace casi treinta años; piensa, a fin de cuentas, que su legado verdadero no es la pintura, sino el haber enseñado a mirar y descubrir lo que otros no alcanzaban.

Cae en cama y un día de abril de 1681 cierra los ojos para siempre. En las calles de Lucca corre la noticia de la muerte del anciano maestro. Sus hijos, Andrea y Giovanni Tommaso, saben que se ha ido alguien que soñó Roma y Venecia, que soñó la música y su alegoría, que pintó a una muchacha con un compás en la mano para la perfección del mundo.

XXXVI

CONFESIÓN DE UNA NOSTALGIA

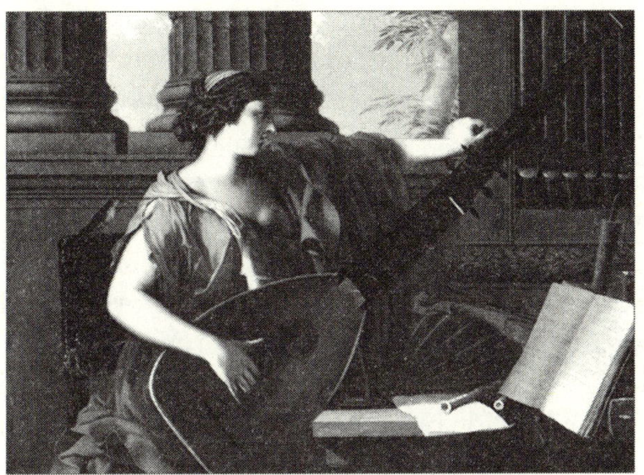

Laurent de La Hyre, *Alegoría de la Música* (1649).

Nada es lo que parece, los antiguos moralistas avisaron del peligro de los errores del juicio apresurado, al que tendemos por debilidad e impaciencia. La razón, igual que un mal sabueso, como creía Thomas Browne, se agota de tanto ir tras unas huellas falsas. Opinamos sin saber, aferrados a las ideas que nos formamos, como lo está la hiedra al tronco. Fáciles para el engaño y la oscuridad ajena, conjeturamos, ligeros y arrogantes. Encogemos los hombros, que son el ceño del cuerpo. Es cierto, nada es lo que parece.

El universo apacible que sugiere el arte de Laurent de La Hyre debe ponerse en duda, al menos en el caso de la *Alegoría de la Música*, y no tanto por sus formas ni por la serena intención como por la persona que le ha encargado la obra. Esta serenidad es sólo aparente. Obedece al sueño de quien desea ser su propietario, que pide decorar, con *Las siete Artes Liberales*, una gran estancia, fijar en ella un ayer lleno de gloria, ennoblecerla de pasado, ofrecerle la luz de un luminoso mundo ya extinguido, detener el confuso ahora. Es la confesión de una nostalgia, el anhelo de dignificar la tierra que pisa, soliviantada por la codicia.

Si el artista recreó a *San Pedro curando a los enfermos con su sombra*, como siglos antes lo había hecho Masaccio, ahora es la sombra de estas alegorías la que debe sanar la ignorancia humana. Así lo intuye Gédéon Tallemant des Réaux. Es quien ha solicitado a La Hyre la serie pictórica. Pocos como él. Cuántas veces he pensado en lo oportuno de la traducción de sus *Historiettes*, que no fueron publicadas hasta el siglo XIX, en 1835. Crónicas del escándalo, denuncias de la ridícula ambición burguesa y de la corte, asombro ante la invariable estupidez de los hombres, humor afilado, descripción cáustica que en nada debe envidiar a la de Laurence Sterne, y todo ello con un sentido tan fino de la literatura, que uno no puede dejar de querer a este mordaz Tallemant. Bien sabe él que somos lo que somos, no cabe adornarlo ni disimularlo. Pobres aspirantes a humanos.

Lo bueno, en este caso, es que los capítulos de las *Historiettes* cuentan con la virtud de hacernos sentir que caminamos junto a los protagonistas, olemos el almidón de sus camisas, el rapé, el almizcle que ha impregnado las telas; nos es dado vivir con ellos, admirar la precocidad matemática de un casi adolescente Pascal, condescender ante la fingida naturalidad de Fontenelle, llevarnos las manos a la cabeza con el mujeriego Malherbe, hacernos cruces de la racanería y el narcisismo de Richelieu, sentir la atracción por Ninon de Lenclos, tratar de no reírnos con los afanes del adulador Voiture. Los conoció a todos, a Madame de Sevigné, Scudéry, Arnauld y Chapelain, puro siglo XVII francés, en el que empieza la impaciencia de la historia: Malebranche, Janssens, Port-Royal, Angélique Arnauld. Menosprecio del mundo, amor a la soledad, intimidad. Al otro lado está el fasto y el palacio de Versalles, que en realidad no es un maravilloso edificio situado al oeste de París, sino una pompa que a diario estalla en el aire.

Tallemant planea con ojos de cernícalo, es culto, de familia protestante, díscolo. Se cuenta que su matrimonio con Elisabeth de Rambouillet, del que nacerán tres hijas, fue feliz. Antes ha viajado por Italia con sus hermanos, sabe griego y latín, habla español e italiano, lee sin pausa. Cómodo en los *salons* como lo está en su propia casa, en la rue d'Angoûlmois. Es uno de los favoritos del Hôtel de Catherine de Vivonne, Madame de Rambouillet, y conoce a conciencia los entresijos de su *chambre bleue*.

Cuando se dirige a La Hyre, en el último tercio de la década de 1640, bastante antes de que comience a escribir las *Historiettes*, le habla al pintor de su proyecto. El artista, aunque para entonces ya siente la enfermedad, queda fascinado ante la propuesta, acepta, le gusta tanto este encargo alegórico que, una vez finalizado, seguirá creando más colecciones de esta naturaleza.

Pintura mitológica y religiosa son los temas de La Hyre, que trata con majestuosidad. Este sosiego profundo, que tiene algo de imperturbable, hace que distintas órdenes, como la de los capuchinos, que desesperaron a Bernardo Strozzi en Génova, sean clientes asiduos.

Algunos consideraban que su arte era frío, académico, que no sabía pintar si no era con rigidez, preocupado por cosas que no pertenecen al mundo. La crítica lo ha llamado aticista, pero mejor habría que denominarlo arcádico. Y, sin embargo, lo que buscaba era alejarse de la negrura cotidiana, desmentir una realidad saturada de sí misma; necesitaba, además, apartarse cuanto pudiera de la sombra de Caravaggio, tan alargada.

En sus inicios abrazó las ideas de la Escuela de Fontainebleau, estuvo allí, en sus talleres, le gustaba Primaticcio, sentía interés por lo aprendido con su maestro Georges Lallemant, que también lo fue de Nicolas Poussin y Philippe de Champaigne, el autor de la *Vanitas* del tulipán. Se acerca a Orazio Gentileschi y a alguien tan distinto de éste como Jacques Blanchard. Tiene en cuenta las creaciones de Pierre Mignard y las del mencionado Poussin; llegan a subyugarlo.

Arquitectura noble, griega, romana, ruinas, tan tristes como la *Canción a las ruinas de Itálica*, de Rodrigo Caro. En los años últimos, detiene la mirada sobre Claudio de Lorena, y eso significa que ha tomado la decisión de pintar paisajes no bien abandone la ciudad. Cuanto antes lo haga, más sentirá que ha llegado a tiempo de salvarse.

Es cierto, nada es lo que parece. El instrumento que afina esta cariátide de la Música no es una tiorba propiamente dicha, no es un archilaúd cualquiera. Lo que tiene en las manos es quizá una angélica, un instrumento que no posee órdenes dobles, sino simples. Se puede ver también la sola cuerda por nota montada al aire. Sonido dulce, suave, un eco de laúd y arpa el de este ejemplar que se dice difundió, hacia mediados del siglo XVII, una cantante y laudista llamada Angélique Paulet, asidua en el salón de la referida Madame de Rambouillet. ¿Es la protagonista de La Hyre? Tallemant sostiene que Enrique IV fue asesinado cuando iba a reunirse con esta *précieuse* Paulet.

La tañedora afina una de las notas graves con un gesto rígido, rehúye la filigrana de la delicada posición de los dedos sobre la clavija. No duda, quiere que la nota quede bien ajustada, ni una oscilación, inalterabilidad, un regreso a la armonía preestablecida, a lo Leibniz. Tras la intérprete, un ruiseñor que La Hyre ha pintado de tamaño excesivo, como si fuera un tordo; el ruiseñor es la Filomena de los bosques griegos, el aedo de Natura, el emblema del canto, el amor, la concordia.

Aun siendo tan distintos, alguna afinidad debía de existir entre La Hyre y su cliente Tallemant, unidos por los avatares de una existencia que careció de calma. Al primero, no sabemos bien por qué escándalo, su padre resolvió desheredarlo; y el segundo mantuvo continuas disputas con su progenitor, obsesionado como estaba con que su hijo se consagrase a las Leyes. Su final, el de Tallemant, fue un atardecer amargo, obligado a abjurar de su protestantismo: en aquellos años había empezado la persecución. Varios miembros de su familia no consintieron en convertirse al catolicismo, de ahí su decisión de emprender el exilio de Inglaterra, entre ellos, su hija Carlota. Tallemant morirá en 1692, en París. Había nacido en la atlántica La Rochelle.

La enfermedad de La Hyre avanza, termina los lienzos de manera heroica, le fallan las fuerzas, sus alumnos le ayudan, está impedido pero resiste. No encuentra aquella sombra de san Pedro para sanar su mal, el corazón cede, se detiene el 28 de diciembre de 1656, en París, cuando Ninon de Lenclos fue arrestada y recluida en el convento de las Madelonnettes por orden de Ana de Austria.

XXXVII

CUATROCIENTOS GRAMOS PARA LA MÚSICA

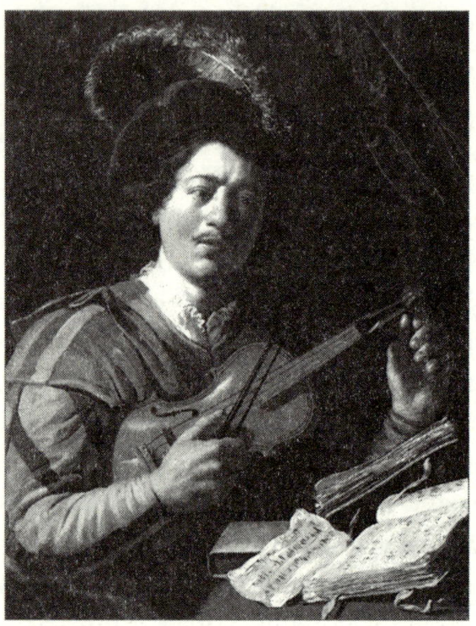

Jan Lievens, *Violinista afinando el instrumento* (*c.* 1625).

La del violinista de Jan Lievens podría ser la historia de Biagio Marini, uno de los primeros maestros que hicieron del violín su cometido, un instrumento en la aurora de su historia al que los compositores le revelarán su intimidad. Es el más recogido, el confidente más cercano, el más resuelto también. El Barroco sin el violín sería el castellano sin Cervantes, el amarillo sin Vermeer, el infinito sin Pascal.

La música barroca es un destello que en vano desea alargar el día, busca salidas allá donde no las hay, es oscilante. Se aleja de la línea recta que ha seducido a la razón, camina *sul ponticello* que cruza la orilla de Descartes a Leibniz, deja de ser simétrica por más que se sueñe áurea y proporcionada, llevada corriente abajo por el tiempo, vacío del Vacío. Entiende como pocos la *vanitas*, la inquietud, el claroscuro de una consciencia; es la melodía acompañada por un *basso continuo* que primero ama y después lamenta su condena al movimiento perpetuo. Imprevisible, entiende el abismo y poco el paraíso, opuesta a sí misma, en vilo siempre, caos y multiplicidad. La que dice, como Georges Bataille: «Todo me pone en juego».

Cuando Jan Lievens, en torno a 1625, infunde vida al músico que afina la segunda cuerda del violín, Marini entra al servicio de los Wittelsbach de Neuburg. Ha estado antes en la capilla de San Marco, en Venecia, ha ocupado una plaza en Santa Eufemia, en su natal Brescia, ha visitado la corte de Parma, después ha emprendido viaje a caballo por los caminos de Ferrara y Milán. Su oído privilegiado y los dedos veloces como arañas de cristal—Lope describe así las manos de Dorotea al tañer el arpa—le permiten ofrecer audiciones aquí y allá, porque la nueva música pide a los violinistas que sean, además, ilusionistas. Se exhiben en las casas señoriales, los contratan para celebrar *concerti* a los que acuden los escogidos, en los que se bebe sin hacer ruido y se comentan los pasajes de virtuosismo con la discreción propia de un público culto pero que asiste asombrado.

Dobles cuerdas, *scordatture*, glissandos, improvisaciones que son alardes nunca oídos, trinos en las notas más agudas, trémolos en el arco, ornamentaciones minuciosas, propias de los dibujos de un herbario antiguo, constrastes de carácter que fluyen, rápidos, entre la melancolía y la exaltación.

En las *Sonate over canzoni da farsi a violino solo e basso continuo*, de Marco Uccellini, estas mudanzas del ánimo se viven en los movimientos, a los que ha puesto título: «L'allegrezza», «La filosofia», «L'ingiustizia», «La gelosia», «L'arroganza», «La persuasione», «La bugia», «La pazzia»... Colores distintos, escorzos de la pasión cuando nos mira con firmeza, conciencia de interior, hacia la sombra de Santa Maria ad Martyres, donde yace Arcangelo Corelli.

El de Lievens—uno de los más grandes, íntimo de Rembrandt, aguafortista mayor, pintor máximo, artista independiente con sólo doce años—no es un violinista a la manera de los recreados por Frans Hals y Gerard Dou, que son desgarbados y felices mientras tocan en las bodas y los bailes por afición, en los encuentros de amigos, en las fiestas cuando hay mercado. En una obra atribuida a Hals, un pescador de tez requemada toca el violín y deja ver, divertido, la posición del instrumento apoyado en el pecho, tal como era costumbre entre los menos diestros, hacia abajo y muy ladeado, con el arco formando un plano casi en vertical. En las tabernas ahumadas de Brueghel y Teniers, en las de Van Craesbeeck y Steen, se recurre a esa misma manera de sujetarlo, los protagonistas están llenos de dicha y decididos como nunca a ningunear las penas, que no son pocas.

El músico de Lievens, en cambio, es refinado, de una técnica depurada que le asegura un sonido dúctil, acomodado a los distintos diapasones. También lo es su violín, inspirado en los Amati que habían llegado a las tierras del norte, para admiración e inspiración de todos, como no esconde el *luthier* Hendrik Jacobs.

A propósito de los diapasones, en respuesta a uno mío, he recibido un correo de mi amigo Emilio Moreno, intérprete de violín y viola dedicado al repertorio barroco, en el que comenta cosas de sumo interés. Estoy seguro de que no se molestará, conociéndolo, de que copie aquí un fragmento, porque viene al caso:

> Querido Ramón, ¡qué alegría tener noticias tuyas y qué sana envidia saber que estás trabajando en tu Baztán de mis ancestros! [...] Yo toco normalmente la música «barroca» con un pitch la=415hz, pura convención barroca no demasiado realista, pero también suelo tocar a 430hz (Mozart, Haydn, Beethoven, Boccherini, otra convención) cuando no a 440hz (música italiana del XVII y también Brahms o Schumann, igualmente un estándar que incluso ahora han subido a 442hz las orquestas actuales para dar mayor brillantez a lo que suena); pero también he tocado Rameau y Lully con un la=392hz, e incluso música italiana temprana, sobre todo veneciana, con un la=466hz. Es decir, me muevo en una franja de un tono y medio de diferencia de altura de la misma nota según el diapasón elegido, con lo cual, cada vez hay una presión distinta de las cuerdas sobre mi puente. Y cuando en estos casos intento minimizar el cambio de presión, lo que hago es utilizar cuerdas más gruesas para los diapasones graves y más finas para los agudos, con lo que las presiones, al no ser siempre las mismas cuerdas a distintas tensiones, no contrastan tan violentamente. Dicen que la presión media de un violín podría ser de unos 25 kilos, que ejercen las cuatro cuerdas sobre el puente, unas más que otras dependiendo de su grosor y calidad, pero, como te decía, dependiendo del *pitch* esta presión puede variar sensiblemente, siendo precisamente en el violín *barroco* donde más variaría esa presión porque no existe un diapasón fijo estándar como el actual de los *modernos* (442), sino que hemos estandarizado muchos más (392, 415, 430, 440, 466).

El violín que vio Philibert Jambe de Fer, que a la par de compositor fue intermediario en la compra y venta de casas y de tierras para la labranza, a buen seguro estaba en manos todavía poco avezadas en el momento de publicar, en 1556, el *Epitomé musical des tons, sons et accordz, es voix humaines, fleustes d'Alleman, fleustes à neuf trous, violes & violons*. Lo considera, por decirlo de algún modo, de segundo rango, y no así las violas *da gamba*, que son el gozo, concluye, de los músicos virtuosos, de los gentilhombres y los comerciantes acaudalados. Es en esta obra donde se describe por primera vez el violín cercano a como lo conocemos hoy.

Jambe de Fer no podía siquiera imaginar que, en los mismos días del *Epitomé*, el *liutaio* Andrea Amati construía en Cremona, con destino a Catalina de Medici, unas joyas de valor sin igual, unos violines encargados para su conjunto instrumental: era necesario que sonara una música nueva, un sonido que la transportara, que la conminase a abandonar el pasado, que la ayudara a olvidar el verdadero motivo de su emblema, *lacrymae hinc, hinc dolor*. Literalmente, 'de ahí vienen mis lágrimas, de ahí mi dolor'. ¿La causa? La muerte de su esposo, Enrique II de Francia, que la ha perturbado.

Es posible que el músico de Lievens haya actuado en casi todas las ciudades de los Países Bajos, en el norte de Francia también, quizá ha embarcado hacia Inglaterra—el pintor sí lo ha hecho, y se afinca allí durante tres años, hasta 1634—, pero, de ser italiano, no hay que ponerlo en duda, habría tomado las más impensables sendas de Europa, que se llenó de violinistas transalpinos ya en el mismo siglo XVII, cuando Giovanni Battista Jacomelli, o Giacomelli, al que llamaban «Giambattista del Violino», viajaba por Francia e Italia, en tanto que Giovanni Battista Fontana llegaba a la corte vienesa con el cometido de ocupar el cargo de maestro de capilla.

Marini, lo hemos visto, ha ido a Neuburg. Carlo Farina, asimismo *pioniere e grande*, es concertino en la corte de Dresde, toda vez que Giovanni Battista Buonamente no sólo recorre su país, pese a ser un monje franciscano de vida conventual, sino que desempeña su cargo durante un tiempo en Viena, gracias a la rara valía de su arte.

Para lamento de Hubert Le Blanc, que publicó a mediados del siglo XVIII una acalorada *Défense de la basse de viole contre les entreprises du violon et les prétentions du violoncelle*, soliviantado como estaba por el auge de la familia de los violines—asentada mucho antes de los clamores de Le Blanc—, la mayor parte de las orquestas europeas estaban atestadas de italianos, sobre todo violinistas. Entre 1747 y 1758—y es sólo un ejemplo—, en la Orquesta del Real Coliseo del Buen Retiro, en Madrid, los seis primeros violinistas, con nombre castellanizado, son: Gabriel Terri, Pablo Facco, Francisco Manalt, Antonio Marquesini, José Bonfanti y Felipe Sabatini. Sólo Manalt, refinado maestro y compositor, era español, catalán, quizá. Händel podría contarnos muchas cosas de los músicos italianos en Londres…

En el interior de la caja armónica del violín hay una luz de trastienda, de taller donde el tiempo va secándose, como el nogal y el arce. Se oye en ella el musitar de Nicolo Amati, la respiración de Giovanni Paolo Maggini mientras coloca la barra armónica, los pasos de Salomone Rossi y Dario Castello, que han ido a visitarlos a sus *botteghe*. Los pocos más de cuatrocientos gramos de un buen violín bastan para que una sonata o una partita despierte como un Lázaro, que vuelva a caminar si la invocamos en sus espacios con resonancia de bóveda. Los veinticinco kilos de la presión de las cuerdas sobre el puente son suficientes para decirles a Vivaldi, a Bach, a Geminiani: «¡Venid!», «¡Confiad!», hay cuatro estaciones cada día; son cuatro, es cierto, que forman el ciclo: los aros, el fondo, la tapa, el mástil.

El violín es el soprano que canta con anillos antiguos, el mirlo sobre el arce, el ruiseñor sobre el abeto. El alma, pequeña *psyché* de madera, cilindro de *Fedro*, une lindes de bosques distintos, es el fragmento de Platón que dice: «cualquier alma que, en el séquito de lo divino, haya vislumbrado algo de lo verdadero, estará indemne hasta el próximo giro».

Instrumento de diásporas y de trotamundos, se lo oye en el palacio de Versalles y en los campamentos gitanos, ha resonado en el coro del Ospedale della Pietà y en las manos de Mozart, cuando enferma de viruela, todavía niño. Suena en Auschwitz. *El pobre músico* de Franz Grillparzer no podía ser más que un violinista, no podía dejar de serlo el adolescente Thomas Bernhard, que lo estudiaba en una asfixiante habitación del internado llena de zapatos malolientes, y eso lo salvaba. Al violín lo llama «mi instrumento de melancolía más precioso».

XXXVIII

UNA CANCIÓN QUE NOS LLEVE LEJOS

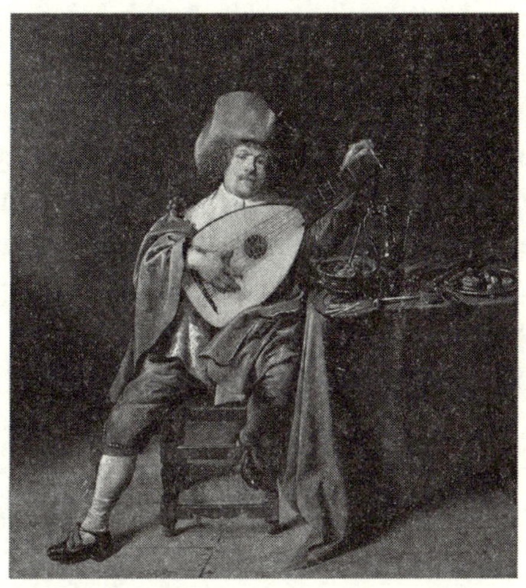

Jan Miense Molenaer, *Laudista* (autorretrato, *c.* 1636).

Este laudista es un autorretrato de Jan Miense Molenaer, el esposo de Judith Leyster, una de las mejores pintoras de aquellos días. A ella le complace tanto el arte de Frans Hals que pinta con los ojos del maestro. No le importa imitarlo, no supone un desdoro, tiene un don, está dotada para este oficio. Incluso alguno de sus cuadros se ha atribuido al propio Hals. Sin embargo, el hogar se ha llenado de descendientes revoltosos; por eso, Judith, como sucede tantas veces, ha dejado su trabajo, demasiado lo que atender, inacabables las tareas de la casa. Y aun con todo ayuda a su marido a finalizar las telas, incluso se presta a venderlas. Durante los primeros años compartieron el taller; después, sólo el lecho y la mesa.

Las criaturas que figuran en los lienzos, al menos una parte de ellas, son hijos del matrimonio. Judith ha pintado a una laudista adolescente que desdice la oscuridad del fondo con su vestido blanco, como el almendro iluminado en noche de luna. En otra de sus obras, un pequeño toca la flauta travesera. En la pared, un violín de caja un poco ancha, y a su lado, una flauta dulce.

Judith Leyster es hermosa, de gesto simpático, lo dice el *Autorretrato ante el caballete*. Jan la ha recreado tocando el virginal; de pie, a un lado del instrumento, vemos a dos de sus hijos, Helena y Constantijn. Detrás, el propio pintor. De no ser por la convención doméstica, por esa atávica atadura de la mujer a las tareas caseras, habría aventajado a muchos. Ahora los principales ingresos, también por atávica atadura, son cosa de Jan Molenaer. No le faltan los encargos, es cierto, los cumple entre la algarabía de la prole y el frágil silencio de su estudio. Pero el camino que han debido recorrer los esposos, ya desde el comienzo, ha sido escarpado; no han podido siquiera, al paso de los años, continuar en su natal Haarlem, acuciados por las deudas. El peso de los acreedores ha hecho que un día decidan poner tierra por medio e instalarse en Ámsterdam, donde habrán de permanecer durante casi una década.

La familia de Molenaer pertenecía a la clase burguesa —Judith era hija de un cervecero—, pero fueron muchos los hijos habidos de ambas ramas y el caudal no podía llegar a socorrer a tantos. En el *Autorretrato con miembros de la familia*, una de las obras más difundidas de Jan Molenaer, los protagonistas tocan instrumentos, ocupan una estancia que muestra el desahogo de los padres del artista. A la izquierda, Geertruijt pulsa una cítara; tras ella suena el violín de Bartholomeus. Todavía en el lado izquierdo, el laúd del adolescente Adriaen. Maria canta, situada casi en el centro, cuya posición comparte, más adelantado, con el violoncelo de Anthonij. Son hermanos de Molenaer, cuyo ademán da a entender que va a unirse al grupo.

Unos niños, Nicolaes y Lucia, avisan: Nicolaes lleva un pompero de donde saldrán esas burbujas que testimonian la tenuidad de la existencia. Multiplican en el aire la ingravidez que nos es propia, hablan de nuestra consustancial vanidad, pompas en Lucas van Leyden, en Mignard, en Van Mieris y Chardin. William Drummond, en uno de los madrigales de *A Cypress Grove*, de 1623, dice que el soplo de unos niños, apresado en esas esferas jabonosas, son como ciruelas de oro que fermentan en el vacío: lo que del aliento se hace nada, en la nada se disuelve.

El de los padres de Molenaer, desde luego, no parece un hogar en el que la leche ni la manteca se racionen: hay cuellos de encaje, primorosas gorgueras, tocados y sombreros que no son baratos, ropas bordadas con delicadeza, zapatos finos. Nos miran, posan para decirnos que vienen de la eternidad y que se encaminan hacia ella.

En el suceder diario de una casa como la de Judith y Jan, sin embargo, corren con esfuerzo la carne y el pescado en salazón, el azúcar y la mantequilla, la sal, la harina, las verduras frescas del mercado ambulante que hoy se ha levantado detrás de la iglesia de San Bavón. La leña, el queso.

Quien haya ganado o gane sólo para sí el salario, sin el cargo de alimentar otras bocas, morirá la mitad de cansado, la mitad de magullado, la mitad de achacoso que un padre o una madre de familia. Dar de comer, sin embargo, es uno de los gozos mayores; me ha confortado. Job sin hijos no habría sido Job, ni Penélope lo habría sido sin Telémaco, el arquero.

La necesidad diaria de procurar la mesa con el plato humeante pide, por naturaleza, un descanso y una soledad, entendida como remanso y última ciudadela que debe defenderse, por más que sus centinelas deban vivir siempre alerta, pese a caerse de sueño, como el soldado de Fabritius.

A todas estas cosas, en casa de los Molenaer se añade una situación nada prosaica: al esposo de Judith, hay que decirlo, el dinero apenas le roza la mano; gasta cuanto gana. Es un manirroto de libro. Cuando se ha visto apurado incluso sortea los cuadros, una rifa anunciada a los cuatro vientos, todos saben que la moderada herencia paterna le ha durado un suspiro; hoy adeuda al carnicero y debe en la tienda de ultramarinos. Morirá sin devolver los intereses de un préstamo. Una vida un tanto desnortada, sostenida bajo el lema de la manga ancha, de modo que estuvo cercado por las cuentas como Vermeer, como lo estuvieron Lievens y tantos más.

El cuadro del *Laudista* es anterior a los años de la paternidad de Molenaer, y aun así lo propongo como un juego: en esta pintura ha hecho un retrato de sí mismo y no un autorretrato, un término que podemos dejar ahora para el lenguaje del arte. Porque se trata de sentirse a solas, de reflexionar sobre las contingencias que uno debe salvar antes de caer exhausto. Un laúd puede ser una cabaña, un tejadillo, una manta, una silla, un rincón de los pocos que tiene el amparo, una puerta que cierre bien, un pasadizo por el que alejarse.

Para escapar y ponerse a salvo hay que saber hacerlo, no es cualquier cosa, exige rapidez, decisión, como la fuga de Strozzi en Génova. Se aprende a fuerza de estar cerca de la enajenación y de entrar en la tiniebla, en la que uno corre el riesgo de desaparecer para siempre. La huida no se enseña. Un verso dice: «en el querer zafarse no hay maestros».

No sé si el esposo de Judith está pensando en estas cosas, si las siente de este modo, es sólo un juego, vuelvo a decir, pero lo cierto es que ahora está solo y afina las cuerdas, pide concordia en ellas y entre ellas, desea tocar un rato que signifique quietud, cantar unas canciones que lo lleven lejos, a ser posible cruzado el río, más allá de los sembrados, horizonte adentro. Unas notas bien templadas que lo ayuden a rehacerse de la polvareda que levantan los días incesantes. Acaso toque algún arreglo de Peter Philips, puede que la página sea de John Bull; los ingleses que estuvieron en los Países Bajos siguen muy presentes en los días del pintor. Cuando no está entretenido con el instrumento, lee poesía.

No es justo que Rosenberg y Slive, en *Arte y arquitectura en Holanda 1600-1800*, digan que Molenaer, cuando refrena «su tendencia a la payasada», resulta atractivo. Como artista es más que eso, no cabe duda, porque hablamos de un magnífico pintor que estimaba a Frans Hals y a su hermano Dirck, también a Ostade. Debemos comprender que no siempre es posible tratar los temas que uno desea, sino cumplir, a contracorriente, con esos que ayudan a llenar el plato, que son fruto, a veces, de «payasadas». El público, como sucede hoy, deseaba diversión y cierta frivolidad; Molenaer lo sabe y no exprime su arte porque se ve constreñido a producir un tanto a destajo.

Es difícil e ilusorio un rayar constante a gran altura, a nadie le es dado brillar de manera continuada, entre otras cosas porque de lo que se trata, así de escueto, así de raso, es de cobrar pronto; las cuentas angustian, aprietan, queda muy poco en la caja. He leído artículos mediocres de escritores valiosos, traducciones defectuosas de maestros en el oficio, libros escritos aprisa, y por eso desiguales, a causa de la urgencia de dinero de autores que admiro.

Molenaer no rechaza ningún encargo, no puede, es prolífico a la fuerza, sus obras salen rápido del taller y sabe que no es realista pedir una buena suma. Ni siquiera el gran Terborch ha logrado vender el cuadro tan señalado de *La jura de la ratificación del Tratado de Münster*, porque ha pedido seis mil florines por él. Ha tenido que quedárselo, y ahora adorna su casa.

Le ruego a Molenaer, con su aspecto de holandés aficionado a la cerveza, retostado de pelo y redondo de cara, ingenioso y de humor contagioso, que sea más cauto con el dinero, que se apresure, que se acoja a la música de Holborne, que se escape hacia Dowland, que no siempre suena *semper dolens*, que cante una canción de Morley, que permanezca en el tiempo que ellos le procuran, se lo dan como si fueran dioses: es el tiempo de nadie, pero el único eterno. Que no deje pasar la ocasión, aunque sea por unas horas, de un existir solitario y apartado como lo está el cormorán mientras espera su ganancia en las aguas.

XXXIX

LOS ASTROS

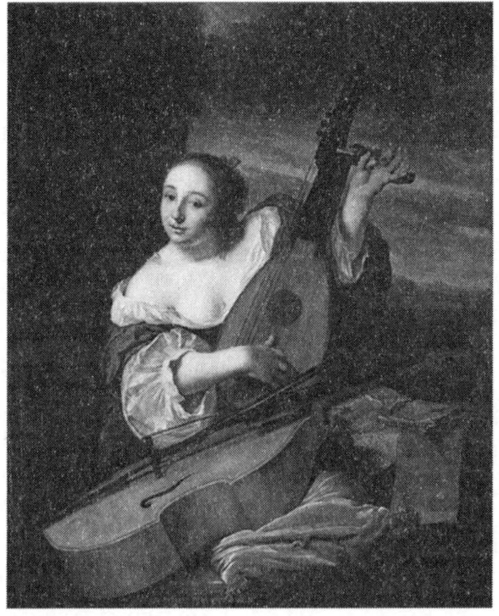

Bartholomeus van der Helst, *La tañedora* (1662).

No es una alegoría de la Música, bien podría serlo si no fuera porque nos es cercana, carece de la estaticidad del símbolo, nada tiene de aseveración. Alegórico es lo que está «dispuesto y ordenado [...] por el modo artificioso», dice Sebastián de Covarrubias en el *Tesoro de la lengua*. En *La tañedora*, de Bartholomeus van der Helst, que cautivó Ámterdam con sus retratos, ocurre lo contrario, porque al afinar el laúd nos acerca el sonido, lo trae hasta la estancia misma en la que estamos, tensa las cuerdas para que la casa tenga el calor del encuentro y suene armónica.

El instrumento es de resonador estrecho, como de almendra largueta. El mástil recio cuenta con un clavijero suplementario, tan de moda entonces; órdenes dobles al aire. Templa de manera cuidadosa, la mano abierta, salvo el pulgar y el índice, que giran la clavija de la prima. Justo delante, apoyada sobre un cojín rojo, una viola *da gamba* de oídos flamiformes, que son los propios de las violas de amor. Sus aros cuentan con una fina madera de arce rizado. El arco lo ha guardado a la manera de los habituados a tocar, entre las cuerdas, por debajo del puente.

Es probable que los dos instrumentos sean suyos, los laudistas acostumbraban a tocar la viola, y también sucedía a la inversa. Al fondo del cuadro, un paisaje que cierra el día, con una arboleda oscura; apenas hay un residuo de luz, la lejanía es apacible como lo es la mirada de la protagonista, quizá la esposa del pintor. Unas partituras y un libro a la derecha.

Y, sin embargo, no puedo dejar de pensar que, más allá de un retrato, esta intérprete de cabello recogido y escote generoso, tan distinta de la *griega* de Laurent de La Hyre, alegoriza la escena. Tal vez esa caja armónica de mandorla, cuyo significado, ya desde tiempos medievales, indicaba la unión del cielo y la tierra, desmiente la dualidad e invoque una suerte de visión celeste. Porque se trata del cielo y de ese mirar que está en Christiaan Huygens, que alza los ojos al espacio, descontento de lo que ve aquí abajo. Ha escrito un libro insólito, uno de los primeros en hablar de la posibilidad de que otros planetas estén habitados, aunque Nicolás de Cusa, en *Acerca de la docta ignorancia*, de 1440, ya parecía estar persuadido de ello. *Cosmotheoros*, 'el que observa los astros', lo terminó a finales de 1695. El título completo reza: *Cosmotheoros, sive De Terris Coelestibus, Earumque Ornatu, Conjecturae* ('Conjeturas relativas a los mundos planetarios, sus habitantes y producciones'). Ese *conjecturae* encierra un algo de esperanza, una confianza que no osa depositar entre nosotros.

Huygens, que para familiarizarse con los secretos del universo ha leído al mencionado Cusa y a Bruno, a Kepler y Brahe, y seguido a Galileo, es un hombre que, día a día, tienta la soledad. Está en La Haya, vive en compañía de su anciano y glorioso padre, estudia sin tregua, aislado entre libros de matemáticas y de astronomía, de física y de música; especula sobre el tiempo, le atrae la óptica, fabrica telescopios e instrumentos matemáticos, elabora lentes. Cuenta con un buen amigo que lo secunda en esta última tarea; se llama Baruch Spinoza.

Huygens empieza a ser conocido en toda Europa, se halla entre los fundadores de la Royal Society. Es hijo de Constantijn Huygens, el afamado poeta y compositor, diplomático, un alma raptada por la especulación acústica que no pasa un día sin música, toca el clave y el laúd, la viola *da gamba*, la tiorba, tiene fama de buen guitarrista. Es un espíritu despejado, sus madrugadas transcurren alimentando la correspondencia con Mersenne, con Boesset y Du Mont, escribe a La Barre.

Christiaan es un añorante de los espacios ilimitados, un día tras otro cae en una melancolía que los médicos han diagnosticado de muy perniciosa. En el estudio profundo, en la soledad detenida de las páginas, la bilis negra deja un tizne en el ánimo. Su mente se antoja inabarcable, ciertamente lo es, conoce a Pascal en París, en Londres discute su desacuerdo con Newton, teoriza con Boyle, es maestro del joven Leibniz, piensa, escribe y escribe. Viajes y sociedades científicas, amores escondidos, un hijo ilegítimo, meses de reclusión y dibujos de experimentos, relojes de péndulo, linternas mágicas, observación de la trayectoria de los rayos de luz. También la música, sobre todo los temperamentos, de ahí su *Le cycle harmonique* de 1691, donde propone la división de la octava en treinta y una partes iguales, y más tarde, el *Novus cyclus harmonicus*, que se publicará, ya póstumo, en 1724.

Tengo una edición del *Cosmotheoros* que una pequeña y esforzada editorial de Zaragoza (Jekyll & Jill) publicó en 2015. ¿Cómo son los animales en otros planetas? ¿Y los árboles? ¿Los hombres y las mujeres *de allá* se asemejan a nosotros? ¿Acaso la música, en las lejanas nebulosas, suena como la nuestra? La armonía, escribe Huygens, es concordancia, impregna el mundo, se debe a las leyes naturales; de no ser así no existiría un pájaro en América que emitiese seis notas afinadas y en orden; es la prueba de que todo está sometido a la naturaleza.

¿Por qué no puede suceder, entonces, lo mismo en otros planetas? Si los habitantes de los mundos que no alcanzamos a imaginar se deleitan, como nosotros, con la dulzura de la armonía, lo probable es que hayan inventado instrumentos musicales; sería difícil que, contando con su ingenio, no hubieran llegado a los mismos principios físicos. ¿Hay ahí arriba laúdes? ¿Tienen violas *da gamba* y oboes? ¿Arpas?

Sin embargo, si esos instrumentos son iguales en los diversos mundos, no todas las naciones se rigen por idénticas escalas y aceptan los mismos modos de temperamento, como en tiempos pasados ocurría entre «los dorios, frigios y lidios, y, en nuestra época, entre franceses, italianos y persas». En eso es, acaso, en lo que difiera la música de los astros respecto de la Tierra. ¿Y si la suya es más melodiosa? ¿Y si resulta que su teoría es más refinada, y su combinación de voces e instrumentos, más excelsa?

Transcribo, de manera literal, un fragmento de *Cosmo-*

theoros, que Huygens firma como Secretario de Su Majestad Británica Guillermo III:

Si uno pregunta a cualquiera de nuestros músicos por qué no pueden usarse dos o más quintas naturales en una composición de manera regular, algunos contestarán que es para evitar la dulzura y exuberancia resultante de la repetición de este agradable acorde; otros responderán que se debe evitar para favorecer la variedad de acordes que son requisito indispensable de una buena composición; ambos motivos han sido aducidos por Descartes y otros. Pero los habitantes de Júpiter o Venus nos darán, ¿quién sabe?, una razón mejor. Por ejemplo: porque cuando pasamos de una nota natural a otra tiene lugar un cambio que altera de inmediato la estructura en la que nos movemos y entramos en una nueva antes de que el oído esté preparado para ello, y cuantos más acordes naturales de un mismo tipo se usen consecutivamente, tanto más ofenderemos el oído con los abruptos desplazamientos tonales.

Huygens sueña con una música perfecta, una espiral barroca en la que no caben aristas, como si se abriera en lo alto un paraíso y cuatro ríos para saciar a los sedientos de la Tierra. Cuando está trabajando en un nuevo telescopio, Bartholomeus van der Helst pinta la tañedora que afina el laúd; es un momento importante para el pintor, no cesa de recibir encargos, muchos de los grandes de Ámsterdam se sienten honorados con sus telas. El que ha sido el hijo de un posadero y cervecero ha retratado al alcalde Andries Bicker y a su obeso vástago Gerard Andriesz; al almirante Aert van Nes y a su esposa Geertruida; a los capitanes Gideon de Wildt y Willem van der Zaan. Los ojos de estos personajes vienen de un universo más apartado que los seres de los espacios siderales que imaginó Huygens; provienen de la sombra del pasado, de una memoria que dejará de serlo, de un sonido que nunca nos será dado.

En un momento de *Cosmotheoros*, el más real, se lee: «Debemos todas nuestras habilidades al miedo, a la pobreza y la desgracia».

XL

LA VIOLISTA

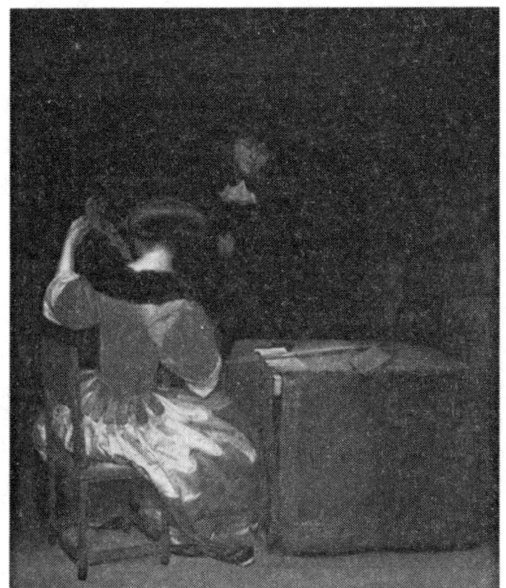

Gerard Terborch, *Lección de música* (*c.* 1675).

La viola *da gamba* está hecha de interiores, de pequeñas habitaciones donde estar en intimidad, de escaleras de madera y corredores en los que tan sólo cabe un hombre, una mujer que hace siglos hilaba y ahora sueña. Hay un desván.

Toda viola *da gamba* tiene su Orfeo, desciende al infierno de la música si es *regret*, si es lamento, si es *tombeau*, si es *plainte*; va a encontrarse con lo que yace de sí misma, con lo que ha marchado a la penumbra, al sonido que ha dejado un poso de silencio que nadie sabe explicar. Baja en cada nota, a la búsqueda de lo que nadie ha encontrado jamás. El que viene de lo soñado piensa estas cosas, siente la tristeza de una época que ha querido separar el tiempo de la eternidad, melancolía a renglón seguido en cada libro, en cada compás. Quien sepa escuchar una viola *da gamba* sabrá el reverso del mundo, saldrá de una danza bailada bajo el sol y entrará en una neblina donde se danza a solas: es la muerte que espera y se entretiene en sus giros.

Si alguien ha inventado la viola ha sido la soledad, hecha para contener el desengaño, para acostumbrarse a la decepción de la que avisó Hegel. Debemos hacernos a ella. El arco, las cuerdas, la caja armónica, el puente, las clavijas de peral están antes de la guillotina, antes de los himnos nacionales y las guerras de sus banderas, antes del loco alucinado de Santa Elena, antes del 3 de mayo de 1808 en Madrid, antes de que el obrero fuera reducido a máquina, antes de los suburbios de miseria en torno a las fábricas, antes de la melancolía de Jovellanos, antes de Hogarth y del desfile triunfal del dinero encumbrado, antes de Gernika y de la muerte industrializada de los campos de exterminio, antes de las hambrunas perpetradas por Stalin y Mao, antes del sueño americano, antes de su bomba atómica, antes del terror, antes de las pateras y del expolio de los ríos y los mares, antes de la desorientación, antes del miedo programado y de la aceleración cegadora.

La viola *da gamba* lo había intuido en el siglo XVII, de ahí que apenas salga a la calle, recogimiento obligado, legítima defensa, el decir de la nostalgia en música.

Gerard Terborch ha pintado al menos tres veces a esta muchacha que toca la viola, siempre vestida igual. Ahora está a punto de recibir la lección de su maestro. En dos de esos lienzos afina las cuerdas; en el tercero, se la ve en plena acción: sucede en *El concierto*, cuya imagen me ha acompañado durante años, la admiré con sólo descubrirla, ilustraba la cubierta de un vinilo de las *Sonatas para viola da gam-*

ba, de Johann Sebastian Bach, que compré en el ya lejano 1973, cuando yo tenía dieciocho. Los intérpretes eran Johannes Koch y Gustav Leonhardt. Lo escuché tantas veces que el sonido de fondo, cada vez más presente por el desgaste, crujía como el mundo.

En las tres obras aparece de espaldas. No pocas veces me he preguntado por su rostro, he deseado descubrirlo, ver su mirada. ¿Quién será? ¿Acaso es una hija de Terborch? ¿Alguien cercano a la familia? La cintura, el cuello delicado, el cuidado del vestido, la oscuridad de la escena, apenas rota por el brillo ensanchado en los pliegues de la falda, la sensualidad ocultada en vano, su eros contenido.

Una silla y una mesa sobre la que ha dejado el arco; se ha detenido a templar las cuerdas. Estamos en 1675, quizá estudia una pieza de William Brade o de Thomas Simpson. Todavía no han llegado ni Sainte-Colombe ni Sieur De Machy. Afina, afina mientras el maestro, sin mirarla, escucha la entonación, nada le dice, espera a que el sonido se reconozca a sí mismo cuando alcance la altura precisa. Un detalle: en los dos cuadros de Terborch la joven tensa la misma clavija, la quinta.

La obra, guardada en Oslo, que cuelga en nuestro «Museo del oído», es más completa por cuanto en la mesa se ha depositado un laúd de caja pequeña y, al fondo, se descubre un clavicémbalo que toca el que quizá es su profesor. Un acorde desde el teclado le facilita la búsqueda de las notas. Una mujer, sentada ante la violista con una partitura, es una cantante. Parece que los protagonistas van a tocar en unos instantes y que la clase consistirá en corregir la interpretación, en señalar defectos, en sugerir matices.

En *El concierto*, en el cual, como ha quedado dicho, se halla en plena ejecución, está falsamente acompañada por una clavecinista que lleva un pañuelo en la cabeza. *Falsa-*

mente, porque en el original el teclista es un hombre, que luego Terborch cambió por una mujer, y aun así el trueque no iba a ser definitivo, porque a un restaurador de antojo ligero no se le ocurrió otra cosa, a finales del siglo XIX, que pintar de nuevo ese rostro femenino con los rasgos de su esposa.

Si me he decantado por la obra conservada en Moscú se debe a que la figura de la violista está un poco más cerca y es, a la vez, más solitaria, recluida en un ambiente de aprendizaje, embebida en la espera propia de quien desea asimilar los secretos del arte. Terborch es maestro a la hora de transmitir estas sensaciones, sutil, detallista en el gesto, en la mirada, en la inclinación del cuerpo, sean jugadores de cartas, sea una dama lavándose las manos. Obran sin apenas reparar en que estamos ahí, al otro lado.

Su pintura acostumbra a volar por encima de casi todos sus coetáneos, nunca trivial, por más que los temas de género a menudo inviten a serlo; la suya es una delicadeza reservada a los escogidos. Goethe, que comprendía el otoño, en *Las afinidades electivas* se conmueve ante la finura de este pintor que había nacido en Zwolle; le resulta cercano, como sintió a Mozart y no tanto, o bien poco, a Beethoven.

Terborch mantiene una franca amistad con Vermeer: para éste, la luz, para aquél, los ropajes, también el terciopelo, la seda, los detalles inadvertidos. El padre de Terborch, asimismo pintor, le obligaba, apenas adolescente, a copiar con pulcritud las estampas que llegaban a sus manos, sobre todo las de Goltzius. Ha aprendido con el paisajista Pieter de Molijn, incluso llega a colaborar con él. Se presume que ha recibido lecciones de Codde y Duyster, admira a los caravaggistas de Utrecht, le gusta Rembrandt, le atrae Hals.

Es un hombre inquieto y leído, va de Ámsterdam a Haarlem, está en Delft, visita Inglaterra y Francia, se encamina al sur de los Países Bajos, se desplaza a Alemania, también a Italia, es invitado por la corte española de Felipe IV, al que retrata. El monarca, satisfecho, lo nombra caballero. Se murmura que una intriga de palacio le ha obligado a regresar a su país, elige Deventer, allí morirá, en 1681.

Para entonces, Marin Marais tiene veintitrés años y ha sido nombrado en Versalles *ordinaire de la chambre du roi pour la viole*.

Al finalizar la clase, la tañedora dejará la viola *da gamba* apoyada con cuidado en la silla. Pasarán los años, seguirá sonando durante un siglo. Hasta los días de Carl Friedrich Abel, hasta los de Jean-Baptiste Forqueray. ¿Cuántos propietarios habrá tenido? Ninguno. La música ha sido su única dueña, la sola que tendrá el instrumento.

XLI

LA BROMA JUICIOSA

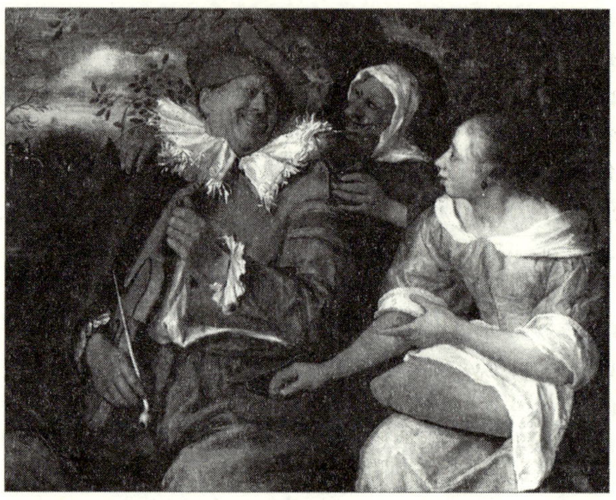

Jan Steen, *Trío feliz* o *El violinista robado* (1670-1672).

Algunas almas de feliz paso se le asemejan, pero no hay dos como la suya. Su padre le ha ayudado a arrendar una cervecería en Delft, que unos llaman De Roskam, El Peine, y otros De Slang, La Serpiente. Este doble bautismo quizá se deba a que los antiguos clientes llamaban de un modo al negocio, y los nuevos se referían al local recién abierto con el nombre que le había puesto el joven tabernero. Como hijo de cerveceros, elabora una ambarina *bier* bien malteada para que el corazón no dude, para que se resuelva festivo; siempre es mejor ver la jarra medio llena, así lo pide este talismán de los alegres y reacios a ensombrecerse llamado Jan Steen.

No le tientan Caravaggio ni Rembrandt, a su manera es, también, genial, caudaloso y detallista a la vez; pero la vida aprieta, los hijos la enjaezan, aunque asimismo la desbocan. La casa, que gasta como una estufa en enero, el vestir, el comer, las idas y venidas deben pagarse también, porque los alborozos y los juegos para amansar los días cuestan lo suyo.

Ha pensado que la cervecería le aportará lo que no acaba de obtener con la posada en su natal Leiden, una ayuda con la que dorar un poco la bolsa, que se deshincha aprisa, como el odre de una gaita si deja de soplarse. Sin embargo, ha descuidado un detalle de importancia: no ha caído en la cuenta de que Delft, en aquel año de la apertura del negocio, 1654, era un lugar asolado y de repartida pesadumbre. La explosión del polvorín, que devastó una parte de la ciudad meses antes de que estableciera su comercio, dejó tantas muertes que no había familia que no hubiera sido menguada por una pérdida.

Carel Fabritius, una de las luces de los pintores jóvenes como Vermeer y De Hooch, fue uno de los desaparecidos en el estallido, que sembró fuego y desesperación; las techumbres caían, resumidas, los cadáveres y los heridos sólo era posible rescatarlos de entre las vigas y los cascotes. El peine—o, quizá, La Serpiente—acabó por cerrar a los tres años y Steen regresó a Leiden, decidido a emplear más tiempo en la pintura y a trabajar en el figón de su ciudad natal.

Un día, en el Rijksmuseum, compré un libro en neerlandés, una lengua que desconozco, titulado *Jan Steen, schilder en verteller* ('Jan Steen, pintor y narrador'), y, aun a sabiendas de que no iba a entenderlo, lo adquirí por abrirme paso entre aquel universo suyo de gente que no pide más al mundo de lo que puede darnos: la trascendencia, en sus telas, está en cuarentena y la metafísica ha quedado embarrancada.

No hay pena que tire de las costuras, las cosas son sencillas a la par que descabelladas, por lo reales.

Expresar la levedad, trabajar el descargo de las tristezas sin jamás ser banal es hacer el bien. Ahora que se habla de la filosofía del cuidado, podemos aplicarla a su pintura. En el cuadro de *La enferma*, con la que Steen es complaciente, comprensivo, como lo es el médico que la visita, intuye que la joven ha cedido al amor, que la pasión es su dolencia: la ausencia amorosa la destempla como lo están, seguramente, las cuerdas del laúd que cuelga en la pared de su casa: afinadas, sanan aquello que, en el fondo, no ha enfermado. Es sólo enamoramiento. Este cuidado y el pasar por alto las debilidades es aplicable a cuanto Steen pinta, porque el buen trato humano, la relación de concordia, se vive en todo lo que el artista cervecero idea.

Si pensamos en los autorretratos, a menudo elegantes, sentenciosos, de los pintores y los comparamos con su *Autorretrato tocando el laúd*, pintado en torno a 1663, acaso un poco más tarde, vemos su carta de ciudadanía: sabe que la broma tiene algo de juiciosa y que es la manera saludable de quitarse importancia, puesto que no la tenemos. No le cuesta asomarse a la ventana de sus lienzos con el rostro de tunante, no le preocupa que lo vean así, persuadido de que el disimulo es para las almas temerosas y pequeñas, dispuestas al engaño.

Steen forma parte de una genealogía, de una noble y desprendida saga que ha hecho del humor su emblema, una épica no de espada y aventura, sino de apacible conquista que adentra su avanzadilla en las tierras fragosas a fuerza de celebración, no de hierro. Es un Luciano de Samósata, se diría que ha asistido a las clases de Rabelais y augura el decir de Torres Villarroel, maestros que hacen del desbarajuste un orden bendito y dichoso.

En el interior de una taberna, que data de 1674, un grupo de músicos, situado en primer plano, se divierte tanto como los danzantes que están al fondo y bailan en corro. El que muy bien podría llamarse *Ensemble de la Dicha* lo forman una cantante, una gaitera y un violinista, que templa el instrumento como lo hace el bienintencionado personaje del *Trío feliz* o, con más propiedad, *El violinista robado*.

La atrevida joven ha introducido, sin parar en cautelas, la mano en la escarcela del músico; se ha hecho ya con una moneda, está admirada de que no reaccione; la anciana, con aire de trotaconventos, lo distrae con sus historias. El violinista no quiere darse cuenta del hurto, le está bien esta dudosa compañía, forma parte del juego, todos dejamos que nos vuelen algo si a cambio nos alegran. A todos nos engañan. Cedemos porque buscamos desterrar los desconsuelos. En uno de sus lienzos ha utilizado este proverbio: «No hay mejor ciego que el que no quiere ver». Él se lo aplica aquí.

Afina con la mano izquierda, no sé si pone atención a este mi que debe quedar bien ajustado; también las melodías populares necesitan de su buen temple. Con la derecha no sujeta el arco, sino una larga pipa. El modelo no tiene par: el músico es el propio Steen, que presta con gusto su rostro mientras haya diversión.

Si el mundo tiene rincones felices, están donde cuelgan los cuadros de este maestro, al que vemos perderse entre los incontables personajes que pululan por sus cuadros, le apetece mezclarse en la animación, en las sobremesas de jarra en mano, con ufanos comensales, perros y gatos que husmean los restos que han caído de la mesa, cáscaras de huevo, alguna rosquilla, huesos mondados hasta el último hilillo. Vasos, copas, garrafones, damajuanas, jamón cocido, salchichas. Hay jóvenes que juegan a los bolos junto a una posada, y niños que abren los regalos la noche de San Nicolás, fumadores altaneros que dejan la pipa a un adolescente para que se inicie en las toses, como hacía mi hermana conmigo cuando yo era pequeño, músicos que saben al dedillo el repertorio de la felicidad, y mujeres, muchas mujeres que mandan y cuidan a la vez, un matriarcado sin igual que reparte juego y atiende lo que el hombre descuida.

El artista frecuentaba a un médico cargado de espaldas, seguro que era así, porque se le advierte a menudo en sus telas, se hace familiar cuanto más conocemos su pintura, ¡es el doctor de los enfermos a medias, o de las embarazadas que lo ocultan! En uno de esos lienzos, un pato se ha posado en la joroba del galeno, tan pronunciada es. Lecheras, panaderos. Incluso su pintura religiosa es desenvuelta: ha pintado en varias ocasiones *Las bodas de Caná* y no disimula lo que han bebido algunos invitados, aturdidos por el vino; se brinda, se festeja, ruedan barriles con Jesús al fondo, como si nada.

Es difícil conmover con el solo anuncio de la felicidad; su generosidad lo propicia. Steen admira a Frans Hals, sonríe con Adriaen Brouwer, conoce a Pieter de Hooch y Vermeer, pero él ha tomado derroteros bien distintos, ha aprendido de Nikolaus Knüpfer, de Adriaen van Ostade y de su hermano Isaak, y, sobre todo, de Jan van Goyen, que trabaja en La Haya. De hecho, pasará de ser un aprendiz en el taller de Goyen a convertirse en su risueño yerno, porque ha contraído matrimonio con Margriet van Goyen en 1649.

Nunca está quieto, es un posadero errante que ha viajado de Haarlem a Delft, que ha ido y regresado de La Haya, como sabemos. Recela de Ámsterdam, pero, por fin, se decide y llega a esa ciudad en 1661. Ha vivido en Warmond y retornado a Leiden varias veces. Margriet morirá en 1669, volverá a casarse, esta vez con Maria van Egmont, de la que tendrá un hijo. Ya son nueve.

Es un bohemio, como lo es su amigo de correrías Frans van Mieris, ambos suelen coincidir en los temas de sus cuadros, concurridos por músicos y damas tañedoras de virginal y de clave. Ha servido tantas cervezas y codillos que no podría contarlos; le gusta disfrazarse como sus amigos actores, es un Watteau bromista, aunque con buena salud. Ha estudiado en la escuela latina, y, por más que creamos lo contrario, es un hombre leído, nunca superficial aunque se desenvuelva en pleno baile; conoce bien la trastienda de lo humano y ese dolor del que procedemos.

La fiesta nos abriga, viene de raíz antigua, es un hiato de la existencia, hace una finta al apremio del tiempo, celebra el ahora. Es presente en estado puro, sin recelo por la incertidumbre del mañana. Danzar, como los campesinos del poema de Hölderlin, como los de Eliot, es decirle sí al mundo, un estar en las cosas sin angostura, porque lo angosto, lo *angustus*, impide el movimiento del cuerpo, no permite abrir los brazos y gozar del momento como si nada fuera a suceder; lo estrecho hace la respiración pobre.

Steen sabe de estos asuntos, convencido de que el buen talante diluye los rencores, se tolera mejor al semejante, y así lo habla mientras pasea con Mieris camino de la Guilda de San Lucas, que, siendo joven, había fundado en Leiden junto a su cercano y afín Gabriël Metsu.

XLII

LECCIONES DE MÚSICA (Y DE AMOR)

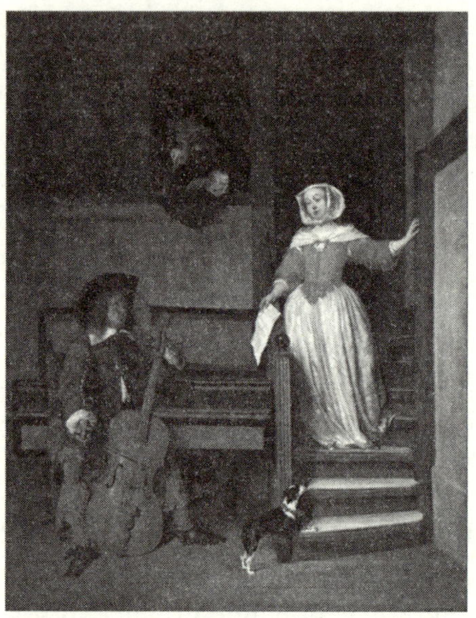

Gabriël Metsu, *El violoncelista* (*c.* 1658).

La música de la viola *da gamba* suena en más hogares, la prefieren los aficionados, pero también los músicos que se dedican con empeño a este arte que siempre empieza a caminar con los pies desnudos, como decía Vladimir Jankélévitch. Sin embargo el violoncelo, poco a poco, se hace querer. Es de sonoridad más potente, su voz se reconoce de inmediato por lo humana. En la viola se habla desde el sentimiento del que cree vivir un exilio; en el violoncelo, se percibe una voluntad de júbilo, de fuerza gozosa, del que ha llegado a tierra, por más que ciertos días le asalte una melancolía que se antoja incurable. Canta, propaga, sueña.

Viene de Italia, en Bolonia se le ha cuidado como a un Moisés encontrado en las aguas, los maestros lo aceptan con sólo oírlo, enseguida traba amistad con el resto de instrumentos, le gusta cantar en la orquesta y también en los reducidos espacios de cámara. Quien primero lo ha llamado así, *violoncello*, al menos en una obra impresa, ha sido Giulio Cesare Arresti, en las *Sonate a due, a tre*, que son de 1665.

Barroco y de ingrávida densidad—Jorge Guillén hubiera podido definirlo así—, sus notas se mueven alrededor del sol, el sonido gira cada vez más rápido en torno al centro de la música, *e pur si muove*. Cuatro en vez de seis o siete cuerdas como tiene la viola, carece de trastes, los dedos corren, así, más ligeros a lo largo del diapasón; en su manera de hablar hay muchos menos acordes: la polifonía ha quedado para el tiempo anterior; ahora, melodía abierta, ya sin regreso, al menos hasta principios del siglo XX.

El violoncelo, en el XVII, sirve, sobre todo, para el bajo continuo, no se le pide mucho más, se aviene a ser la sombra de lo que se oye allá arriba, donde suenan los violines y el canto; se sabe raíz, no ramaje. Y, pese a ello, los músicos empiezan a descubrir en él lo valioso del sotobosque, sospechan que también puede extraerse riqueza de lo que no está en lo alto. Mucho antes de que lleguen las *Suites a violoncello senza basso*, de Johann Sebastian Bach, los compositores han empezado a examinar qué puede hacerse con este instrumento que va raudo, en apenas un compás, del sigilo a un redondo *forte*, de los acentos solitarios a la exaltación, recorre, veloz como pocos, este pedregoso camino del ánimo. Es versátil como lo es la forma de una nube.

Domenico Gabrielli escribió en torno a 1686 unos *Ricercare per violoncello solo*, una novedad entonces. De hecho, este maestro boloñés fue el primer virtuoso que instó a los oídos, también a los ojos, a fijarse en este *violone* que distaba en tantas cosas de la viola *da gamba*. Mundos dispares, ventanas que daban a paisajes diferentes: una, abierta al otoño; otra, a la primavera. Otro devoto del violoncelo, Domenico Galli, no sólo le dedicó el *Trattenimento musicale sopra il violoncello a solo* en 1691, sino que se entregó, como *luthier* que era, a fabricarlo y también a ser su intérprete, y lo fue extraordinario. Llegará Giuseppe Maria Jacchini, discípulo de Gabrielli, que va a engrandecer a este *basso di violino* representado ahora por Gabriël Metsu.

Ha mudado su imagen más que el violín, se ha estilizado, la caja armónica se ha estrechado, sobre todo en la parte inferior; su tamaño se reduce, cada vez pesa menos. En tiempos de Gasparo da Salò y Nicolo Amati no eran raros los ejemplares cuyo resonador sobrepasaba los ochenta centímetros. Antonio Stradivari, a finales de la primera década del siglo XVIII, lo fija en setenta y cinco centímetros.

Se tocaba, como la viola, apoyado entre las piernas, aunque no era raro verlo descansar sobre un escabel, como en el *Retrato del pintor con su familia*, de David Teniers el Joven. Pero muchos preferían tañerlo depositado en el suelo, como lo hace aquí Metsu. La pica, como punto de apoyo, será una idea de mediados del XIX, quizá de Adrien François Servais, violoncelista supremo, tan amigo de Liszt y Wagner.

La música todo lo puede, es una antigua aliada de la seducción y los juegos amorosos. En *El violoncelista*, el pretendiente, apostado en la ventana, no disimula su despecho, está con un mohín contrariado, no le queda otro remedio que la resignación. No sabe tocar ningún instrumento. El músico cuenta con todas las bazas para conseguir los favores de la muchacha. Ella canta, o quizá toca el virginal que está detrás; en cualquier caso, ha ido a buscar la partitura que ha copiado esta mañana; baja las escaleras como si los peldaños fueran triunfales.

Un recuerdo de adolescencia, cuando cantar acompañado con la guitarra en las noches de verano hacía que mis amigas se acercaran a una distancia que me causaba una opresora timidez; lo hacían con una sensualidad todavía inocente que yo, pudoroso hasta el ridículo, combatía no mirando otra cosa que el ir y venir de mis dedos por el diapasón, o cerrando los ojos, como adentrado en el designio de lo que decía Leonard Cohen. Algo así, aunque con decisión, ocurre en las tantas escenas de amor de la mejor pintura, donde la música es un señuelo en el que uno menos encogido que yo encuentra la presa.

Metsu, lo mismo que Terborch, que Maes y Mieris, es un hábil apuntador de citas para las tardes ocupadas en lecciones de música, en las que se busca algo más que el buen dibujo de una melodía: dúos que se miran a los ojos; galanteos mientras se corrige la posición del arco; simulación de que la afinación no satisface y es necesario detenerse; una mano puesta en los dedos cálidos de la alumna para que los abra más y curve la palma; audiciones entre amigos que son la puerta de un posible amor. Podría escribirse un libro con sólo estos pasajes de plácida emboscada.

En un cuadro de Joseph-Marie Vien, *La marchande d'amours*, una muchacha reparte amorcillos alados que lleva en una cesta de mimbre. Uno de ellos está sumido en un profundo sueño. Mercancía peligrosa. La música es, también, una fácil siembra de cupidos, yo mismo fui en mala hora atravesado por uno. Me pregunto cuántos hogares proceden de un teclado o de unas cuerdas pulsadas, de un oboe con ecos de inocencia o de un arco. Quién sabe si este violoncelista de Metsu dormirá un día, quizá cercano, con esta virginalista o quizá cantante.

En los lienzos del pintor se despliega un catálogo instrumental amplio: violoncelos, violas *da gamba*, laúdes, tiorbas, cítaras. Una de las obras que han salido de su genio y que más aprecio es, precisamente, este violoncelista, que se asemeja a otra suya, bellísima, donde la dama toca el laúd y el caballero la viola *da gamba*. Éste está de espaldas mientras afina y pasa el arco. Es una figura expresiva, decidida, de músico que conoce bien su oficio. En sus manos se nota que la viola pesa poco. En otra de sus telas, *Alegoría de la Vanidad*, un virginal preside la sala, mientras, colgados en la pared, vemos una cítara, un violín con su arquillo, un laúd y varias flautas. Un poco más a la derecha, un violoncelo de cinco cuerdas, también con el arco. Sin embargo, si he optado por *El violoncelista* es porque aparece este instrumento, más escaso en la pintura de los maestros holandeses y flamencos, aunque no resulte infrecuente.

El joven de Metsu afina las cuerdas, la mano derecha dispuesta en la misma posición con la que se sujeta el arco de la viola *da gamba*, con la palma hacia arriba, que era entonces la técnica común a ambos instrumentos. Como no existían los tensores que facilitaban la operación de afinar, era preciso mover las clavijas con cuidado porque así, desnudas, son engañosas, exigen una sutilidad en el movimiento que no siempre es fácil de conseguir. En el violoncelo, además, al ser la tensión superior a la de la viola, el desajuste resulta más frecuente. Las cuerdas tiran con fuerza, como Durero, a punto de naufragio, tiraba de la amarra en las costas de Holanda.

El de Metsu es un modelo sobrio, lo adornan un cordal

orlado y la nitidez de las formas. Se prepara para el concierto, cuyo único oyente ha de ser el espectador de la ventana, que quizá a estas horas esté pensando en tomar unas lecciones para remediar su pena. Nunca es tarde. En la pared, bajo el ignorado aspirante, el artista pintó un desnudo que después borró. Tal vez una venus. Más tarde, una mano poco maestra decidió colgar un mapa.

Es el año 1655, Metsu ha ido a Ámsterdam, ha dejado Leiden, donde su padre, artista originario de Henao, las tierras de Josquin Desprez, se había afincado. La madre de Gabriël se ganaba la vida como comadrona. En su nueva ciudad, se casará con Isabella de Wolff, hija de Maria de Grebber, pintora que dio clases a Judith Leyster. Ella, Maria de Grebber, fue hermana de Pieter Fransz de Grebber, una de cuyas obras cuelga en nuestro «Museo del oído»: en ella, un músico afina el contrabajo o *violone*.

Se supone que Gerrit Dou estuvo entre los maestros de Metsu, como también el peculiar Jan Weenix, que retrató a Descartes. Le gustan Rembrandt y Jan Steen. Ha conseguido un arte pleno que llama la atención de Pieter de Hooch, llena los lienzos de escenas domésticas, de lectoras de cartas y cocineras, de reuniones divertidas, de mujeres que dibujan y leen, que se sientan al virginal. Una joven, lo vemos si nos acercamos bien a su figura, compone música. Hacia 1660 retrató a un niño enfermo que entran ganas de tenerlo en brazos. El artista morirá a los treinta y ocho años, una extracción de cálculos de la vejiga mal resuelta lo silenciará.

XLIII

UN HOGAR, POCAS COSAS MÁS

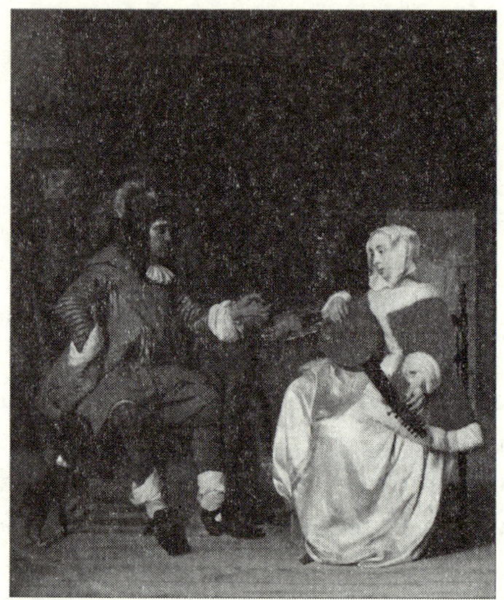

Pieter de Hooch, *La conversación musical* (1665).

Contemplar el interior de una casa, pensarla en sus rincones y detalles es tan sustancial como detenerse a mirar la naturaleza e intuir qué está diciéndonos. La disposición de los hogares siempre tiene un porqué; la mesa, los estantes, el dormitorio, el cuadro que cuelga, sin embargo, en una esquina poco iluminada. John Burroughs, que fue amigo de Walt Whitman, decía que construirse una casa tenía poco que ver con la arquitectura.

El hogar que en verdad cubría, el que contaba con un tejado parecido a una mano abierta que hubiera caído del cielo, estaba fabricado por este albañil que es el corazón, ya fuera hecho de troncos o de piedra, incluso de ladrillo, no importa. Era el lugar en el que se nacía y moría, en el espacio de su solera se escondía un refugio más que un puerto para recogerse a solas. Bajo su techo se trabajaba, el ocio no existía porque la diversión discurría en la plaza, en el baile, en los juegos; no había necesidad de una distracción continua, la vida reclamaba otras cosas y no por ello había aburrimiento ni se perdía eso que nosotros llamamos libertad. Este sentimiento de constante entretenimiento es una fantasía, una exigencia reciente, una veleidad de nuestro ahora, que se conjura para no aburrirse.

La vida comportaba humildad, las tareas pedían quitarse la camisa, subirse a una escalera para reparar las tejas porque abril había descargado más lluvia de la cuenta, limpiar el granero, echar buena agua al patio. Se pasaban largos ratos en la cocina, se preparaban mermeladas y quesos, el pescado se hacía en salazón y se almibaraban las frutas, se elaboraba el escabeche para las codornices. Era importante que el aljibe estuviera siempre lleno. Hoy se pide que los hogares tengan una buena cocina, luminosa, amplia y provista de los electrodomésticos más novedosos, y, sin embargo, apenas cocinamos. Cada vez se venden más los productos mal llamados precocinados, ya que nunca llegarán a cocinarse, sino a calentarse.

Cortar el espliego y el poleo para perfumar los armarios, recoger las sábanas que guardan el olor a jabón, limpiar el ligero tizne que deja el uso de velas y lamparillas de aceite, espolvorear las esquinas con laurel y pepino para ahuyentar las cucarachas, plantar ruda y salvia para enojo de las moscas y mosquitos, fueron el quehacer de aquellas mujeres y hombres que veían en lo doméstico un fluir natural, no una imposición. Tenían la mentalidad de los marinos, persuadidos de que la nave puede hundirse y por ello hay que vigilar hasta el último cabo. En las casas de los tiempos de Pieter de Hooch se vivía así, con implicación, atentos a cualquier crujido.

En los hogares todavía puede fraguarse la lentitud, refutar los enredos de la prisa que viene recrudecida de fuera. Por más extraño que parezca, y no sé bien por qué, hay objetos domésticos que cuentan con la propiedad de pausarnos, nos pacifican, bien sea por la calidad de su luz o por su forma, bien por el halo de su sola presencia. El invierno pasado compré una salamandra. El precio del gas es muy caro a causa de la mala voluntad de quienes comercian con él. Sólo puede deseárseles que sepan lo que es tener frío en los pies. «*Amor sceleratus habendi!*», escribió Quintiliano. El criminal afán de poseer.

Con esta estufa, al caer la tarde, procuro no encender las luces; lo hago aposta porque paso el rato mirando el reflejo de las llamas en el techo, las siluetas entre unas sombras ganchudas y ondulantes que podrían ser los silencios de nuestros padres, o las palabras que quisieron decirnos y no supieron. O no pudieron. La portezuela de cristales es una gema en medio de la nevada.

Me asomo a la calle desde la ventana y doy gracias a esos leños que menguan entre fumarolas, incandescencias y pavesas, imagino los bosques cercanos con el aroma perdido por lo gélido, porque a bajo cero las cosas apenas desprenden olor, en el campo es así. Lo curioso es que, una vez llegado el verano, esa abundancia de hierro colado sigue ofreciendo paz sólo con mirarla, es un abrazo que hiberna, un animal en letargo cuyo pelaje un día volverá a cubrir la casa solitaria.

La pintura de la época barroca inauguró un arte no menos cálido: el de escenificar encuentros. A quienes admiramos a los artistas de aquel entonces, debemos agradecer el habernos enseñado a descubrir cómo se vivía en los espacios familiares cuando el exterior quedaba reducido a un ajeno devenir. En De Hooch se celebran conversaciones amistosas, reuniones para tocar el virginal, la viola, el laúd, la cítara, para jugar, leer poemas en voz alta, recibir una visita no enojosa. Nadie está encerrado en su habitación. En esos lienzos los niños acostumbran a jugar solos en el salón, van a su aire, imaginan, inventan escondites, ríen sin la presencia asfixiante de los padres modernos, esos temibles panópticos. Una mujer cose mientras entra la claridad por un ventanal, otra está mondando unas manzanas, también está presente la que barre con una escoba de brezo y la que amamanta al recién nacido. Es común la entrada en escena de un pretendiente; una niña pide a su madre una jarrita, un chico llama a la puerta porque trae el pan en un saco. Cunas, rastrillos, cubos, calentadores, gansos, perros y gatos.

La calidez de sus interiores vive constelada por este universo de suelos ajedrezados y postigos rojos, donde cada gesto descubre el prestigio de la bondad. Vermeer, que fue padre de once hijos, nunca pintó a un pequeño, al menos en los lienzos que se han conservado.

En los de Pieter casi siempre hay una puerta que da a otra habitación o a la calle, a un patio, nunca cierra las estancias, deja que pasemos por ellas mientras sus protagonistas nos ignoran, no por desinterés, sino por esa confianza casera de no prestar demasiada atención a quienes conviven bajo el mismo techo. Él sabe muy bien qué es un hogar en el que se trabaja y en el que cada miembro va a sus cosas, sin desprecio de nadie, es hijo de una comadrona y de un maestro de obras que ha creado una pequeña compañía; tiene cinco hermanos, le ha tocado esforzarse desde la infancia. Durante años ha sido el criado y pintor de un comerciante de telas dedicado a los tejidos confeccionados con lino o seda, lo ha seguido en sus negocios a Róterdam y, más tarde, La Haya, Delft y Leiden.

En un catálogo de su pintura creada en el período de Delft, publicado en 2020, Janelle Moerman comenta que, al poco tiempo de instalarse en la ciudad, el artista contrajo matrimonio con una muchacha llamada Jannetje, de la que tuvo siete hijos, y que a su llegada a la ciudad ya venía amparado por la enseñanza de su maestro, Nicolaes Berchem. Estaba, por lo demás, imbuido del bagaje aprendido con Hendrick Martenszoon Sorgh, que le abrió esa visión de lo que ocurre dentro de los espacios domésticos bien avenidos y atareados.

La amistad unió a De Hooch y Vermeer, confraternizaron en aquel Delft de cielos luminosos aun estando nublados, y de plazas anchas y despejadas que se abren entre la Oude Kerk y la Nieuwe Kerk. Moerman sostiene que Carel Fabritius, el autor de *Vista de Delft con el puesto de un vendedor de instrumentos*, fue una guía para De Hooch—parece que fue él quien le reveló la mejora de la perspectiva a través del uso de cajas ópticas—, y De Hooch, a su vez, lo fue para Vermeer. Aunque apenas se llevaran tres años, el pintor de Rótterdam ya había asimilado ese mundo de luz pausada que transmitió al autor de *La joven de la perla*.

En la llamada «pintura de género» holandesa es tan frecuente la escena que vemos en *La conversación musical*, resumida aquí en la presencia de una dama que toca en compañía un laúd de caja pequeña y mástil estilizado, que podríamos contar por centenares los cuadros de naturaleza parecida. Nunca sabemos a ciencia cierta, aunque lo sospechamos, si se trata de un simple amigo o de un pretendiente. Ignoramos también si ella ha cantado una partitura o si lo ha hecho formando un dúo con el caballero; o quizá ha tocado sola unas piezas breves y ahora afina el instrumento porque desea proseguir; el hombre le está diciendo con el gesto de la mano que le ha gustado lo que acaba de sonar.

En este maestro, en las escenas de acercamiento amoroso, hay más violoncelos que violas, más laúdes que cítaras. En Gabriël Metsu predomina la cítara; como en Frans Santacker y Frans van Mieris. Eglon van der Neer cultivó también estos intencionados encuentros, al igual que Cornelis de Man, y aun Godfried Schalcken y Jan Verkolje, cuya existencia transcurrió casi toda en Delft.

De Hooch recrea un hogar que uno hubiera querido para sí, no me hubiese importado que las paredes del patio estuvieran desconchadas y las tablas de la leñera con rajaduras, mal encalado el muro trasero de la cocina, precaria la techumbre, que las ventanas no cerraran bien, que el tiro de la chimenea no fuese vivo, roma la parte baja de la puerta; el caso era vivir en paz.

XLIV

A PIE, CRUZAR LA LUZ

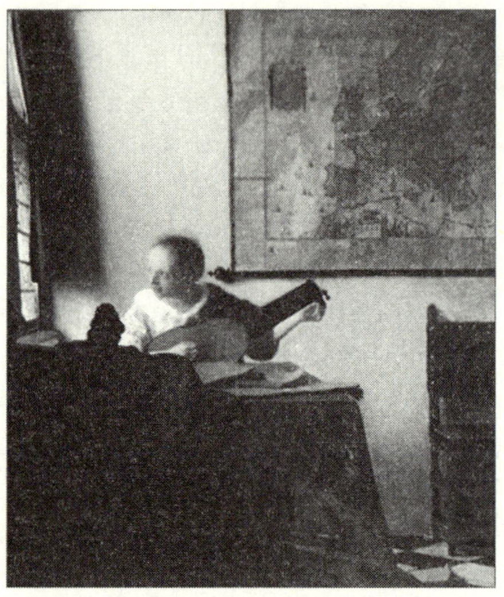

Johannes Vermeer, *La laudista joven* (*c.* 1664).

Una lección de música interrumpida, la carta de amor que una joven lee junto a la ventana, otra que tasa unas perlas con ayuda de una delicada balanza, un geógrafo, una encajera, un astrónomo que consulta el libro de Adriaan Metius, *Institutiones Astronomicae Geographicae*, nueva ciencia, Johannes Holwarda, Christiaan Huygens. Laúdes, claves y globos terráqueos, violas *da gamba* y virginales, mapas, cortinas, cuadros con escenas de amor, pan en una cesta de mimbre, el adorno de una perla en el lóbulo, símbolo de castidad. Interiores blanquecinos o bien de suaves ocres, suelos ajedrezados, tapices, cristales emplomados, jarras, espejos, sillas veteadas con clavos dorados y largueros labrados.

Le pregunto qué es un jarrón. «No sé a qué se refiere», me responde. Lleva razón. Vuelvo a intentarlo, esta vez con más tino, y, sobre todo, menos azorado:

X.: La pregunta es un tanto extraña, lo reconozco. Le he pedido, con mi mayor respeto, si tiene a bien decirme qué es para usted un jarrón, qué ve en él.

V.: Un jarrón es un objeto, un simple objeto, sobra decirlo, pero también, una luz.

X.: ¿Y un laúd?

V.: El hueco de la mano de la música; ésta cabe entera ahí, en esa concavidad que nos hace mendigos, en ese hoyo que espera ser llenado. Sé tocarlo sin arte, pero me gusta pasar las horas con él. Hubiera deseado ser músico, recordar a Sweelinck, hacer que los demás dancen y canten, dar vida a las obras de Leonora Duarte y de su hermano Diego, decir cosas que la pintura no me permite. Pintar es un modo de cruzar la luz, de atravesarla, algo parecido a lo que la música hace con el aire, pero los pinceles, es verdad, se asemejan a las palabras, lo dejan todo fijado.

X.: Es cierto, la pintura y la palabra describen, asientan, pero cuando en sus lienzos una laudista o una virginalista está en una estancia y toca, la modifica, consigue hacer de ella una caja de resonancia, y, por más que no oigamos sus vibraciones, las ondas de sus cuerdas crean un eco en el interior de cada uno. La oímos sin que la música suene, y ésa es la virtud de su talento, señor Vermeer. Cuanto sucede en sus cuadros, maestro, se hace realidad. La muchacha que nos sirve la leche, la que llena el vaso con un aguamanil de latón dorado nos sacian, aunque sea con su solo gesto. Un día, estoy seguro, recibiremos la carta que la joven escribe sobre esa mesa cubierta con una tela azul; lleva lazos en el cabello, nos mira.

V.: No sé si es así, es menos importante, menos trascendente de lo que dice. Las personas como usted acostumbran a ver las cosas de este modo, un tanto rebuscadas. Lo que sí puedo comentarle es que pinto con excesiva lentitud, como un aficionado. Dos, tres cuadros al año, no más. Gano poco dinero así, ayudo a mi anciana madre en la posada que llamamos Mechelen, y vendo las obras de mis amigos, un oficio que heredé de mi padre. Me costaría sustentarme con la pintura, trabajar la luz no es una tarea fácil, hay que moverla de un lugar a otro, acumularla o bien desalojarla, rebajarla aquí, aumentarla allá, hacerla más humilde en un rincón, más visible en un filo.

¿Ha pensado cuántas luces distintas tenemos bajo el cielo? ¿Cuántas, incluso, en el interior de una casa? La que viene de Frisia, la que llega de los campos de Etten-Leur, la que está bajo un alero y se disuelve en la sombra, la que entra por la ventana en un día de lluvia, tan distinta de la que se filtra cuando hace sol, la luz de un patio blanqueado con la ropa puesta a secar, la detenida en la fruta o la que envuelve el jarrón al que usted se refería nada tienen en común.

He de reconocerlo, apenas me gano la vida, vendo luz; los que fabrican velas y cirios, los cereros quiero decir, que también se dedican a vender luz, viven mejor, se lo aseguro. Muchos hijos, muchas bocas. A Catharina, mi esposa, más de una vez han de fiarle el pan. Su madre, Maria Thins, nos ayuda a sobrellevar los gastos, que son tantos. Nos hemos trasladado a su casa. Y así, poco a poco, vamos haciendo por cumplir la vida.

X.: Dice que mueve la luz de un lugar a otro, ¿eso es así? ¿Lo he entendido bien?

V.: Eso he dicho. La luz es igual que el sonido: rebota, va de una pared a otra, ocupa los lugares, como la música en las iglesias, que sube a la bóveda, reverbera, olvida la nave y se dirige al coro. Con los haces luminosos sucede lo mismo, como le digo: de una lámpara viajan a un espejo, repican como una campana de cristal, chocan, se rehacen para tomar otro camino, se dirigen a lo lejos y dejan tras de sí una estela que cada vez pesa menos.

No basta con decidirse a iluminar un cuadro, debe entenderse la luz de cada objeto, el movimiento de la sombra que lo rodea. No es igual la reflejada en un libro que en la mano que lo sujeta, no es la misma en el vaso de agua que en la jarra de un vidrio más grueso. Me dedico a eso, a iluminar cada cosa, un rostro, unos ojos, un cuello de encaje, la espalda de una cítara, unos bolillos, un peinado.

Lo traslúcido es una enseñanza, lo es el polvillo del desván cuando movemos un mueble viejo y queda suspendido en la poca claridad que entra por la claraboya. Podemos tocar ese haz con las yemas de los dedos, desmigajarlo, como si viniera de un campo de espigas diminutas. Pienso en estas cosas, sobre todo cuando de noche salgo al jardín a fumar una buena pipa. Mientras, en la casa se van apagando las velas, y eso me serena. Todos duermen, y me digo: «Está todo bien».

Un día, mientras caminaba con mi madre, vi un molino a mucha distancia, rayano en el horizonte. Me di cuenta entonces de que hasta llegar a él había que atravesar tantos grados de luz, tantas franjas, tantas capas, que de pronto pensé que era posible andar a través de la luz. Era todavía pequeño, y, como en un juego, me entretuve en contar el trayecto por luces y no por millas. Lo recuerdo siempre.

X.: No lo había pensado así, es hermoso lo que cuenta. En la *Vista de Delft*, ¿cuántas luces hay?

V.: No sé decirle; cada chimenea, cada torre, el cielo, que es el que decide los pigmentos, tienen su propia llama. La luz del agua aquietada y grisácea junto a una barca es diferente de la que fluye bajo el puente de piedra, ahí se vuelve más inquieta, no presiente lo profundo, brilla en sus sesgos, se riza. Los pañuelos de las mujeres son como aves que el sol, muy tibio, alumbra según la posición que ocupa. La proa de la nave de la derecha, incluso sus tracas, la aguja de la Nieuwe Kerk, que cambia según asciende, las dovelas de los arcos guardan su propia luminosidad.

Las nubes no tienen hermanas, no se parecen demasiado, pese a que las consideremos iguales; unas flotan con su color de tormenta y otras van en ese vapor silencioso que no tiene intención de descargar; en los tejados hay luces entristecidas y otras que nacen, alegres; en los muros, en los umbrales, las sombras cuentan con el grosor del paso de las horas. Un poco de blanco en una puerta, apenas un pudoroso toque de pincel, abre un mundo y hace que la entrada en esa casa sea distinta.

X.: ¿Y por qué tantas jóvenes leen una carta en sus cuadros? Veo que siempre las retrata solas, sueñan, ensimismadas, imaginan el olor de la mano que la ha escrito. Siento que evocan la lejanía de otro hogar. Quizá ha caído un poco de cera en el papel, señal de noche desvelada.

V.: Los pintores de aquí tratamos de esta manera los asuntos del amor, que parecen livianos y no lo son. La que retraté junto a una ventana abierta y una mesa con fruta, absorta mientras lee, se ha enamorado del joven que la pretende. Él vive en una tierra más al sur, cerca de Dussen, ha sido soldado y ha dejado las armas para trabajar al lado de su padre, propietario de una compañía de embarcaciones que recorren los canales durante el día. Un negocio próspero. Ha escrito la carta de madrugada, le dice que el amor lo es todo, que las noches son despobladas si no se ama, que las almas son lunas menguantes, que el corazón se apena, como el buey viejo que ya no sirve para la yugada, que el arce negro se desnuda sin el canto del pájaro escribano, que las barcas, si no navegan, se apagan en el embarcadero. Le dice estas cosas y ella lee, convencida, mueve los labios como si diera voz a esos renglones, asiente a cada palabra sin que nadie de la casa se dé cuenta.

X.: Y por más preguntar, ¿quién es la joven laudista?

V.: Se llama Godelieve van Nevel, toca el laúd desde niña, lo hace con tanto gusto y delicadeza que uno pasaría horas escuchándola. Su madre, cuando se sienta al virginal, también hace que olvidemos la tristeza de la que venimos. El padre es procurador. A Godelieve jamás la engaña el oído, las cuerdas están siempre bien templadas, perfectas; se detiene largo rato y se concentra en afinarlas como si en el mundo sólo estuvieran ella y su laúd. Por eso quise retratarla así, mientras afinaba, con los ojos que parecen esperar a alguien, pero la realidad es que en esos instantes está recogida, atenta a lo conforme de cada nota, a su redondez ingrávida, de pompa que no estalla.

Canta de manera excelente, lo convierte todo en canción, como si naciera de ella una melodía llevada por una brisa. Así son sus dedos, así su voz, sutiles. Un día, siendo niña, enfermó, empezó con unas fiebres, estuvo meses en cama, no comía, apenas bebía, los médicos callaban, sólo le confortaba su maestro de laúd al visitarla por la mañana, tocaba la música de los ingleses y los franceses que tanto le gustan aún. Cuando sanó, ya nunca quiso separarse de su laúd, construido por un *luthier* de Delft que tenía el taller detrás de la Oude Kerk. Es muy piadosa, sabe curar con hierbas, las conoce todas.

X.: Maestro Vermeer, créame, no quiero entretenerle más, ha sido muy generoso conmigo, sólo deseo preguntarle si es usted la figura que aparece a la izquierda en el cuadro de *La alcahueta*; los estudiosos, los que ellos mismos dicen que entienden, así lo señalan, pero ahora que tengo la suerte de estar con usted, veo que el parecido no es tal.

V.: ¡No! No soy yo, es un amigo llamado Dirck Voss. Lo retraté con una copa en la mano izquierda y con una cítara en la otra, divirtiéndose. Es cordial, no pasa un día sin regalarse un poco de felicidad y poner buena cara al mal tiempo. Se dicen tantas cosas de nosotros, nadie sabe nada de lo que somos en verdad, no haga caso. También se comenta que estudié con Blommaert y no es así. He aprendido, sobre todo, de los buenos pintores, acercándome a sus obras con los ojos de un aprendiz, admirado y sediento: Dou, Fabritius, Terbrugghen, Maes. Pieter de Hooch y yo nos copiamos, lo pasamos bien así, es grato no perseguir nada.

XLV

UN SILENCIO ANTIGUO

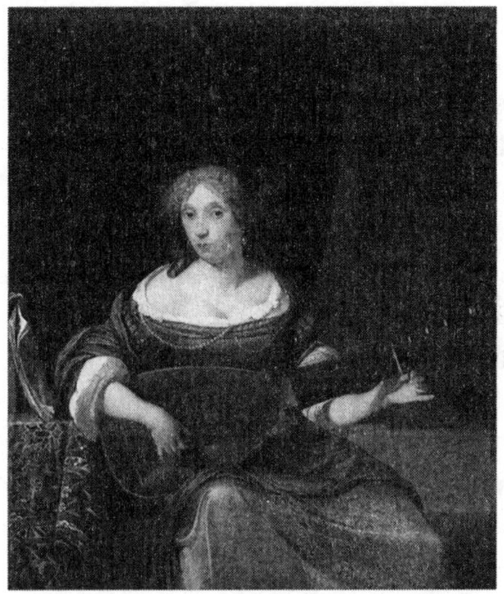

Eglon van der Neer, *Laudista afinando* (1677).

Mujeres apesadumbradas, siempre tristes, confinadas en su estar lejano. Cuidadas en el vestir, el ambiente es burgués. Las piezas que están en sus carnosas manos son obras maestras del arte de la violería. Varias intérpretes parecen posar con el mismo instrumento, un archilaúd sobrio y valioso, de factura refinada, madera oscura y roseta labrada por el mejor artesano. Eglon van der Neer las contempla así, hechas a una gravedad, a una falta de luz que no obedece a la nostalgia; las rodea otro sentimiento, tiene algo de tarde que cae, desilusionada. Tampoco hay duelo ni herencia de un pesar amoroso. Es, más bien, el desengaño de un tiempo que se esfuma.

Las mujeres despiertas de Honthorst, las felices de Metsu, las despreocupadas de Rombouts, las festivas de Steen viven en un país donde sus habitantes se reúnen y celebran. Hay plazas, calles que rebosan. Van der Neer, ¿ve, en ellas, a sus esposas fallecidas? Maria, Marie, Adriana.

El pesar de un hombre se expresa en el gesto encogido y los ojos hundidos; el de una mujer, en la contención y en la palidez. Ellos se desesperan; ellas moderan su ademán. No levantan los puños ni claman al cielo, como hacen ellos. Expresiones distintas de un mismo dolor. Una mujer que se duele es el legado de un antiguo modo de callar.

La mirada de Van der Neer las recoge con ese aire de despedida. Cuando tocan, suena una música culta, seguro que es así. No es un azar, por más que intentemos descifrarlo, que los protagonistas de sus cuadros musicales sean siempre mujeres. Una de ellas se sienta ante un virginal, a punto de templar la cítara. Es probable que se sirva del teclado, como el músico de Francesco Gentileschi cuando pulsa la espineta. La cítara en Holanda y Flandes es tan común y principal que forma parte del sonido y los colores de aquel tiempo abierto y spinoziano. Cuerdas metálicas, trastes, una caja casi circular y periforme hacia el mástil. Sweelinck le había dedicado en 1602 su *Cytherboek*. La cítara nunca está mucho tiempo colgada en la pared, se la requiere, las manos desean que suene mientras fuera llueve y llega una carta de Delft.

Eglon viene de un mundo precario y esforzado, es hijo de un pintor que se ha iniciado en su oficio de manera tardía; tanto es así que su primer paisaje se fecha en torno a los días del nacimiento de Eglon, que fue hacia 1635. Se llama Aert van der Neer, mayordomo en Gorcum, a orillas del Waal, es circunspecto y tímido, tiene el sueño de dedicarse a la pintura. Un día, cansado de servir a los señores, abandona su trabajo, se establece en Ámsterdam, lo ocupan tareas ocasionales, lo que sale al paso; abre allí una taberna, que fracasa a los pocos años, pinta. Seis hijos, debe convertirse en un atlante. Las piernas le flaquean. Sostener el mundo es sólo cosa de la mitología.

Como le sucedía a Elsheimer, a Aert le atraen los paisajes nocturnos, los claros de luna, el haz que aviva el perfil de una nube en la oscuridad. Pequeñas obras que cuesta vender. Es humilde, cree que lo suyo vale poco. No lo sabe, pero elabora joyas atmosféricas—luces de tormenta, nieve, lloviznas, borrascas que vienen del mar—, las convierte en naturaleza íntima, en inclemencia grata.

Es lento, le gustan los ríos. Sus patinadores, deslizándose sobre lagos y canales bajo unos cielos que podrían ser los de Ruysdael, zigzaguean con las manos atrás, fumando en pipa y con un abrigo largo, apacibles; otros juegan, los hay que hablan y pasean de manera bíblica sobre las aguas, cerca de los molinos, siguiendo las hileras de arces. El hielo lo sostiene todo. Un caballo tira de una barca cargada de aldeanos. El animal puede resbalar en cualquier momento, hay peligro, quizá rompa la capa helada y la desgracia sea grande.

Aert, que apuraba la ropa hasta raerla, murió en la miseria, lo testimonian los escritos. En el mejor de los casos, no fue del todo así, parece sensato pensar que sus hijos debieron de ampararlo.

Existe un norte y un sur, la noche y el día están en cada uno de nosotros: Eglon emprendió la senda contraria a la tomada por su padre, Aert, estudió con Jacob van Loo y dedicó su existencia a pintar, en vez de ventiscas y paisajes nocturnos, a burgueses y nobles, como aquellos a los que su progenitor servía en Gorcum.

Eglon tiene buen trato con los poderosos, le esperan los días juveniles en la petrarquista Vaucluse, en el principado de Orange; viaja allí para entrar al servicio del gobernador, Friedrich von Dohna, siempre ocupado en sofocar las revueltas que atenazan la región.

Talento y ansia: es nombrado pintor de Carlos II el Hechizado, soberano de los Países Bajos. Abre un taller en Róterdam. Al morir su primera esposa, Maria Wagensvelt, decide trasladarse a La Haya y un año más tarde, sin terminar de asentarse, recoge el hogar para dirigirse a Bruselas. Es en esta ciudad donde se fraguan los encargos de la corte española, frecuenta a los grandes y entabla amistad con Francisco Antonio de Agurto, marqués de Gastañaga, gobernador de Flandes, que lo favorece.

Él, Van der Neer, poco a poco va asemejándose a uno de esos miembros de la nobleza, a juzgar por su autorretrato: serenidad, distancia y un porte distinguido, realzado por una peluca a la manera de Colbert. Su destino estriba en ir de un lugar a otro. Ahora se le ofrece una plaza en Düsseldorf como pintor de cámara del elector palatino. Mientras, la guadaña sigue con su sombra acompasada: ha enviudado de su segunda mujer, Marie Duchatel, miniaturista. Habrá de llegarle más duelo: en su nueva función conoce a una pintora que también trabaja como retratista en palacio, Adriana Spilberg. Se casan. Es el signo que acompaña a Van der Neer: la artista fallece al poco tiempo, en el año 1700.

Se acerca el final del hijo del obstinado y soñador Aert; muere en 1703. Tras su desaparición, le sucede en el puesto su alumno, Adriaen van der Werff, a veces extraordinario. A ambos se les atribuye, fruto de su colaboración, un lienzo con una laudista de pie y un joven violista *da gamba*. La obra es falsa.

La intérprete de laúd, la que aparece en el cuadro de

1677, que retoca la tensión de la primera cuerda, va a dar pie a la melodía y a los acordes, que son, en realidad, el huso y la rueca de las armonías. Cuando termine la música, dejará el instrumento sobre la mesa, bocabajo. Depositado así, simbolizaba, en aquellos días, nuestra condición mortal.

XLVI

EL AUSENTE

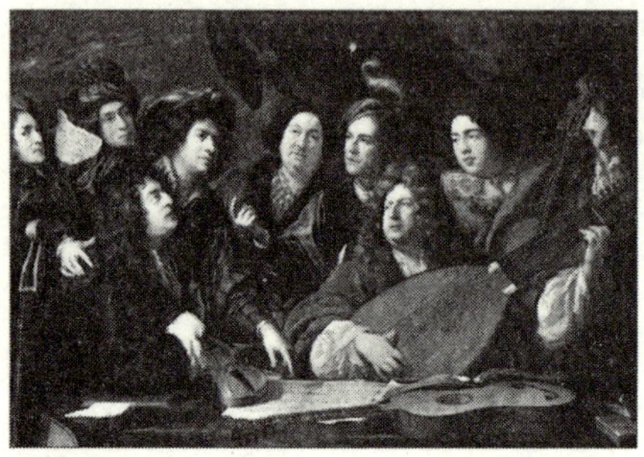

François Puget, *Reunión de músicos* (1688).

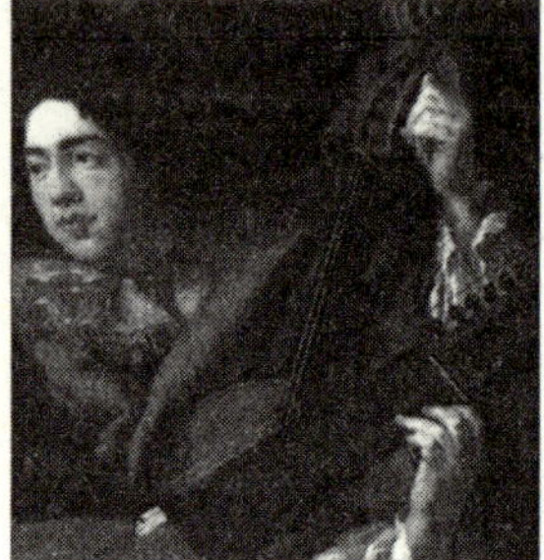

(Detalle).

Quizá Puget ha querido rendirle un homenaje, mostrar su gratitud por haber legado a la música un país de fábulas y violines. Quienes lo añoran desean encontrar, en este conjunto de músicos y cantantes de Versalles, a Jean-Baptiste Lully, Surintendant de la Musique du Roy, que había muerto un año antes de que el artista pintara el cuadro, que data de 1688.

Un día de octubre, el compositor, en realidad Giovanni Battista Lulli, de cuna florentina, dirige un *Te Deum* en acción de gracias por el restablecimiento de Luis XIV. No permite ni un amago de improvisación a los músicos de la orquesta, ninguna iniciativa. Deben obedecerlo, es riguroso, puntilloso incluso. Lo que, con su acento de Florencia, se diría *pignolo*. Con el bastón marca el compás, golpe afirmado en el suelo, tiempo fuerte; la mano izquierda pasea su vuelo sobre las voces y las cuerdas. De pronto, un descuido, acaso ese instante en que la música pide más, una distracción, preocupado como está porque Luis el Grande lo cuestiona al haberse enterado de sus amoríos con muchachos de la corte. No se sabe cómo, pero Lully se ha clavado la vara, que termina en un punzón.

El pie empieza a gangrenarse, la carne amoratada, las úlceras, el mal olor, la fiebre que los médicos no aciertan a atajar. El compositor se niega a la amputación de la pierna, quiere seguir bailando, continuar con sus floridas *gambetes*. Todo está perdido. La muerte acude.

Nunca se habían encendido tantos cirios en la iglesia de los Petits-Pères, sumida en una luz templada; los músicos van al funeral, afligidos, salvo uno llamado Marc-Antoine. Titon du Tillet, en *Le Parnasse françois*, escribe que Collasse, La Loüette, Marais, Desmarets, discípulos de Lully, lo han aprendido todo de él, ha sido su modelo (*leur modèle*). Un italiano, la fuente de la música francesa.

François Puget ha ido a palacio enviado por los consejeros de Marsella, que le han encargado un retrato del rey. El camino no se hará en vano. Es hijo del ilustre escultor marsellés, Pierre Puget, creador de atlantes deslumbrantes y esforzados Hércules. Cézanne lo adoraba. El Rey Sol siente reverencia por Pierre Puget. Los cortesanos se han rendido a su *Milón de Crotona*, que adorna los jardines de palacio. Padre e hijo mantienen un lazo estrecho. François Puget, que ha emprendido dos viajes anteriores a Versalles para transportar varias esculturas de su progenitor, jamás habría entrado en el Evangelio de Lucas, jamás hubiera sido un hijo pródigo. El retrato que ha dedicado a su mayor es fruto de su mejor pincel.

Es el año de 1688. El frío ha sido tan extremo que en las casas se vive hacinado para calentarse; en los hogares de los pobres se taponan las puertas y las ventanas con trapos, no hay leña. Brian Fagan relata en *La pequeña Edad de Hielo* que en aquel tiempo de inclemencia, las temperaturas fueron de tal crudeza que los cultivos acabaron asolados. El hambre pasó la guadaña entre el campesinado, sucumbían los ancianos, los enfermos; los niños, malnutridos, morían sin remedio, había carencia y desesperación. Pero dentro de palacio, hecho de murmuraciones y espejos, de candelabros y tapices con escenas de caza, las gélidas ventiscas se ignoraban.

En *Los caracteres*, Jean de La Bruyère escribió que, en la corte, «hasta los más grandes son pequeños».

En ella, un grupo de músicos se ha reunido para posar ante el recién llegado Puget, que ha venido en un carruaje con obras y obsequios para ofrecer a Luis XIV. Las telas están bien protegidas con unas lonas, las lluvias son violentas y las nieves, que hacen difíciles los puertos, son una amenaza para la valiosa carga. Visten de manera elegante, aunque algo despreocupada: es razonable que sea así porque están en un ensayo, el trabajo del día a día. Pelucas bien cepilladas, sombreros finos, encajes, camisas bordadas. Se han lavado las manos con agua de canela, usan almizcle.

¿Quiénes son? El tiorbista en primer plano ¿es Michel Lambert, el mismo que, llegado de Poitou, entró al servicio de Richelieu? Es tan buen tañedor de laúd y tiorba que ha sido nombrado *maître de musique de la Chambre du Roi*. Toca con tal arte en los salones de Versalles que los nobles desean llevarlo a sus estancias para disfrutar en la intimidad. Su única hija, Madeleine, es la esposa de Lully. Lambert, además, es un compositor de genio para las voces. Pero no, en verdad no sabemos si se trata de él. Hay quien sostiene, por el contrario, que el tiorbista es Michel-Richard Delalande.

¿La guitarra que está encima de la mesa pertenece a Robert de Visée? ¿Otra de esas figuras es Pascal Collasse? Ha estrenado su primera *Tragédie lyrique* justo al año de morir su mentor, Lully, al que a veces ha ayudado a terminar alguna de sus partituras. ¿El violinista se llama Guillaume Dumanoir? ¿O tal vez Guy Leclerc? Son unos elegidos, en cualquier caso, porque, si bien han debido pagar una suma para comprar la plaza, en cuanto músicos de Versalles, se hallan eximidos del pago de impuestos.

Lo que da veracidad a este encuentro, más allá del posado, más allá de la recreación de una escena, está en el *basse de violon* que se encuentra detrás del tiorbista: afina las cuerdas porque prepara la acción, a él está destinado el convertirse en sustento de la música; el sonido grave es el cimiento. Este *basse* está afinado más bajo que el violoncelo, también la caja de resonancia es un poco más larga, unos cinco, seis centímetros. Por aquel entonces el rey estimaba a un violista *da gamba* que tocaba con arte el *basse de violon*, Teobaldo di Gatti. Tiene veintiocho años cuando Puget pinta la obra. ¿Teobaldo es quien ajusta la primera cuerda? A la izquierda, un bajo de viola *da gamba*.

¿Y si lo que he dicho es todo una invención? Quién sabe si es así, porque los hay que sugieren que Puget ha pintado una parte del cuadro en Marsella, y que sus protagonistas pertenecen a su entorno familiar y de amistades. Uno de ellos podría ser Pierre Gaultier, director de la Ópera de Marsella; otro, el hermano de André Campra, Joseph, a su vez director de orquesta en esa ciudad mediterránea. Se aventura que los dos jóvenes con sombrero, uno de pie, en el centro, y otro a su derecha, son dos de los hijos de Lully, también músicos, no sabemos si Louis, Jean o Jean-Louis. Los habría pintado una vez llegado a palacio.

Y todavía hay más supuestos, porque los nostálgicos desean descubrir a Philippe Quinault entre ese grupo elegido. Sueños de un tiempo pasado. El que fuera libretista de Lully ha muerto en noviembre de ese mismo 1688. Racine lo despreciaba, pero Quinault estaba seguro de lo que escribía. La música y el poema, ¿de quién la hegemonía? La ópera francesa es el reverso de la italiana. Hay discusiones en los cenáculos, disputas entre los partidarios del reinado de la poesía sobre la música, y quienes ven en la música el arte que ha sometido al poema. Sucede en Italia con Artusi y Monteverdi, la historia los ha dibujado enzarzados, pero en verdad no fue tan agrio el desencuentro. Monteverdi apenas ha entrado en la discusión; se dice que su hermano Giulio ha sido quien más se ha pronunciado.

En España, también en Inglaterra, estos asuntos se toman de otro modo, no porque se sea menos exaltado. Reconozco que no he sabido encontrar, en la pintura española, cuadros en los que figure un músico afinando un instrumento, salvo *La guitarrista*, que Antonio Casanova pintó en 1873, y el *Arlequín tocando la guitarra*, de Pablo Gallardo, que lo dibujó en 1927. A veces, en medio de un bosque, uno pasa junto a unas prímulas y ni siquiera repara en ellas.

François Puget sobrevivió a su progenitor sólo diez años; murió en 1707, en su ciudad natal. En una carta de 1753, su hijo Pierre-Paul cuenta que el rey, la primera vez que vio a su padre, François Puget, desconocía que fuera pintor, y menos, de tanto talento: lo comprobó al ver esta reunión de músicos. Fue tan del agrado del Rey Sol que éste accedió a concederle *une gratification* por consejo de Charles Le Brun, a la sazón *premier peintre du roi*.

XLVII

EROS Y LAS PULGAS

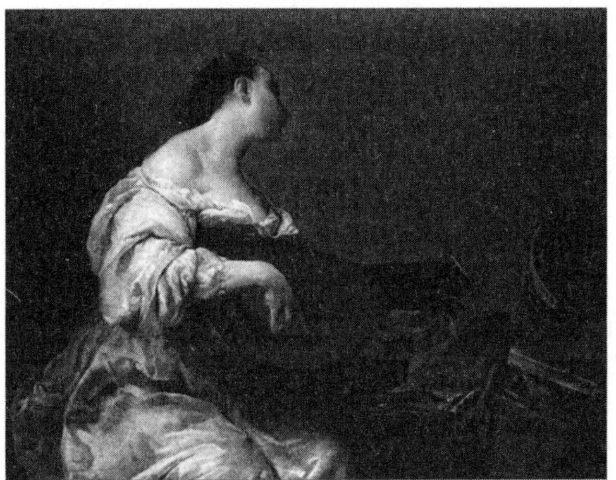

Giuseppe Maria Crespi, *La tañedora de laúd* (*c.* 1700).

No hay creación sin Eros, no hay un verso escrito hasta el fondo del mundo, un cuadro, una escultura, un pensamiento profundo que carezcan de la erótica que los origina. Si Eros es lo opuesto a Thánatos, se debe a su voluntad de no asemejarse a un baldío. *Skéleton* es lo reseco, lo momificado, lo que ha perdido el flujo, lo que ha sucumbido al frío y la aridez. Cupido nace de *kwēp*, que significa 'hervir'. Lo que está caliente. El afecto ardiente. *Cupiditas*, el fuego del deseo. El hijo de Venus bulle. Las flechas del amor, disparadas por el ciego que apunta y atina.

Eyacular, *iaculari*, aludía a la acción de lanzar un dardo.

Abu Ahmad ben Hayyun, en el siglo XII, cae rendido ante una muchacha de tez muy blanca, las mejillas moteadas; le pregunta por qué es tan pecosa. Ella le cuenta que es hija de un escriba del rey, y que un día, al acercarse a su padre para darle un beso, procurando éste que no descubriera lo escrito, sacudió la pluma y le salpicó el rostro.

Durante la solemnidad de la misa, Eloísa confiesa en una carta a Abelardo que le asaltan imágenes de los días en los que se amaban; recuerda, siendo religiosa en Sainte-Marie d'Argenteuil, las fornicaciones (*turpitudinem fornicationis*) que los unieron. Lejos de gemir por las faltas, «pienso, suspirando, en aquellas que ya no puedo cometer más».

John Donne está en el lecho con su amada, a ambos les ha picado una pulga, la misma: ha sido capaz de juntar la sangre de los amantes; ha unido el amor, así lo siente el poeta. En unos versos dice navegar hacia las Indias «de ella», y entonces decide detenerse en su «atlántico ombligo» (*Atlantic Navel*). En otros, pide que se desnude: fuera el ceñidor, fuera el corpiño, el corsé, caiga el vestido, no más calzado, tampoco los aros de metal, «aquí no hay penitencia, mucho menos inocencia» (*Here is no penance, much less innocence*).

Lebenstrieb, *Todestrieb*; 'pulsión de vida', 'pulsión de muerte'.

Hay danzas que proclaman la primavera, traen un sonido de fertilidad, son el olor del cuerpo junto al que dormimos, el beso furtivo de quien no esperábamos, la mano que busca en nuestro vientre, la carne del *skéleton* que lo oculta como una vergüenza. En otras danzas, es cierto, baila la muerte.

El recuento, a mi edad, se impone. Hace dos años, mientras me trasladaban de noche en una ambulancia a la capital, con mucha fiebre y sin demasiada fe en que las cosas fueran a salir bien, pensaba en mi vida pasada. Ningún atisbo de miedo, ningún apego a la vida. El temor, esfumado. Aceptar es despedirse sin duelo, me decía. Las imágenes más poderosas que venían a mi memoria eran el nacimiento ensangrentado de mis hijos y aquellas de los cuerpos que he abrazado, esas tardes, la imprevista mañana, esas noches robadas a la ciudad, ganadas al mundo, la luz carnal, de arroyo enlodado, el olor de ese fruto recogido el día más caluroso de la recolección, boca de terma y cuello sin voluntad, de animal que ha cedido. La mezcla de un sudor ferruginoso, los pómulos enrojecidos, de cereza picoteada, la duna de una cadera que el viento desplaza muy despacio, los ojos que se disuelven como el polen después de la lluvia.

Lebenstrieb, *Todestrieb*; 'pulsión de vida', 'pulsión de muerte'.

Las protagonistas de Giuseppe Maria Crespi son sensuales, vienen de las noches fogosas, a menudo cubiertas por un halo de lubricidad. Pinta, apasionado, le llaman «*lo Spagnolo*», su modo es meridional, de estallido solar, de intemperancia. En una ocasión hirió, espada en mano, a un tendero que tenía el establecimiento frente a su casa, y todo porque éste puso unas cuerdas en la calle para secar la colada. Arranques de genio, manotazos al aire. Ha nacido en Bolonia, hijo de un molinero. Su madre, Ippolita, es de una estirpe más alta, noble.

El pintor, joven aún, premiado por su talento, es enviado, gracias a un mecenas llamado Ricci, primero a Parma para que estudie a Correggio, después a Pésaro y Urbino; es indispensable que vea de cerca el legado del pintor Federico Barocci, el más hipocondríaco de los humanos, alma defraudada. Más tarde viaja a Venecia; le esperan allí los maestros renacentistas.

No sabe hacer las cosas a medias, le subyugan los lienzos de Ludovico Carracci y Guercino, se sacia en su pintura como el sediento en el arroyo. Quiere ser como ellos, no menos. Es vitalista, cercano, cada vez más implicado en la existencia, que es siempre extraña: ha descubierto a los flamencos y los holandeses que han pasado un tiempo en Italia. Conocerlos lo hace más poderoso y terrenal.

Estos artistas del norte le han enseñado la cara menos grácil, la del pasar precario, por eso decide pintar escenas en cocinas oscuras, patios medio en ruinas, dormitorios angostos, sin ventilación, sin siquiera una tronera, arrieros que tiran de unos burros, campesinos harapientos, personajes que se espulgan. Las pulgas, como aquella de Donne en Inglaterra, lo atestaban todo, eran los modestos emblemas de una higiene rasa, alegría de los rincones donde la suciedad se apelmazaba.

Varias de sus buscadoras de pulgas hurgan por el escote, acaban de levantarse, desgreñadas y con desgana, suspendidas en un bostezo. Una de esas muchachas es la protagonista de una serie de cobres que se ha perdido. En esa secuencia, Crespi narró la vida de una cantante de ópera de cuna humilde, que, por buena fortuna y arte, llegó a la gloria de la escena. Se dice que *La pulga*, uno de sus cuadros más célebres, corresponde al pequeño universo de estas obras. El tema no era nuevo: Steen, Teniers, Terborch, Latour, Murillo se habían fijado en ese gesto en el que resultan muy útiles los pulgares.

La tañedora de laúd nada tiene que ver con la espulgadora, al contrario, se supone que es la hija de un amigo cercano,

Zanobio Troni, a cuya holgada familia retrató. A la derecha del cuadro familiar está la supuesta tañedora, por más que su apariencia aquí, en el lienzo del laúd, no sea del todo la imagen de una *casta e nobildonna*; más bien la inspira Eros, con sus pómulos de manzana, que valen cualquier paraíso, y la abertura de un escote entre blondas, que recibe un pecho fundido de blanco.

En otro cuadro, *Alegoría de la Pintura, la Escultura y la Música*, es posible que Crespi haya vuelto a pintar a la joven Troni, pero esta vez tañendo un violín.

Mientras está afinando, inclina la cabeza, escucha la nitidez de las notas, que, una a una, va templando, el cuello tendido a la audición, lejos de la rigidez de las tristes laudistas de Eglon van der Neer, contenidas, cautelosas. Sea o no miembro de los Troni, vive uno de esos momentos de lentitud de los días, es una mañana descabalgada de la prisa.

La música, siempre la música. Bolonia, en tiempos de Crespi, estaba acostumbrada al buen arte, por ella habían pasado Benvenuti y su discípulo Corelli, asimismo Tartini. En uno de los conventos de la ciudad vive Giovanni Battista Martini, autor de un tratado sobre el contrapunto y de una *Historia de la música* que lo dio a conocer en Europa entera. Una celebridad. A su saber acudirán Johann Christian Bach y Mozart, también Gassmann y Vogler. Es un maestro de maestros.

Crespi ha pintado dos bodegones para letraheridos: se trata de unas librerías del mencionado Martini. No alcanzo a ver todos los títulos, pese a la lupa que tengo siempre a mi lado. Era de mi padre, viene de los días de Pamplona. Distingo, entre otros, el tratado de Arístides Quintiliano, los del Pseudo-Plutarco y Euclides, unas *sentenze* de Pitágoras. Están Guido de Arezzo y Johannes de Muris; se lee a la perfección el lomo del *Dialogo della musica antica et del-*

la moderna de Vincenzo Galilei, así como los del *Lucidario in musica* y del *Thoscanello*, de Pietro Aaron. En esos anaqueles figura la *Historia Musica*, de Angelini Bontempi, y la *Musurgia*, de Kircher, arriba a la izquierda. Al otro lado, *Il Transilvano*, de Girolamo Diruta, y el *Arte practica latina et volgare di far contrappunto à mente*, de Giovanni Battista Chiodino. Abajo reposa un libro de Artusi. En uno de los estantes inferiores, un par de obras de Gaffurio.

Imagino a Crespi imitando la letra de molde de los títulos encuadernados en piel, copiando los antiguos nombres con esmero artesano. Son una evocación, el recuerdo de cómo fue pensada la música, la memoria de un huso que ha ayudado a tejerla y cuyos hilos nos visten con el sonido que fuimos.

XLVIII

LOS QUE NOS MIRAN

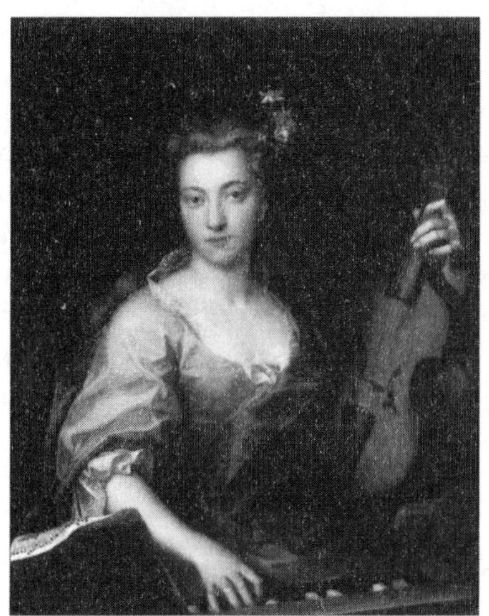

Jan Kupecký, *Retrato de Maria Helena Sabina Imhoff* (?) *con viola de amor* (*c.* 1720).

Recordaré siempre una conferencia que tuvo lugar de noche en el Museo del Prado, era el año 2016. Hablé sobre *La Fuente de la Gracia*, un óleo sobre tabla creado en el taller de Jan van Eyck. Es el patio de luces de la eternidad. En él, a los pies de la Virgen, Juan Evangelista y el Cordero, también dos grupos de ángeles cantores y músicos: a la derecha, un salterio, un laúd y un arpa; a la izquierda, un órgano portátil, una viola de arco y una trompeta marina, así se llamaba un monocordio de arco de sonido atrompetado. Se cree que *marina* es una corrupción de *Marieken*, 'mariana', porque en Alemania se tocaba de manera frecuente en la música conventual de las monjas.

Un conjunto de sonoridad apacible, transcrita de los cielos, pitagórica, más tarde platónica, después cristiana, a continuación, música de los solitarios. Sólo algunos son capaces de oírla.

Lo que ha quedado en mi memoria de aquel día, sin embargo, ha sido el momento en que el público, terminado el acto, abandonó las grandes estancias y quedé a solas con la persona responsable del museo. Recorrimos las salas en medio de un silencio profundo, poderoso; los espacios evocaban, con una fuerza difícil de describir, sobrehumana, la presencia de los que estuvieron aquí en siglos anteriores. Pocas veces puede sentirse tan desnudo el pasado que somos.

Los ojos de aquellas figuras, que se abrían, repentinos, a nuestro paso, nos miraban mientras la ciudad se dormía despacio, te recordaban con sus pupilas que el ayer es, sobre todo, cosa del ahora. Una quietud que te hace comprender tu condición de póstumo, el privilegio de estar en la muerte y en la existencia a un mismo tiempo. Dos mundos en una consciencia, oscuridad de cripta y resplandor sobre los campos. Te aceptas—no es posible lo contrario—como el recién llegado que ha muerto en las historias pasadas, propietario de nada. Resucitas como meteco, el *métoikos*, el que cambia de casa como nosotros cambiamos de tiempo.

Las miradas de aquella noche están en las pupilas de la joven de Jan Kupecký, que posa, serena. ¿Es Maria Helena Sabina Imhoff? De ser así, dejará el mundo siete años después de que haya sido retratada. Había nacido en 1698, en Pezinok, en las regiones de Eslovenia que colindan con Austria y Hungría. Ahora, tal vez está en un lugar cercano a Viena, adonde se ha dirigido el pintor. Vive en la casa señorial heredada por su esposo Jacob Wilhelm Imhoff, cuya cocina se emplaza en el ala derecha de la planta baja, en la parte trasera que da al patio. Se trabaja en ella desde primera hora de la mañana. Una cocinera, con el mandil de tres días, salpicado, unta una cazuela con un poco de manteca; Clara Beatrisa llega con unas lechugas del huerto que cuidan Agna y Conrad.

La muchacha pasa largo tiempo en el piso de arriba, la música es su báculo, lo son las cartas de su marido Jacob Wilhelm, que a veces prometen cercanía, que a veces lo alejan. En sus manos, una viola de amor. No tiene los oídos flamiformes, tampoco las escotaduras están muy pronunciadas, ni siquiera la parte inferior de la caja es demasiado voluminosa, que es lo propio de este instrumento hecho para escuchar la resonancia que se posa detrás de la música. Cerca de donde vive Sabina, pocos años antes, había un buen *luthier* dedicado a fabricar esta viola, llamado Johannes Schorn.

A los instrumentos de sonido evanescente les ha sido dado este nombre, como el oboe de amor, el *Liebes-oboe*. Bach lo privilegió en las cantatas y en la *Pasión según San Mateo*, quizá por ese sonido que no olvida los confines y tiene algo de despedida. Sucede también con la viola de amor, que con sus cuerdas metálicas, que discurren bajo el puente y suenan por simpatía, llena el aire de armónicos. El ejemplar de Sabina parece tener seis cuerdas, lo afina con la ayuda del teclado, como hace el guitarrista de Francesco Gentileschi, como hace también la violista de Terborch. Se apoya en un acorde, que es buena compañía para quien necesita el respaldo de la armonía. Clavijero ornamentado, mástil alargado, una roseta en la tapa, aros que acostumbran a dibujar un perfil ondulado, de guedeja de Euterpe. Así son las violas de amor, que gustan en las estancias de cortinajes y muebles lacados: la música de Biber, de Ariosti, de Graupner, de Petzold, son muchos los que escriben para ella. Giuseppe Colombi, Angelo Morigi, también. Se la oye en la *Pasión según San Juan*, de Bach. Vivaldi le ha dedicado *concerti*; Johann Mattheson, que la emplea en sus óperas, escribe en *Das neu-eröffnete Orchestre* ('La orquesta recién inaugurada'), de 1713, que su poético nombre es merecido y muy adecuado a lo bello de su timbre.

Viola d'amore, *viola di malinconia*, *viola da lontananza*.

No es una más, intenta que un arco consiga que una constelación gire en torno a las melodías. Armonía de las esferas. El aire vibra para unir lo que está lejos.

Francis Bacon, en los días de 1626, al final de su existencia, está enfebrecido por el estudio de los fenómenos acústicos. Los describe en *Silva silvarum*. Le fascina la sonoridad de las vibraciones simpáticas, cómo se resuelven en los instrumentos, siendo evocación de algo que, sin embargo, está presente. Se aleja sin irse. ¿Cómo así?

En sus pruebas llega a la certidumbre de que el sonido se propaga de manera distinta según sea de día o de noche, y que las cuerdas de tripa no proyectan lo mismo que las entorchadas, que por entonces eran una novedad. Y todavía más: que un instrumento suena diferente en respuesta a la combinación material de los órdenes. Es cierto, los instrumentos no se encordaban siempre de modo homogéneo, en cuanto a su materia se refiere.

Un día de primavera de 1626, empujado por el afán de examinar y constatar, Bacon baja del carruaje en el que viaja; la nevada es intensa y la ventisca silba en los aleros. Se ha dado cuenta de que en el suelo hay una gallina muerta, quiere comprobar la conservación del cuerpo, por eso la recubre de nieve, bien prieta. Vuelve a la mañana siguiente para ver su estado. El frío de principios de abril lo vence, tiene sesenta y cinco años, enferma y fenece el día 9.

Morir por una coma (Cioran); morir por el estudio (Bacon).

La viola de amor: *nihil novum sub sole*. El uso de los órdenes metálicos llegó a una Europa deslumbrada por la sonoridad meditativa de los instrumentos orientales, por su brizna luminosa, de templo que ha quedado en silencio. El *sîtar*, la *chitra vîna*, el *sârangî* de la India desde muy antiguo tenían unas cuerdas que resonaban por simpatía. Las ideas, las costumbres se propagaban con una celeridad que hoy no podemos imaginar. Sólo con leer la *Geografía* de Estrabón, muerto hacia el año 23 después de Cristo, se descubren los continuos desplazamientos de pueblos enteros, las diásporas forzosas causadas por las invasiones bélicas, las huidas propiciadas por las sequías y el hambre; todo eso ocurría más allá del trasiego de los mercaderes que viajaban por la Ruta de la Seda. Restos de un continuo intercambio, nosotros.

Lo que creemos genuino es una ilusión. Lo puro, una nostalgia de alguien impuro.

A Jan Kupecký, que en un lienzo se ha retratado junto a su esposa, que amamanta a su hijo, le atrae Reni, le subyuga Rembrandt, pinta a un laudista, recrea a dos flautistas de pico, a otros dos que tañen el traverso, a un oboísta, a un violinista. Ha conocido Hungría, Viena, distintos lugares de Alemania. De joven había estudiado en Roma, marchó después a Venecia. Veinte años en Italia. Tiene mano maestra, regresa siempre cauteloso: es protestante y se mueve en ambientes católicos. Pero un día, cuando la situación se vuelve delicada, escapa hacia Núremberg. Es un hombre afable, no quiere conflictos. Día sin pleitos, noche placentera, algo así decía Gracián.

Es el hijo de un tejedor luterano que también debió huir, esta vez de los husitas. El padre quería retenerlo para su negocio, entre telares. Pero Kupecký decide escapar con sólo quince años. Es la primera vez, llega a Holic, allí es acogido en el castillo. Ya no regresará.

Joseph Friedrich Majer, en el *Museum musicum* de 1741, dice que en la viola de amor la primera cuerda melódica es de tripa; de acero o de latón las tres que le siguen, en tanto que las tres restantes están hechas de tripa entorchada con hilo de plata.

De las seis cuerdas de la viola de amor de Maria Helena Sabina, tres son para el pasado; las restantes, para que no lo olvidemos.

XLIX
NO AFERRARSE A NADA

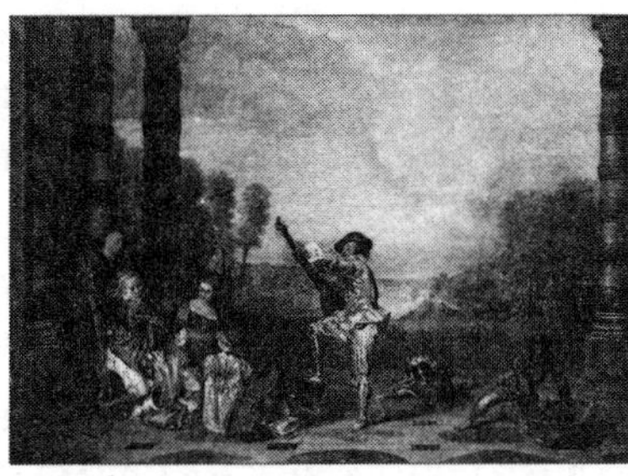

Antoine Watteau, *Los encantos de la vida* (*c*. 1718).

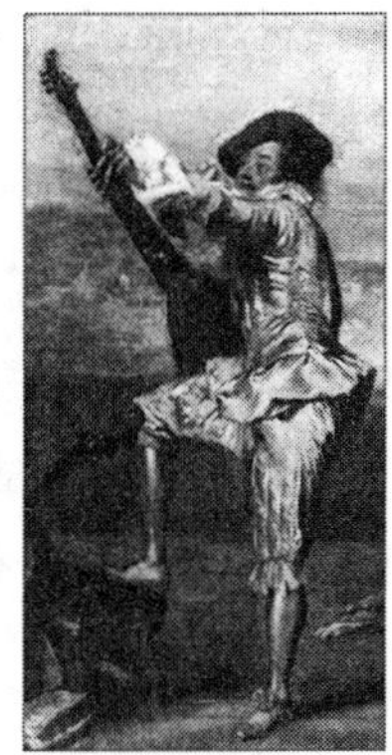

(Detalle).

Pasa largas horas junto a los actores, son pausas que fluyen, amables, cuando termina la tarde, ya sea mientras ensayan o sentado sobre las cajas y los baúles que se hacinan tras el escenario. Cordajes y telas, aire de espera, amagos de desidia, sueño, legajos de obras aprendidas y de otras por aprender. Allí puede entenderse bien el mito de la caverna, los actores son el fuego que proyecta las pasiones que nos hacen verosímiles en la escena del mundo. Es el cometido de su oficio. No importa si su papel anima a Medea o a un personaje de Ionesco. Tengo amigos actores, son patrimonio de la humanidad, puedo decirlo; lo mismo van por un mercado de Venecia que entran en el «aula negra» de Sarah Kane; viven en busca de un autor, suben a un tranvía, miran el paso de una gaviota o caminan entre los robots de Oriza Hirata.

Watteau los conoce bien, los dibuja mientras memorizan

un pasaje o hacen flexiones y gesticulan en el jardín trasero, donde hay fresnos y hayas con hoja de julio. Porque en sus lienzos siempre aparecen jardines, unas veces idealizados, otras no. A la luz de unas antorchas se descubren las acacias y los mirtos, hay una fuentecilla y unas flores que se han recluido; en un rincón, una actriz se desviste mientras otra se ajusta el antifaz. Unos brindan, los hay que escuchan música, distraídos, en la trastienda de las ilusiones, que Watteau desvela, no importa si en *El amor en el teatro francés* o en *El amor en el teatro italiano*.

Entre ese ovillo de gentes, casi nunca faltan los guitarristas ni los fingidos pastores con su *musette* bajo el brazo, flautistas, tiorbistas que llevan sombreros de plumas, otros con unos tocados propios de los personajes de Crébillon, que vivió en un granero atestado de perros y gatos, misántropo, hijo de los desencantos.

Watteau ha retratado a *Gilles*, que parece un muñeco de trapo; al inefable Mezzetino le ha dedicado varias obras, le divierte ese Angelo Costantini como pocas cosas logran hacerlo. A este cómico, que es una pavesa de la Commedia dell'Arte, le van como anillo al dedo las bufonadas, que borda sobre las tablas. Me pregunto qué estará cantando en ese banco de piedra, con la estatua de una mujer medio desnuda en segundo plano, de espaldas.

Watteau, pintor de Valenciennes, anhela que vengan las *troupes* de los comediantes, y aun así, cuando se encuentra entre ellos, cuando los vive, por más que tenga el ánimo contento, se le descubre apagado, no puede esconder un cierto retiro del espíritu; está enfermo. De niño nunca se envalentonaba en las peleas, llevaba las de perder. Cuando Rosalba Carriera lo retrató, en 1721, le quedaban tan sólo unos meses de vida. Morirá a los treinta y siete años, muy poco para quien ha hecho tanto y ha entendido la fragilidad del instante de nuestros actos, del gesto que se acomoda sin lamento a lo efímero, puro pasar sin dolerse, aceptación en voz baja.

El Rococó, que no suele entenderse bien en estos tiempos que predican la utilidad sin saber en verdad qué están diciendo, es una sutil renuncia, un aceptar sin atisbo de aflicción. Lo comprendí en las formas de su música, hace ya demasiados años, y lo volví a comprobar cuando visité una exposición de Fragonard celebrada en Barcelona; era el año 2007. Ahí percibí la quiebra moderna de un suceder que ya no se aferra a nada, el irse como en un adagio de Michel Blavet, tan al contrario del Barroco, que luchó con denuedo; los oponentes lo eran con violencia, restos de cadenas por todas partes, cirros violáceos, héroes musculados, relojes de arena y ese continuo «déjame aquí dormir, desconfianza».

El Rococó es un Apolo que llora a escondidas, como Dioniso. Llora por mucho que, entre amorcillos y un color rosa en el contraluz del cielo, con reminiscencias de amarillo, los viajeros se dispongan, plácidos, a abandonar la costa y emprender *El embarco para la isla de Citera*.

En el poema «Los faros», Baudelaire habla de unas naves que no parten hacia Citera, pero que, a su manera, también surcan: son Rubens, Leonardo, Miguel Ángel, Rembrandt, Puget, Goya, Delacroix. Y Watteau. ¿Qué dice de él?:

> Watteau es un carnaval donde cien corazones
> centellean errantes igual que mariposas,
> decorados escuetos alumbrados por lámparas
> que vierten la locura de este rápido baile.

Qui versent la folie à ce bal tournoyant... El mundo es una danza que nos aleja a cada giro y no permite un traspiés.

Watteau vive en los días de Jean-Philippe Rameau, han nacido con un año de diferencia; su pintura tiene algo de la música de este maestro, la miniatura, el detalle imprevisible, la ductilidad, el juego, la gracia iluminada, el continuo ofrecer, la sorpresa, el detenerse en el acorde de un color inventado, la fantasía, el intento de una armonía nueva que nadie pueda refutar. Si Rameau escribe *Les Indes galantes*, Watteau pinta las *fêtes galantes*, que son adioses no disimulados de Europa.

Watteau se recrea cuando pinta el momento de la afinación, lo vemos en lo frecuente de este momento en sus dibujos, en los apuntes, en los cuadros; le gusta decir: «Esto está ocurriendo en este preciso instante, ¡oíd cómo se tensa la cuerda, escuchad cómo nace el sonido!». A sus personajes, sugerir: «¡Podéis moveros, o sentaos donde queráis, a vuestro aire!», «¡Como si yo no estuviera!».

Para *Los encantos de la vida* se ha inspirado en el *Autorretrato con su familia,* de David Teniers el Joven, que lo había pintado hacia 1645. El violoncelista que aparece en este de Teniers es el mismo del *Concierto de familia en una casa de campo*, autorretrato del propio pintor. En Watteau, el gozoso *basse de violon* es cambiado por el músico de tiorba, que está de pie y retoca uno de los órdenes melódicos. La postura es incómoda, cuando afine los bordones, los montados al aire, le será todavía más difícil.

La tiorba quizá la ha prestado Robert de Visée; no lo hace como un gran favor, posee otras igualmente magníficas. Escoge una, un poco a su antojo, cuando va a tocar en el salón de Madame de Maintenon. En casa guarda unos buenos laúdes y guitarras con el rosetón calado. ¿De quién es el violoncelo que se apoya en el taburete tapizado de azul? ¿Del propio tañedor de la tiorba? Los maestros dominaban varios instrumentos: el mencionado De Visée fue, además de tiorbista y guitarrista, cantante e intérprete de viola *da gamba*. La viola y el laúd, que cuentan con un diapasón trasteado, pertenecen a universos afines, no así el violoncelo, que carece de trastes y su batidor está despejado como el cielo de esta mañana.

Se ha sugerido que el músico de *Los encantos de la vida* quizá sea el propio artista. Quién sabe, pero si atendemos al retrato de Rosalba Carriera, no tiene demasiado sentido pensarlo así. Conocemos, en cambio, al personaje que está a la izquierda, de pie junto a otras figuras: es el pintor Nicolas Vleughels, que compartió una casa con Watteau entre los años 1717 y 1718, tras su regreso de Italia.

Los pintores franceses de entonces, en cada dibujo, en cada lienzo, en cada color que anuncia el modo de ser de las cosas, retienen la evanescencia que nos define: Lancret, Boucher, Chardin, Troy, Oudry, Subleyras, Dandré-Bardon, Greuze, el mencionado Fragonard. Entre ellos, Watteau es una enseña, lo es en los días de paredes tapizadas y cristal biselado, esos que predicen el atardecer, de conversaciones amigables, no importa el transcurrir del tiempo, no hay prisa, encuentros de amantes entre ramajes que se inclinan hacia la sombra que cubrirá los últimos meses del pintor, ahora bajo las arboledas de la hacienda del *abbé* Haranger, amigo suyo; nunca ha dejado de protegerlo.

Haranger sabe que Watteau está gravemente enfermo, le ha aconsejado que vaya a Londres para que un famoso médico lo visite allí, pero, mala fortuna, vuelve peor de lo que estaba: la humedad, el hollín, las malsanas herrerías que llenaban las calles de humo, los desechos de los mercados que nadie recoge, el cansancio del viaje. Haranger está alarmado, como el resto de sus amigos, porque Watteau se ha abandonado, no lo disimula, tampoco le inquieta ya la falta de dinero, tanto lo ha devastado esa indolencia propia del que cede y se da por vencido.

Deja el mundo el 18 de julio de 1721. La comitiva, al día siguiente, acompaña el cuerpo de este solitario hasta el cementerio de Nogent-sur-Marne, a apenas quince kilómetros de París. Al año siguiente, Rameau llega a la ciudad, escribe el motete *Orphée*, que, como Watteau, baja a las últimas sombras.

L

EL COLOR DEL ATARDECER

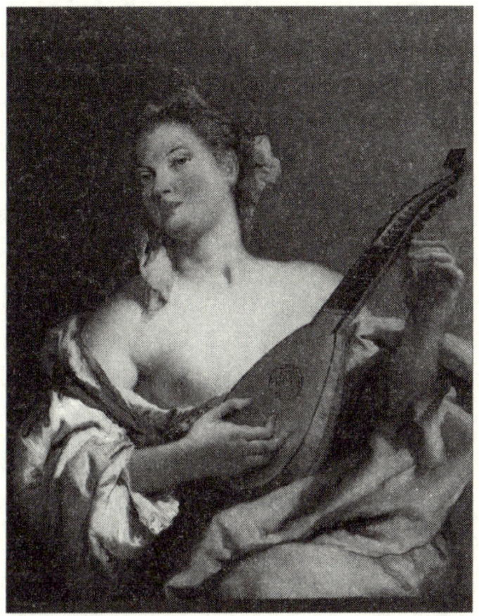

Giambattista Tiepolo, *Joven tañendo la mandolina* (*c.* 1755).

Ciertos pintores perviven gracias a la fortuna del uso de un pigmento, una geometría o una manera de pensar la oscuridad; otros perduran por cómo depositan la luz en sus lienzos; los hay que habitan en una intemporalidad ganada por las regiones únicas de sus cielos o la espesura misteriosa de las arboledas, que se pierden, entre verdosas y pardas, al final de un sendero. Existen los artistas que se perpetúan porque dan movimiento a lo que vemos detenido, o por el enigma de las miradas que sellan sus telas. Están aquellos que viven en el tiempo merced al hallazgo desdibujado de las imágenes, a la verdad de sus flores o a la fuerza de un mar que rompe contra nosotros.

Roberto Calasso creía que Giambattista Tiepolo se prolongaba, sobre todo, por su manera de concebir el color rosa. Un libro suyo se titula *El rosa Tiepolo*.

El rosa termina el día, es el color de la llave que lo cierra. Resulta engañoso por lo que oculta. En un horizonte se deslíen el rosáceo persa y el magenta, el amaranto, el rosa palo, el rosa té y cuantos púrpura caen sobre la tierra. Retenemos esos tonos porque entendemos bien lo crepuscular, menos atentos al despuntar de Eos, «la de rosados dedos», es verdad, hay en sus manos algo áureo y por eso se desconfía de ese momento naciente que nos acerca a una jornada nueva.

Lo postrero, aquello que es anuncio de un declive, presagio de lo que va a finalizar, lo hacemos propio; comprendemos bien la caída, lo impermanente, lo inestable, contamos el tiempo con usura. Siempre nos falta, necesitamos más. Néstor, persuadido de que viviría mil años tras la revelación de los oráculos, desdeñó construir un palacio, ni siquiera abrazó la idea de levantar una casa. Pensó su existencia en tiendas de lona por considerarla breve. Una vida coronada de rosas secas.

Ausonio, la «veloz rapiña de la edad», *fugitiva aetate rapinam*, ve que las rosas, apenas nacidas junto al Garona, se marchitan. *Consenuisse rosas*.

En la Europa del siglo XVIII, como nunca antes, el rosa se refleja, melancólico, en los cristales a última hora, en las cornisas de las casas, en la conciencia del que vive en una huida. En las claraboyas, en los vitrales. Un mortecino destello sobre una jarra, en un espejo. Un otoño de luz en las cosas, aunque campeen la primavera o el estío. Un resto rosáceo en los estanques que mueren cada noche, en los cielos del ventoso atardecer de hoy, que tiene algo de residuo sobre este valle de octubre baztanés que encuentra en su piedra rosa un color apenas encendido, se parece al color de la capa que lleva el custodio de Briseida, que es entregada a Agamenón. La escena, obra de Tiepolo, sucede en los frescos de la Villa Valmarana, cerca de Vicenza.

El nombre de Occidente es un *occidere*, un caer, un ponerse el sol, un morir. En Tiepolo, la última luminaria del Barroco veneciano, el rosa es una consumación, la piel apagada de un fruto casi echado a perder.

Pocos tan reclamados como él; nadie decora mejor las estancias señoriales, los aéreos espacios de las iglesias, el siglo no ha dado otro Tiepolo. Ha pintado los aposentos nobles de media ciudad, ni un respiro, apenas pisa la tierra, no cesa. Vive encaramado en los andamios. Aprende, todavía niño, en el taller de Gregorio Lazzarini, pero las lecciones las toma del silencio que han dejado tras de sí Paolo Veronese y Tintoretto. Le atrae el modo de hacer de un artista unos años mayor que él, Giovanni Battista Piazzetta, que es grande.

El padre, propietario de una embarcación con la que comercia, muere a los meses de nacer Tiepolo. Su madre, Orsetta, carece de medios, vivirá en vilo, temerá por sus hijos, de ahí que un día se oponga al matrimonio de Giambattista con Cecilia Guardi, que no tiene dote. Se cuenta que el *promesso sposo* amenazó con contraer nupcias en secreto, como había hecho un siglo antes John Donne.

Entregado a su obra, el pintor recorre el norte de Italia, su fama crece a medida que sus pinceles llenan las superficies hasta entonces destinadas al silencio. Más de una vez, para culminar el trabajo, acudirá a su cercano amigo, el *quadraturista* Gerolamo Mengozzi-Colonna. La habilidad de este Gerolamo es difícil de explicar, yo no alcanzo a hacerlo porque su iluminada maestría en el logro visual, el relieve que es capaz de ofrecer al propio aire, su manera de adueñarse del vacío y revertirlo sin profanarlo causan perplejidad. Tanto Tiepolo como él son creadores de bóvedas que no existen y de inconcebibles planos que nuestra mente ignoraba, artistas de una técnica y una sensibilidad espacial tan poco común que uno vive en suspensión ante estos hallazgos.

Cuando yo era un muchacho veía en Tiepolo a alguien complaciente, como casi todos los jóvenes que, interesados en estos asuntos, se acercan a aquella frontera que cede el Barroco ante los dominios del Rococó, en apariencia inocentes. No había podido entender aún la proeza de quien no se amedrenta ante las extensiones de la nada, ante su conquista a través del movimiento y la creación de figuras que son criaturas del aire, atmosféricas, puro éter, inaprensibles, unidad lejana.

La admiración de Bill Viola por la técnica vanguardista de los artistas más avanzados del pasado es fácil de compartir. Las innovaciones, radicales, fruto de estar despierto al mundo, no acostumbran a ser tanto una superación ni una transgresión como una continuada capacidad de descubrimiento en los territorios que ya se pensaban explorados. Es el caso de Tiepolo.

En sus obras aparece Cristina, hija de un gondolero que ahora posa con una mandolina. Así se dice en los libros dedicados a su pintura. Se trata, sin embargo, de una pandurina, pequeño miembro de la familia del laúd, que en tiempos fue llamado *lutina*, también *pandora*. La que está en manos de Cristina era designada a veces como *mandolina lombarda*.

Las mandolinas que conocemos, las más celebradas en su tiempo, salían del taller de los Vinaccia, situado en la Rua Catalana de Nápoles, después trasladado a la Via Constantini. Esta dinastía de artesanos comenzó a trabajar hacia 1730, y los últimos miembros todavía daban vida a las cajas armónicas *d'il mandolino* a finales del siglo XIX.

Muchas regiones, como sucede con el vino, cultivaban su propia variedad. Estaban la mandolina romana, la siciliana, la milanesa, la florentina, la napolitana, la genovesa. Apenas diferían, sin embargo. Trémolos para los traviesos enamorados de Carlo Goldoni y los pastores de Ranieri de' Calzabigi. Suena aún en las canciones de Roberto Murolo, también en los más jóvenes cantantes que reparten nostalgia por los pequeños locales de Via Partenope, en mi antiguo Nápoles.

Tiepolo busca en Cristina esa belleza véneta, sensual, de rubias ondas y ojos claros, un tanto *tedesca*; vive entre los pliegues de sus creaciones; una de ellas, los mencionados frescos de la Villa Valmarana, asombrosos. En una *Alegoría nupcial* del palacio Ca' Rezzonico de Venecia, el seno derecho está desnudo, como en la *Gloria de España*, que pertenece a los frescos del Palacio Real de Madrid.

A ella le ha encomendado la afinación de esta pandurina, le pide que finja el gesto de templar las cuerdas, que lo haga con la mayor naturalidad. La muchacha elige la prima, que suena entre los matices rosados de su *abito di voile*, vaporoso. Cristina no lo consigue, se le escapa la brizna de ese mirar altivo al que obliga la belleza. El pecho desnudo es un fruto del árbol deseado.

Este retrato, junto al de la *Joven con un papagayo*, se cree que fue un encargo de la zarina Isabel I.

En la pintura de Tiepolo hay cierta variedad de instrumentos, responden en su mayor parte a los sonidos antiguos, a los ecos que resuenan en la memoria; así, la lira de Apolo en *El triunfo de la Elocuencia*; el pandero sin sonajas de la *satiressa*, que también está en *El triunfo de Flora*; el *cornu* de *El banquete de Cleopatra*; las largas trompetas que tocan los ángeles, a modo de clarín anunciador, en lo más aéreo, como en *El triunfo de la Fortaleza y la Sabiduría* y *La apoteosis de la monarquía española*. La fuerza de las trompetas bastardas cruza las alturas de sus frescos, igual que en otra *Alegoría nupcial*, que adorna el mencionado palacio Ca' Rezzonico de la ciudad véneta.

En el milanés palacio Clerici hay un laúd, también un híbrido de viola *da gamba* y violoncelo y, menos frecuente aún, un *calascione* o *colascione*, que era un laúd de caja pequeña y un largo y estrecho mástil que podía llegar a medir ciento cincuenta centímetros. Se tocaba, sobre todo, en Nápoles, gustaba en el sur, en la música popular, era principal en las fiestas carnavalescas.

Como ocurre en el techo de la catedral de Údine, es llamativo que un ángel pulse el *chitarrone*, pues en torno a 1726, cuando elaboró los frescos udineses, estaba en desuso, olvidado desde hacía un tiempo por la presencia de la tiorba y, sobre todo, por los instrumentos de tecla. El *chitarrone* se oye también en *El traslado de la Santa Casa de Loreto*, dibujado con un trazo muy fino, es bellísimo. Y su imagen vuelve en los frescos del Ospedale della Pietà veneciana, apoya el bajo continuo de un conjunto musical que preside la techumbre. La escena es una coronación de la Virgen, que bendice desde la altura la vida de las huérfanas, a las que Vivaldi preparaba día a día para la orquesta.

Al imaginar esta sonoridad suspendida en el aire, recuerdo lo que George Santayana afirmaba en *El sentido de la belleza*: «la gloria del cielo no podría ser simbolizada de otra suerte que por medio de la luz y de la música».

Tiepolo, pese a la oposición de su madre, se casó en 1719 con Cecilia, hermana de los Guardi. Dejaron una estela de nueve hijos, dos de ellos pintores, que le ayudarán con un arte también escogido; son Giandomenico y Lorenzo, cuyos retratos al pastel llamaron la atención de Goya. Se murmuraba que, pasados los años, Cecilia se aficionó al juego. Las malas lenguas dicen que cuando Tiepolo se va de viaje, vende a escondidas dibujos y bocetos de su esposo, que en 1750 ha recibido el encargo de la decoración de la residencia del príncipe arzobispo Karl Philipp von Greiffenclau en Wurzburgo. Se dirige hacia allí, en diciembre, con Giandomenico y Lorenzo, acompañado de los colaboradores de su *bottega* veneciana. Permanecerá hasta 1753.

Los encargos no cesan; cuando llega a Madrid, en junio de 1762, después de un calamitoso viaje de casi tres meses, lo hace acompañado de una mujer todavía joven y de belleza que deslumbra. También sus hijos artistas forman parte de la comitiva. Carlos III le ha solicitado la decoración del techo del Salón del Trono del Palacio Real, sabe que no hay otro fresquista como él en Europa. El pintor es reacio, esgrime las razones de su edad, sesenta y seis años, está cansado, no quiere salir de Venecia. El rey presiona a las autoridades vénetas para que intercedan ante el artista, que cede.

No se arrepiente de su decisión, es bien recibido, asombra con su talento privilegiado. Al poco, se le llama para unas obras que han de ornamentar, en Aranjuez, el Real Convento de San Pascual Bailón. Es agasajado, tanto es así que ya no desea retornar a su patria. Las peticiones se suceden, cumple, no defrauda.

Y, sin embargo, hay una sombra que empieza a desplegar sus alas, una sombra que oscurece cuanto más se acerca a la tierra. Anton Raphael Mengs está por aquellos mismos años al servicio del monarca. Maniobras taimadas, intrigas que empiezan a arrinconar a Tiepolo, celos, ardides concebidos en el seno del círculo del referido Mengs. Se lamenta ante la corte, no sabe qué está ocurriendo, se pregunta en qué ha errado. En nada.

Su desconcierto se mitiga con el encargo de los frescos de la cúpula de la colegiata del Palacio Real de La Granja de San Ildefonso. Ha empezado los dibujos, está rodeado de bocetos y cartones, pero antes de que despunte el día 27 de marzo de 1770, cuando ya se han esfumado los reflejos rosas del día anterior, muere de manera repentina en su casa de la plazuela de San Martín. En la misma fecha de su muerte nací yo, ciento ochenta y cinco años después.

LI

NI ROBESPIERRE NI BURKE

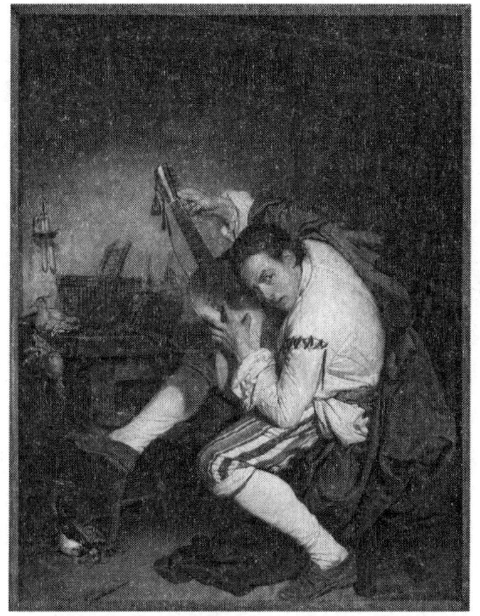

Jean-Baptiste Greuze, *El pajarero* (*c.* 1756).

Greuze es honesto, la gente sabe de su honradez, se apresura a contemplar sus cuadros, aprende de lo que en ellos se narra. Diderot lo cuenta, admirado. Pero los hombres, por más que los incautos digan que a algunos pocos les es concedido llegar a la sabiduría, son niños antojadizos, siempre. Después de ensalzar al pintor por escrito y decir que «*Greuze est mon peintre*»—aseverando que aquel que trate de copiar a este maestro de Tournus, un lugar de la Borgoña, no conseguirá otra cosa que la grisura—; que sólo entiende a los que poseen el instinto propio de Greuze, que «*est toujours honnête*» y que de continuo vuelca su talento en lo que hace; que gana en calor a Chardin, el cual, objeta, peca de *sang-froid*, mientras que Greuze pinta de manera ardiente y con entusiasmo («*avec chaleur et enthousiasme*»); un día, digo, el autor de los *Ensayo sobre la pintura* y los *Salons* se revuelve y enemista con él. No entiende por qué ese espíritu tan dotado para el arte, entregado a la pintura de gentes honestas (*honnêtes gens*) y familias que son ejemplo de moralidad, de pronto se comporta como un airado y un vanidoso. ¿Dónde, la humildad?

Le ha disgustado su respuesta a la Académie. Greuze se ha sentido menospreciado, para qué decir lo contrario: se le ha rechazado en su condición de pintor de temas históricos, cosa que ansiaba, y no así como artista de género, que le ha valido la aprobación. Dolido, se encara con la institución, la agita y divide. Diderot juzga su repuesta de altanera e irreverente. El enciclopedista había escrito en una carta de 1760 a su hermano (*Lettre à mon frère*) que, si se arranca un cabello a quien no piensa igual que nosotros, nos envalentonamos y acabamos disponiendo de la cabeza entera. Así lo ha hecho con Greuze.

Al paso de los días, Diderot, suspicaz, desconfía de la legitimidad de ese fondo moral con el que el artista impregna sus escenas, recela de ese tono edificante que está en los ojos, en las manos y los gestos de sus figuras, sospecha de la precariedad de los interiores, con los objetos descascarillados que los ocupan, de los trajes modestos y deslucidos. Si corremos la cortina de sus cuadros, vemos el fondo triste de *La dote* o *La novia del pueblo*, la humanidad en el rostro de *Un padre explicando la Biblia a sus hijos*, esa cuchara paciente en *La piedad filial*, el pudor cálido de *La dama de la caridad*. Ni un resentimiento causado por el dolor de la escasez, ni una queja. ¿Todo esto es verdadero? En Greuze, sí.

Diderot anhela en secreto esta bondad natural para sus personajes, no consigue plasmar la desnudez como hace Greuze en los lienzos. La segunda mitad del siglo XVIII es el momento de enaltecer el pan seco y el candil sin casi aceite, de no apartar los ojos de los hogares con unos suelos de madera gastados, de ponderar al desamparado. Un corazón queda legitimado si abraza estos sentimientos. Lo moralizante merece ser alabado, es una dicha, vale el doble.

Las ideas horneadas en los nuevos tiempos se manifiestan así, compasivas y filantrópicas. En España, Feijoo, después Jovellanos y su amigo Meléndez Valdés, que le dedica el poema *A Jovino: el melancólico*. Europa, de pronto, se ha dado cuenta de que las calles están llenas de pobres, algo quema en su conciencia porque rige la injusticia con descaro. Sin embargo, en Greuze hay algo más que en los D'Alembert y los Helvetius, está más cerca de Jaucourt, se siente comprometido con los desvalidos, con los errantes que callejean sin tener adónde ir. Es miembro de la logia Las Nueve Hermanas, que son las musas, a la que pertenece Voltaire.

Vendrán, lo sabemos, días de oscuridad. En uno de sus libros, Boris Groys ha escrito lo irrefutable: «Luego de la Revolución francesa, el individuo sabe acerca de sí mismo todo lo que tiene que saber. Es decir, *sabe que debe temerse a sí mismo*» (la cursiva es mía). Pérdida de claridad humana, enturbiada por el individualismo, camino abierto a una subjetividad enfermiza y a la insania de creer que uno es un heraldo de la verdad. La historia padece estas mermas.

La condición de resabiados, tan moderna, tiene una de sus raíces en la codicia del poderoso, pero, no cabe olvidarlo, también en la hoja oblicua y afilada de la venganza, en las acres humaredas del barrio parisino de Saint-Antoine mientras Maria Teresa de Saboya Carignano, princesa de Lamballe, es descuartizada en plena calle. Su cabeza es paseada entre la muchedumbre, clavada en una estaca. Un desaprensivo se ha hecho un bigote con el pubis de la dama, que fuera amiga de María Antonieta.

Greuze pertenecía aún a otro mundo, menos endiosado, menos arrogante, a un pasado intolerable, es verdad, pero contenido en su soberbia a mediados de aquel siglo. Ni el desmán de Robespierre, ni la causticidad de Burke. Es un tormento estar entre gente tan convencida de sus cosas; ocupan, imponen, sajan. He huido siempre de los que sientan cátedra, de los mesías que se bendicen a sí mismos; he salido despavorido ante los dogmas, hastiado de los que creen tener razón, pertenezcan al bando que pertenezcan. Son una tragedia para todos nosotros, que debemos soportar su ensimismamiento y su aversión a la duda.

En 1755, animado por su maestro Charles-Joseph Natoire a que participara en el Salon de ese año, recibió el aplauso incondicional de la Académie. El conflicto estaba por llegar. Todos hablaban de él, tanto fue así que el propio *abbé* Gougenot, protector de las artes, le sufragó un viaje a Italia, que recorrió durante un año: primero Turín, después Génova y Parma, a las que siguieron Módena, Bolonia, Florencia y Nápoles. En el camino de retorno por Gaeta, Terracina y Velletri, se detiene en Roma seis meses. No ha llegado con la incertidumbre de un desconocido, antes bien, las cartas de recomendación de Natoire, director por entonces de la Académie Française en la capital romana, le abren paso por aquel museo único que era Italia. Vivía en una amplia habitación del palacio Mancini, propiedad de la Académie, que le servía, además, de estudio. Allí pinta *El gesto napolitano*, *Los huevos rotos*, *La italiana perezosa*, soñolienta en una cocina desordenada, la loza en el suelo embaldosado, una vasija, unas jarras y un par de botellas de Chianti.

El cuadro tantas veces llamado *El guitarrista*, titulado por Greuze *El pajarero*, fue pintado en esos días soleados de Nápoles, quizá en el decurso de 1756. Hay desorden, como en la cocina de la joven indolente, que no tiene ánimo de hacer nada. Este Papageno se gana la vida con la música y la caza de pájaros; la jaula está abierta, significa que el amor se ha esfumado, como en los cuadros holandeses. Greuze ha aprendido a ver qué ocurre en el interior de las casas, mundos pequeños, territorios de pocas hazañas, sencillez. Lo que él ha pretendido es evocar aquellos ambientes del norte y moralizarlos; lo consigue.

Dos pájaros muertos en el suelo, otro que cuelga de manera extraña del borde de la mesa. ¿Adónde lo habrá llevado la cacería, a qué campo cercano, hacia Mergellina? ¿Quizá Vómero arriba? Yo no atinaba a entender el porqué del ave tan quieta, tan estática, que está en la mesa. Impasible, amaestrada por el mejor de los pajareros posibles, así me lo figuraba. Pero no, un amigo ornitólogo de Mallorca me ha hecho ver que se trata de un señuelo, un reclamo que recrea un *Vanellus vanellus*, la avefría europea, por más que su plumaje no corresponda del todo al que ha pintado Greuze.

Uno puede pensar que el músico está en una trastienda; no hay una sola ventana ni amago de ella, unas botellas vacías, una damajuana, un cuchillo. En la pared, un candil que lleva tiempo sin encender y dos velas colgadas de la mecha. Detrás de él se apilan unos bártulos, parecen bastones. La guitarra tiene, según creo ver, el rosetón calado; en cualquier caso, no es un mal instrumento, la boca está taraceada y el fileteado, hecho con cuidado. Lleva un cordón rojo y orlado para sujetarla. Templa la primera cuerda, la prima, las clavijas son muy pequeñas, están elaboradas con cuidado, parece que son de madera de peral.

Por entonces la guitarra, nostálgica de Robert de Visée, empezaba a levantar de nuevo el vuelo en los ambientes parisinos, habían llegado allí virtuosos como François Campion y el flamenco François Le Cocq. El guitarrista de Greuze seguro que conoce el *Traité d'accompagnement et de composition selon la règle des octaves de musique*, de Campion, difundido durante años. Su atuendo es de tiempos pasados y mejores, está muy usado, ajado, incluso. Se viste así para tocar en las casas que lo solicitan, en las fiestas. Las noches se le hacen cortas, de madrugada está más despejado que al mediodía. La capa parece sacada de los cuadros de Holanda, no es una pieza de poca importancia.

Cuando Greuze regresa a París expone en los Salons, asciende con facilidad, no es visto sino con admiración; hasta mediados de la década de 1760, es un escogido de la fortuna. Son los días de la muerte de Jean-Philippe Rameau, D'Holbach lleva tiempo instalado en la ciudad, abierta a las nuevas ideas de casa, aunque cerrada al afuera. En una carta dirigida a Johann Bernoulli, Madame du Chatêlet se lamenta de lo costoso que resulta «leer aquí los libros extranjeros» (8 de enero de 1746).

Greuze muestra una sensibilidad hacia lo que hasta entonces, es verdad, sólo habían valorado los holandeses y los flamencos: lo íntimo, lo que no necesita de trascendencia para ser importante. Es un cronista sin trampa ni cartón de aquella mitad del siglo XVIII; no es el pintor sentimental que algunos dicen que es.

A Diderot le gustaba, por encima de muchos de sus lienzos, *La Pleureuse*; le complace, más que el clave, el sonido recogido del clavicordio y la expresividad de los primeros pianofortes. Un *Escolar que estudia la lección*, *La simplicité*, el aviso de *Silence!* porque un niño duerme en la silla, como dormido está otro pequeño sobre su libro, son fragmentos de una vida despojada de alardes. Al estudiar los lienzos de Greuze, Diderot admite que «El trabajo que me da es agradable, ¡pero me da mucho!» (*mais il m'en donne beaucoup!*).

Greuze muere en la miseria en 1805, la Revolución lo ha arrinconado, ha puesto de moda a Jacques-Louis David. Al anciano apenas le alcanza con las clases que imparte a sus pocos alumnos. Entre ellos está su hija Anne-Geneviève, una pintora notable. Desde 1842 yacerá junto a su padre en un sepulcro de la avenida Hector Berlioz del cementerio de Montmartre, a sólo unos pasos de la tumba de Heinrich Heine.

LII

EL LÁUDANO

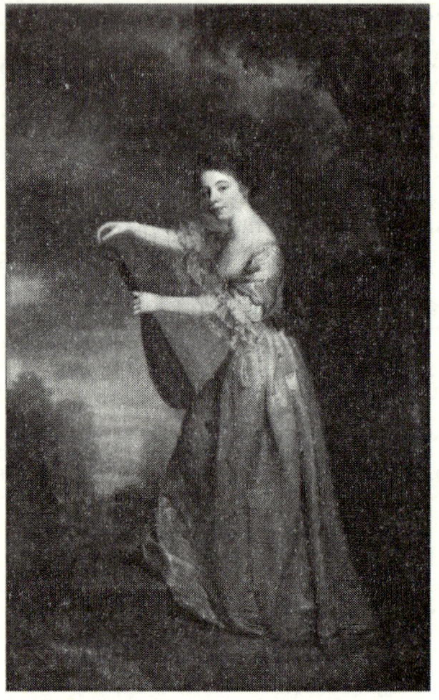

William Bell, *Sophia Anne Delaval con un laúd* (1770).

Está en la cabaña, las horas en su interior son amnióticas, de ingravidez traslúcida que flota en un silencio de arces. Un tejado, por pequeño que sea, puede colmar una soledad y reparar la adversidad que viene firme del afuera. Una puerta y dos ventanas bastan; ocho, doce metros cuadrados sirven para un espíritu que lo es más cuando se aparta de las tribulaciones mundanas. William Bell, entre los troncos rociados de brea, pinta, mezcla pigmentos, restaura antiguos lienzos, dibuja, prepara bastidores.

Las cuevas, las sombras rocosas de algún desierto donde Jerónimo ha olvidado un libro, las ermitas que coronan una colina violácea, una celda, son buenos para extinguirse sin morir, porque la reclusión es esto: un disolverse, un ocupar apenas, un comprender aquello que es mínimo, no sentir necesidad de más, no codiciar extensión, amigar con el límite.

La cabaña ha sido un regalo de sir John Hussey Delaval, es la humilde dádiva de un noble heredero de vastas propiedades al este de Northumberland. Ford Castle, Seaton y Doddinton, la única que está en Lincolnshire, son mansiones que responden al sueño de la nobleza de los Delaval, que miran, distraídos, los campos y los bosques por los que van de cacería.

John Delaval ha sido distinguido en 1761 con el nombramiento de *baron*, es escuchado entre los políticos, le precede una fama de hombre ecuánime, aunque no ahorra en ironía ni en ademanes burlones con que parodia a los contrarios. Es aficionado a los retruécanos, afable y cáustico, araña al ingenio el doble sentido de las palabras, y así contiende. Casi siempre le sale bien. Se dice que llegó a pagar ocho mil libras para alcanzar favores en unas elecciones.

Ha tomado Seaton como centro de su ambiciosa expansión, es el pedestal desde el que busca imperar. Su naturaleza es la pugna: interviene en la derogación de leyes, propone otras que le son propicias, lleva a maltraer a Wilmot Vaughan, conde de Lisburne, se aproxima y se aleja a placer de William Pitt, primer ministro, según sople el viento del mar del Norte. Pitt vivirá corroído por la pérdida de las colonias norteamericanas y las noticias de Francia, que un día llegarán, ensangrentadas.

Antes de que esto suceda, mientras el esclavismo no pesa a nadie y toda la madera se considera poca para abastecer a la Armada, en los alrededores de palacio, donde abunda el repujado y el cuero tintado de granate, las sirvientas de falda ancha, con mandil blanco y cofia al uso de Holanda, salen de los huertos con las legumbres y las verduras que descargarán en la parte trasera de la cocina. Amontonan manzanas en las cestas. Unos criados podan, otros, en las caballerizas, cepillan unos purasangres que parecen salidos de las pinturas de George Stubbs, cola recortada y anca rojiza, de alazán que relumbra cuando salta. Los hay que limpian el sedimento de las fuentes, las ennegrece. Un mozo da comida a los perros, juega con ellos, *beagles* casi todos; y un poco más allá, cerca de los álamos, unas doncellas tienden la colada.

En estos lugares ensimismados hay un olor que sólo se respira en las casas de los nobles, esa fragancia que viene de las rosas del jardín y se mezcla con el aroma de heno de las posesiones.

Los tiempos de John Delaval, que era masón, son los de Samuel Johnson y Edward Young. Bell es todavía un joven cuando Delaval lo reclama. Lo ha contratado, entre otras cosas, porque es de su misma región, Northumberland; ha oído hablar mucho de él: lo que pretende del artista es que retrate, de cuerpo entero y por separado, a cada uno de los miembros de su familia. Quiere que en Seaton, que está al sur, a unas diez millas de Newcastle, esas imágenes afirmen el santuario de una saga a la que augura empresas memorables. Cuando Bell asume el servicio del acaudalado, todavía estudia los últimos entresijos de su arte, está seguro de su pincel, recibe galardones y donaciones. Sir Joshua Reynolds, que ha trabajado para Delaval, lo estima.

Sus días, sin embargo, están al albur de los vaivenes del *baron*, se ve obligado a acompañarlo con frecuencia al lejano Londres, que dista casi trescientas millas. Su señor desconoce la tregua. Por eso Bell añora la cabaña, tanto viaje lo desnorta.

De pronto, cuando parecía que lo más importante era la política, una noticia entenebrece Seaton. La peor que podía llegar. El único descendiente varón de Delaval, John, muere a los diecinueve años, en 1775. Para este joven se ha cumplido aquel *Last Day* de Young: «Tarde o temprano, en alguna fecha venidera»... todo caerá, el sol se extinguirá, el polvo nos cubrirá, las nubes ensombrecerán la tierra. Hacía un lustro que Bell lo había retratado con un arco de caza junto a un paje negro. Aires de las colonias.

Sophia Anne es hermana del desdichado John. Cuando posa, es una adolescente de quince años. En las manos, un laúd, una especie de pandurina que afina, apoyada sobre su rodilla derecha. No es el mejor modo de hacerlo, es difícil que en esta postura la cuerda acabe bien ajustada. La mano es delicada, aristocrática, sedosa, de un frío antiguo. Nos mira, el aire de la costa es apacible, como si en Seaton jamás fuera a suceder nada. Unos árboles y un fondo que se desdibuja al atardecer, seguramente lento. El clavijero describe una tímida hoz, es parecido al de la cítara holandesa, también similar al de la guitarra inglesa, la *english guitar*, que se ha puesto de moda. Sophia Anne es muy aficionada a la música y el dibujo, que le enseña Bell. Lleva un vestido lujoso, como si lo hubiera cortado Rose Bertin en París.

Los deseos del político Delaval, los ensueños de gloria sobre su descendencia, se desvanecen sin remedio, como la vida de Sophia Anne, que es la historia de un continuado declive. Llega un día en el que se siente indispuesta, tiene mareos cada vez más frecuentes, le invade la acedía, su cintura empieza a pesar, cuesta disimular el vientre, que aprieta los lazos de la camisa. Está pálida, con los labios hinchados, no sabe qué decir. Ya no puede ocultarlo más. Acuerda con sus íntimos una estratagema, hay que salvar el honor familiar. He aquí la argucia: deben persuadir a sus conocidos de que ha huido a Francia por amor, un amor puro e irrefrenable, y que allí, en tierra extranjera, ha esposado con un caballero llamado Devreux. La boda se habría celebrado sin el consentimiento del *baron* Delaval, que se finge ofendido.

El recién nacido es bautizado con el nombre de Henry. Pero el padre, el de verdad, ¿dónde está? Porque Devreux no existe. Un día el progenitor aparece, como salido de una emboscada, descuidado. Se llama John Jadis, un militar de poco rango, un desmañado *redcoat*. Bebe a todas horas, es de los que cae desplomado sobre la cama con las botas embarradas. Una jornada tras otra. Es bronco y ventrudo, de tropa que huele a ron, le importan más los tambores que Sophia Anne y el niño.

La pareja naufraga como el *Royal Anne* en las Sorlingas. Ella, angustiada, corre a ocultarse a la gran capital. Su situación de madre separada, en aquellos años, significaba vivir a orillas del mundo. Su cuerpo es delicado, por mala fortuna no ha ido a dar en la mejor de las ciudades: allí, en el Londres de William Blake, los doctores Sydenham y su discípulo Dover habían puesto en circulación, un siglo antes, las que se conocían como *gotitas negras*, que se encontraban en casi todas las tiendas y las boticas de la ciudad. Era muy sencillo obtener esas gotitas de láudano, bastaba con pedirlo y pagarlo. El preparado del doctor Dover se expendía en polvos y contenía el doble de opio que el de la fórmula de su maestro. A la muerte de aquél, sus continuadores aumentaron todavía más la dosis, sin escrúpulos.

Sophia Anne ha caído en la adicción de la mezcla de opio

e ipecacuana ideada por el mencionado Dover. Está enferma, cree que el *laudanum* le hacen bien, que la sana; lo que ha conseguido, sin embargo, es debilitarla hasta hacer de ella unos huesos. Un día de finales de junio de 1793, muere, a los treinta y ocho años.

El *baron* Delaval ha preparado un suntuoso entierro, es el día 2 de agosto. Nada ha de saberse, no cabe dar pie a la murmuración. Al año siguiente fallecerá Bell, en el mes de junio, en Newcastle. Durante años, sólo será recordado en su región, de fama apagada fuera de ella porque son los tiempos de Joshua Reynolds, los de Allan Ramsay y Thomas Gainsborough. Suena la música de la familia Sharp que ha pintado Johann Zoffany, corren por las vaguadas los caballos esbeltos de Stubbs, y el reverendo Walker patina, feliz, por la superficie del lago Duddington, con los brazos en el pecho, cerrándolo, como Henry Raeburn ha querido eternizarlo.

MUSEO DEL OÍDO

VESTÍBULO

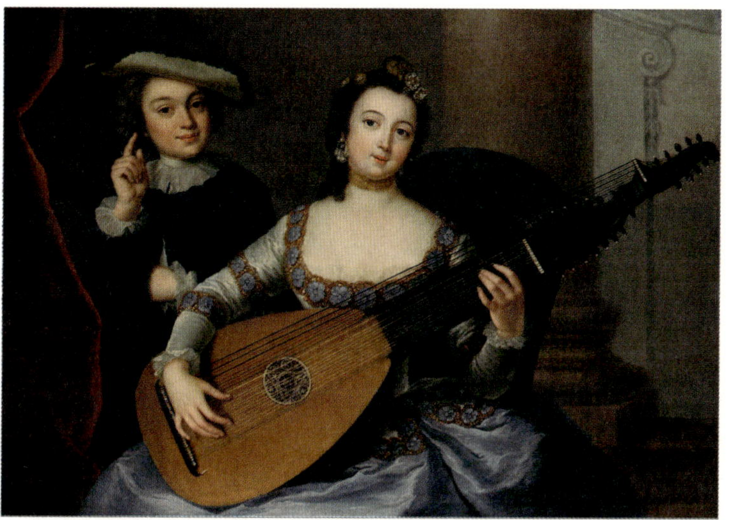

Anna Rosina von Lisiewska (1713-1783), *Alegoría de la audición.*

La mayor parte de los museos muestran, en el que acostumbra a ser su amplio vestíbulo, una obra a veces alusiva al carácter de la propia entidad; otras veces, el lienzo se expone con la voluntad de destacar a un artista o un movimiento artístico. En el «Museo del oído» el cuadro elegido para este cometido pertenece a Anna Rosina von Lisiewska, también conocida con el nombre de Anna Rosina de Gasc, una retratista alemana de renombre y miembro de una familia de pintores de origen polaco. Vive en los tiempos de Carl Philipp Emanuel Bach, en los de František Xaver Richter. Su *Alegoría del oído* es idónea para esta entrada al edificio. El niño invita, con su gesto, a la escucha atenta; la muchacha ya ha empezado a pulsar el laúd, ruega silencio. Este instrumento, con sus catorce órdenes melódicos, es característico de mediados del siglo XVIII alemán. Anna Rosina lo ha visto con frecuencia en la corte de Zerbst, al sur de Magdeburgo, y así también, más tarde, en la de Brunswick, que está camino de Hannover. Allí, bajo el amparo de la duquesa Philippine Charlotte, estará los últimos años de su existencia, los cumplirá como artista y también, en segundas nupcias, como esposa de un hombre de letras, Ludwig de Gasc, amigo de Lessing.

No se trata aquí, en esta galería de la afinación, de recrear el momento de la tensión de las clavijas en busca de armonía, sino de invitar a escuchar y contemplar, nada más. Los protagonistas que todavía viven en estos cuadros nos entregan a un mundo previo, anterior a la música, anterior al lenguaje, una sonoridad que se abre a la luz de pequeñas habitaciones, en jardines, en posadas. Los cuadros que pueden admirarse en el museo no han sido presentados en *Despacio el mundo*, forman parte de otro espacio, pero, igual que aquéllos, proceden de los fondos que viven en la quietud de su ayer y del sueño que las melodías crean al paso de los tiempos. Algunos son de admirable maestría, otros resultan menores, y aun así se vuelven trascendentes para acercarnos la firmeza de un la, de un re que ennoblece el sonido y le concede carta de ciudadanía en los dominios musicales, imposibles de recorrer por lo ilimitados.

Unas amplias salas se abren en nuestra imaginación, en ellas no vemos una guía que dé explicaciones sobre cada una de las obras; tampoco se acumulan grupos de turistas, ni un conserje, con la insignia de la institución en la solapa, dormita en una esquina. Acogido por una luminosidad natural y nítida gracias a las grandes claraboyas, las escaleras son cómodas, de peldaño bajo y ancho, blancas. A la salida no se venden camisetas ni posavasos con la reproducción del detalle de un lienzo; no pueden adquirirse fundas de móviles con un violín, ni tazas ni lápices ni postales ni pulseras, todo lo más, un olor de mañanas y esfuerzos, un ambiente de talleres, pigmentos, aceites, disolventes.

Las telas modernas de este museo son escasas, así lo ha querido el arte de los siglos XX y XXI, refractarios a lo figurativo. El hallazgo feliz de cada una de las piezas del «Museo del oído» ha recompensado los largos e intrincados senderos que he tenido que recorrer hasta dar con ella, la búsqueda se ha asemejado a un ejercicio de minería, bien sea desempeñado a través de los largos túneles de la consulta de un sinfín de libros, bien sea en el lento cavar de un coleccionismo de imágenes y postales que viene de muchos años atrás. Internet, el sumergirse por sus corredores infinitos, y por tanto borgianos, por el zigzagueo de sus metabuscadores, por su secreta intrared abierta a los espacios que no adivinamos, ha supuesto otra fuente primordial. Combinar los archivos de cartón verde—con fichas y separadores alfabetizados, que me acompañan desde hace muchos decenios—y la computación es una mezcla idónea y permite entender mejor el camino que un día decidimos emprender.

SALA I

EDAD MEDIA

Para acceder a ella se baja una escalera ancha, aunque la sala es pequeña, cuadrangular. Se ha conservado la techumbre abovedada del edificio antiguo. La iluminación, la única artificial del museo, está muy cuidada. Tiene un silencio muy particular, de cámara, que pone en entredicho lo que ocurre fuera. Hay una obra del Maestro Mateo, la que recrea a los *Ancianos del Apocalipsis*, que es específica de la afinación de una viola de arco. A su lado, en otro panel, un anciano, músico también, revisa la colocación del puente de su viola de arco. Están juntos, como si el artista hubiera considerado necesaria la mejora del sonido en esa parte izquierda del Pórtico de la Gloria, en la catedral de Santiago de Compostela. Pueden contemplarse, además, algunas de las miniaturas de las *Cantigas de Santa María*, de Alfonso X el Sabio, en las que los juglares templan las cuerdas de los instrumentos: laúdes, rabeles, cítolas, mandoras, rotas del tipo arpa. Una *Alegoría de la Música*, que procede de un códice iluminado por Niccolò da Bologna, completa la sala.

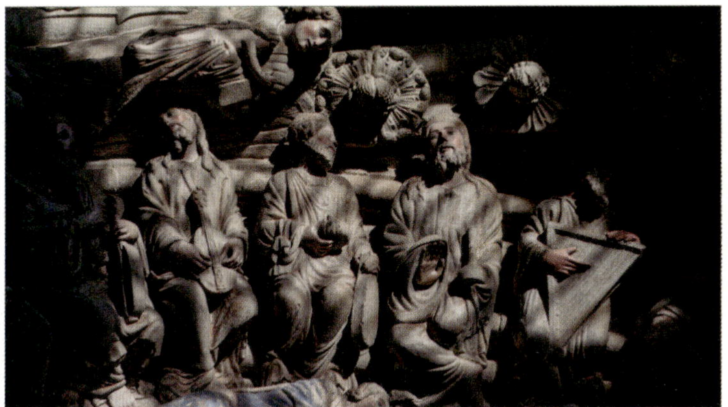

Maestro Mateo, *Ancianos del Apocalipsis*, catedral de Santiago de Compostela, Pórtico de la Gloria.

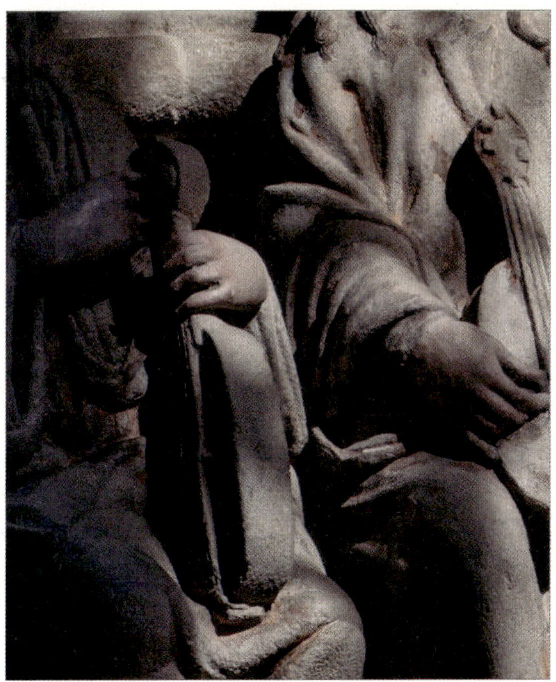

(Detalle).

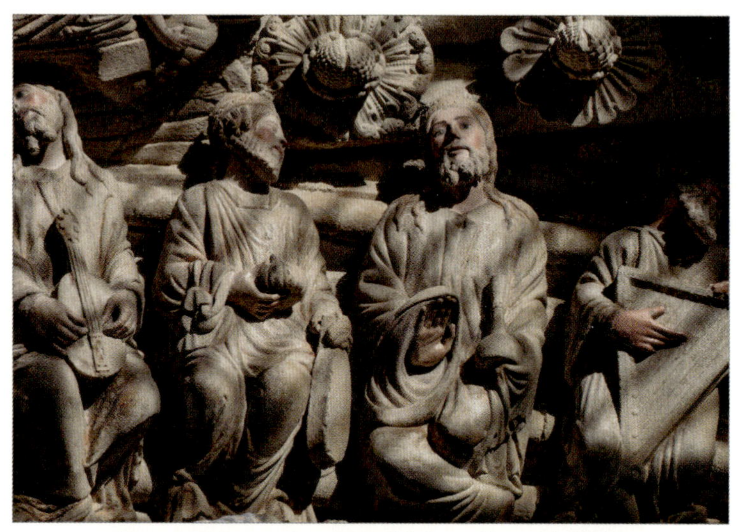

Maestro Mateo, *Ancianos del Apocalipsis* (detalle).

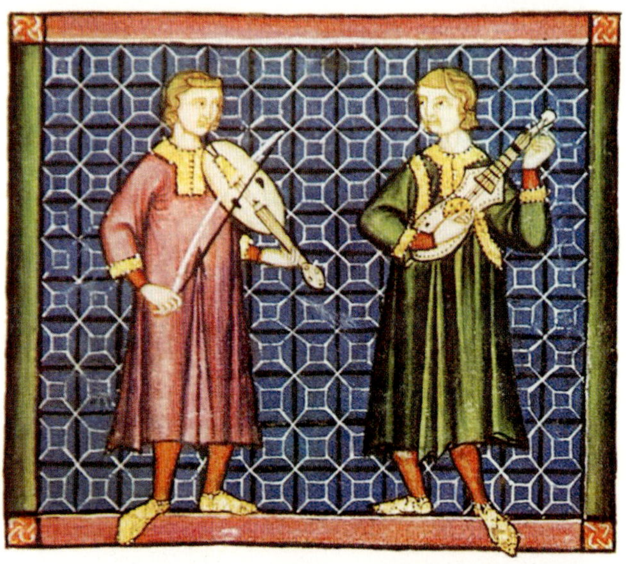

Juglares de viola de arco (*fidula*) y cítola, *Cantigas de Santa María*.

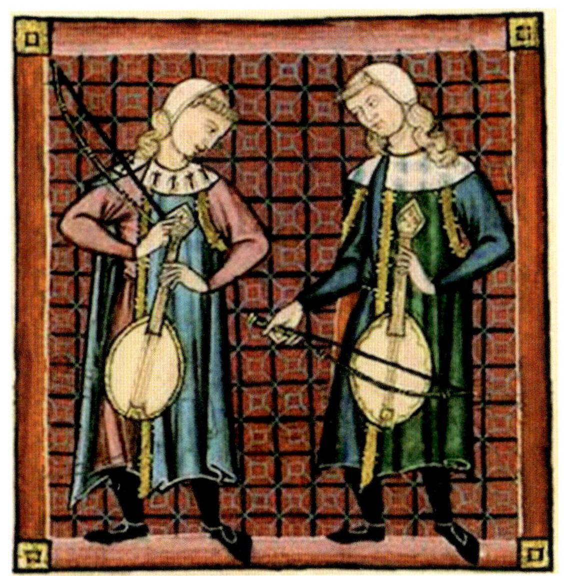

Juglares de viola de arco, *Cantigas de Santa María*.

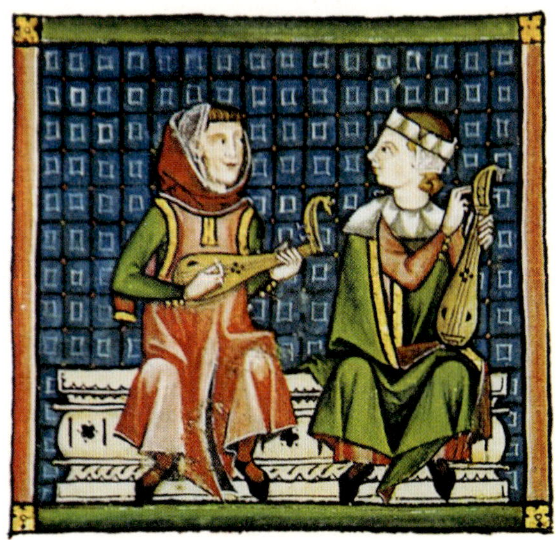

Juglares de rabel, *Cantigas de Santa María*.

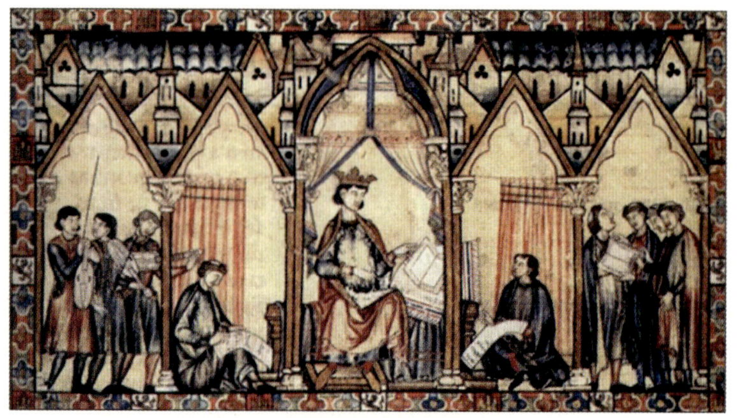

Juglares de viola de arco (*fidula*) y cítola, *Cantigas de Santa María.*

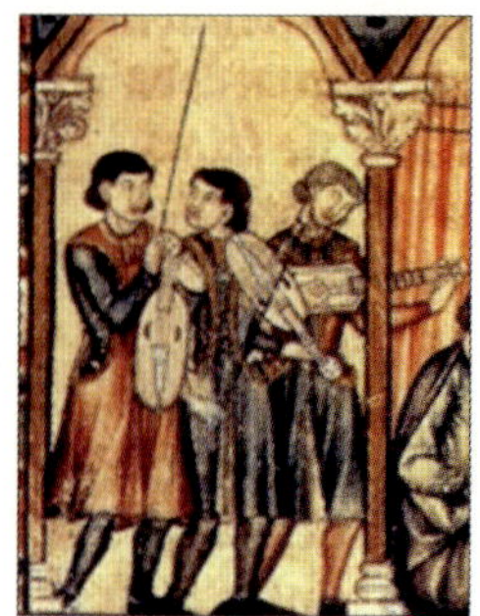

(Detalle).

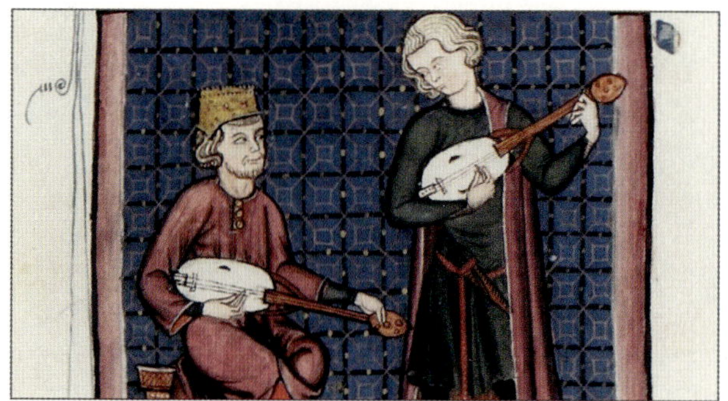

Juglares de mandora, *Cantigas de Santa María.*

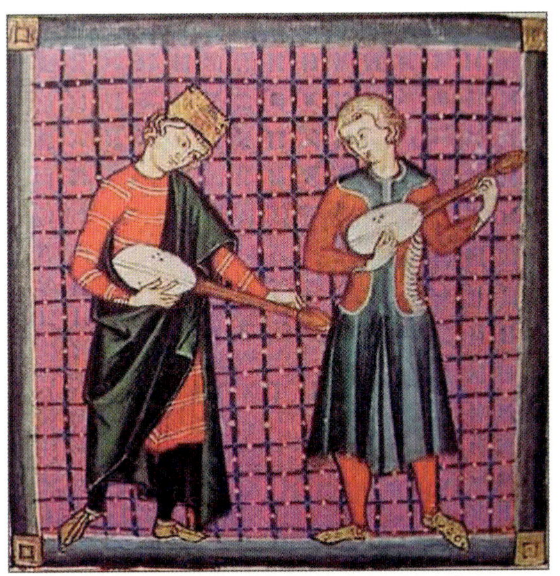

Juglares de mandora, *Cantigas de Santa María.*

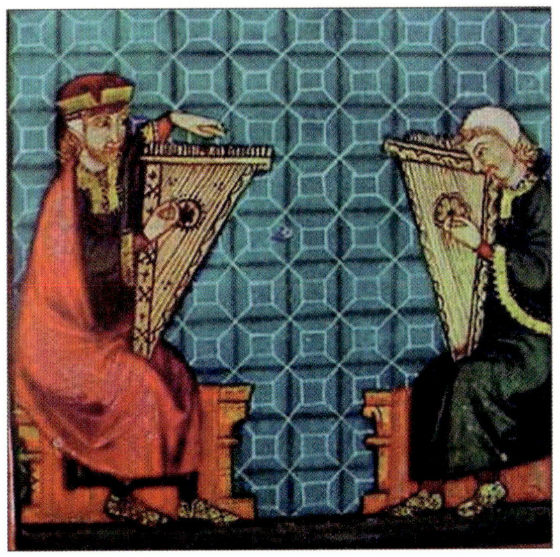

Juglares de rota, *Cantigas de Santa María.*

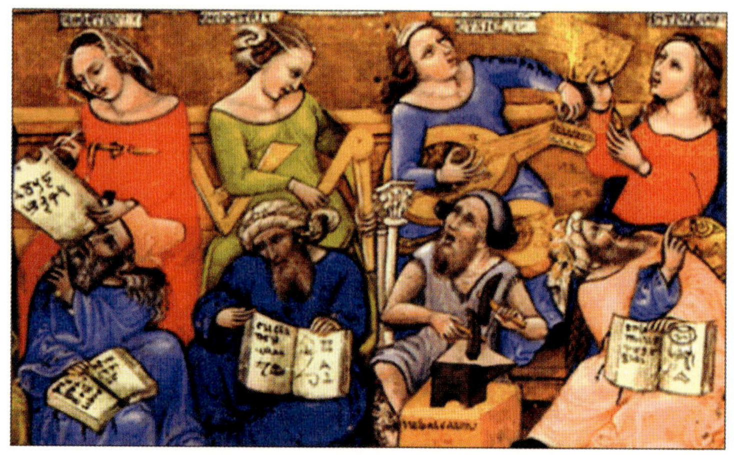

Niccolò da Bologna (*c.* 1325-1403), *Las Virtudes y las Artes liberales*.

SALA 2

SIGLOS XV Y XVI

La segunda sala del museo está en la planta baja, la de la entrada, aunque las obras expuestas sólo ocupan una parte. El resto de la superficie se ha destinado a la biblioteca, un espacio guarnecido por grandes cristaleras. Siempre hay lectores, muchos de ellos jóvenes, que consultan lo que sus ojos acaban de ver. La representación es exigua, pero cuenta con afamados maestros, como Francesco Benaglio, cuya *Virgen con el Niño*, cosa importante, supone su primera obra firmada; una copia, no del todo fiel, de la misma escena que se contempla en el *Retablo de san Zenón*, de Andrea Mantegna. Están Pinturicchio y Cima da Conegliano, con un san Pedro Mártir, que deja ver el arma con la que fue asesinado al adentrarse en un bosque; se dice que este ataque fue instigado por unos caballeros venecianos y con la connivencia del obispo Daniele da Giussano, heterodoxo, afectos, todos ellos, al movimiento albigense. Al pie del pedestal del santo, un ser angélico afina una primitiva e idealizada viola *da gamba* sin apenas escotaduras. Se hallan, también, Palma el Viejo y Bernardino Lanino, o Lanini, que fue alumno de Gaudenzio Ferrari. Fuera de Italia, encontramos dos alegorías musicales del grabador Cornelis Cort, nacido en tierras holandesas y colaborador y amigo de Tiziano. Una pequeña obra, atribuida sin convicción al flamenco Frans Pourbus el Viejo, muy fuera de su estilo, concluye esta visita a los siglos XV y XVI.

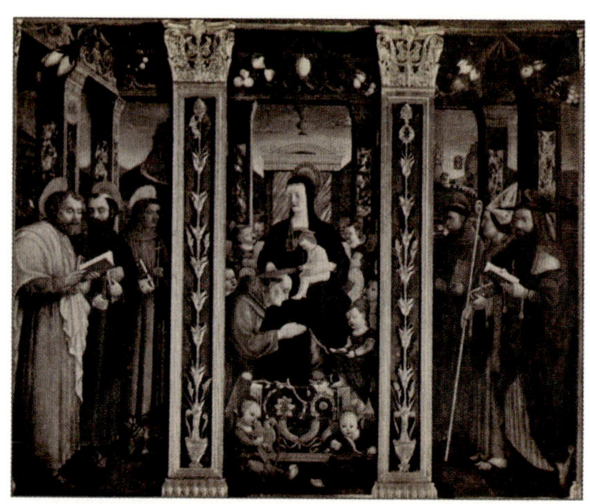

Francesco Benaglio (*c.* 1430-1492), *Virgen con el Niño.*

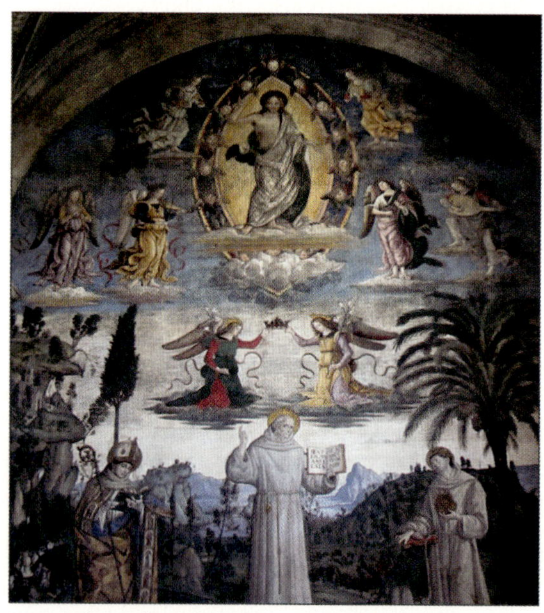

Bernardino di Betto, llamado Pinturicchio (1454-1513), *San Bernardino entre san Luis de Tolosa y san Antonio de Padua.*

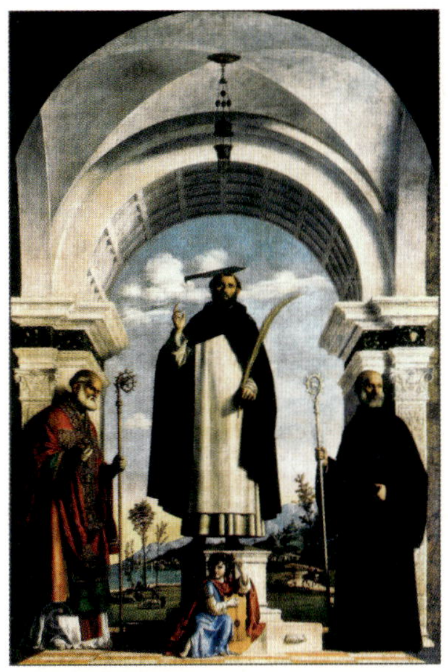

Cima da Conegliano (1459-1517), *Santos Pedro Mártir, Nicolás de Bari y Benito de Nursia.*

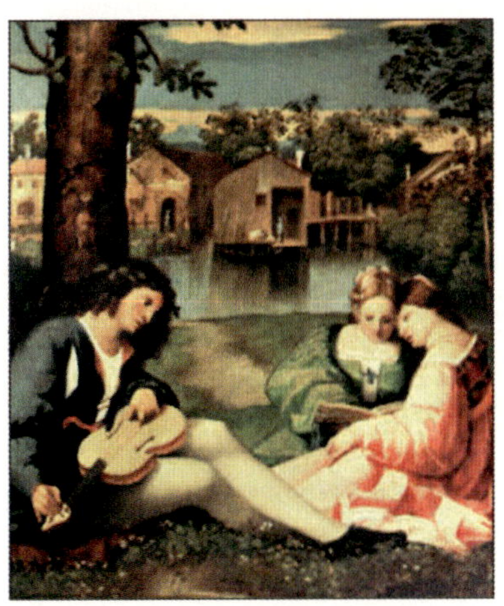

Jacopo Negretti, llamado «Palma el Viejo» (1480-1528), *Reunión campestre.*

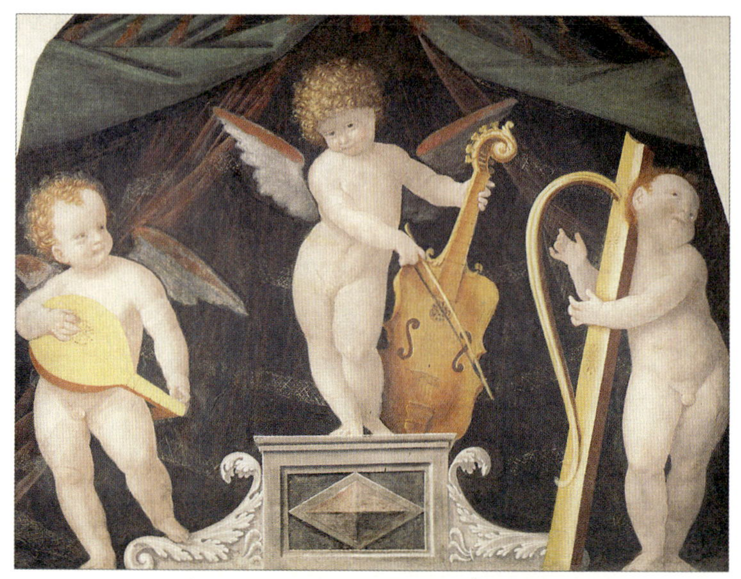

Bernardino Lanino (*c.* 1512-1583), *Ángeles músicos.*

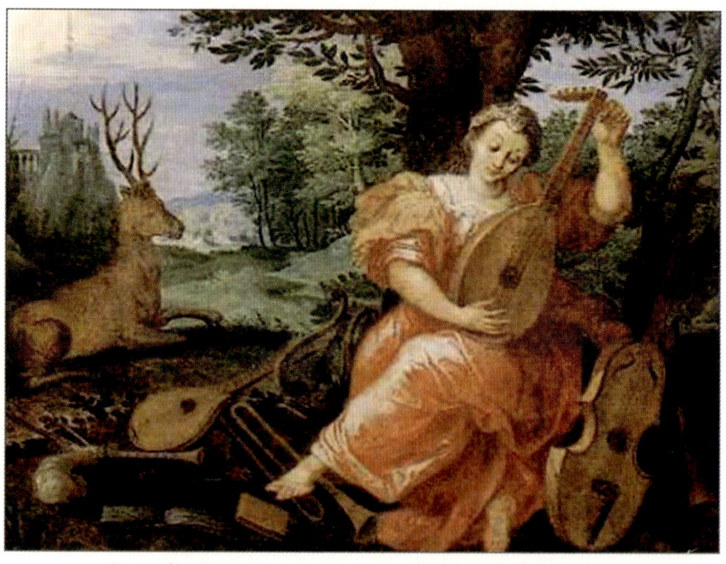

Cornelis Cort (*c.* 1533-1578), *Alegoría de la Música.*

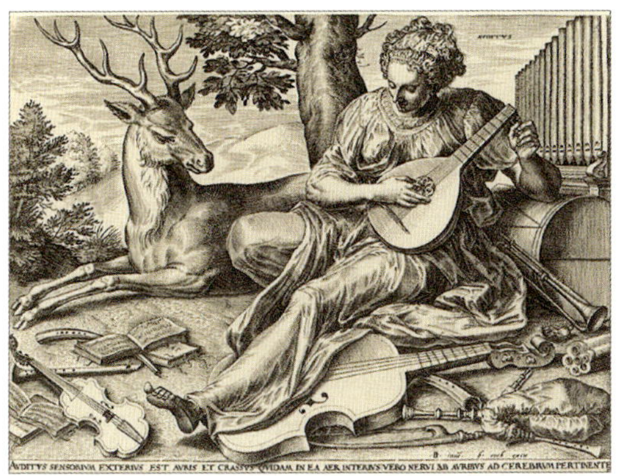

Cornelis Cort (*c.* 1533-1578), *Alegoría de la Música.*

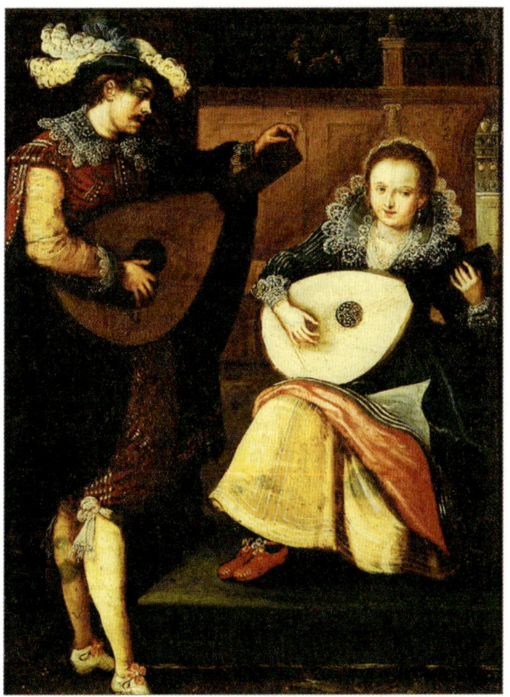

Frans Pourbus el Viejo (1545-1581, atribuido), *Laudistas.*

SALA 3

SIGLO XVII

La sala tercera ocupa la planta del primer piso y se extiende a un anexo al que se accede a través de una pasarela metálica. Las telas no han cabido en un único recinto, tan numerosas son. Es el siglo XVII el que lo ha llenado todo de músicos que afinan su instrumento, es el siglo de la comprobación, el de la especulación continuada, el de Mersenne, Gracián y Sebastián Izquierdo, el tiempo de Malebranche y Spinoza, el de Descartes y Caramuel, el de Gassendi. Sólo con los maestros holandeses se ocupa el espacio entero; es así porque fueron muchos los que consideraron la recreación del gesto natural, la voluntad de expresar lo cotidiano y de no desestimar las acciones que, a fuerza de trascendencia, pasan inadvertidas a nuestros ojos. Ellos dejaron a un lado, si se puede decir así, «las grandes empresas del espíritu»; antes bien, fijaron la mirada en el acontecer del día, en lo anónimo, en el sentido desnudo de las cosas, esas que no llaman a la hazaña. La pregunta no es el mañana, sino el ahora. Por eso abundan en esta parte del museo los Van Honthorst, los Rombouts y los Metsu, los Van Bijlert, los Steen, los Verkolje, los Duyster. Cuadros a menudo deslumbrantes, llenos de saber, convertidos en comprobaciones del mundo, en tasaciones del instante, en testimonios del aprendizaje de la existencia común.

También, es cierto, está Rubens, están los pintores italianos, entre ellos Pietro Paolini. Un lienzo suyo, que no obedece de manera específica a la afinación de un instrumento, tiene cabida aquí no sólo por tratarse de una obra magnífica, sino porque se trata de un violero, de un *luthier* que está encordando un laúd. Los extraordinarios músicos de Bernardo Strozzi, el violoncelista de Bijlert, la laudista de Berchem o la de Jacob-Fransz van der Merck, las intérpretes de Van der Neer bastan para justificar la visita a esta sala, que cuenta con una escalera a la izquierda, que, una vez se abandona la planta, da acceso al segundo piso.

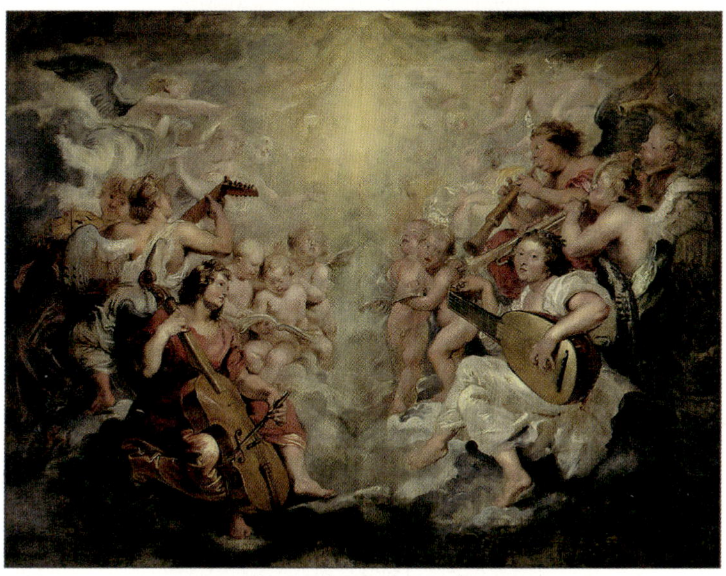

Pieter Paul Rubens (1577-1640), *Ángeles músicos*.

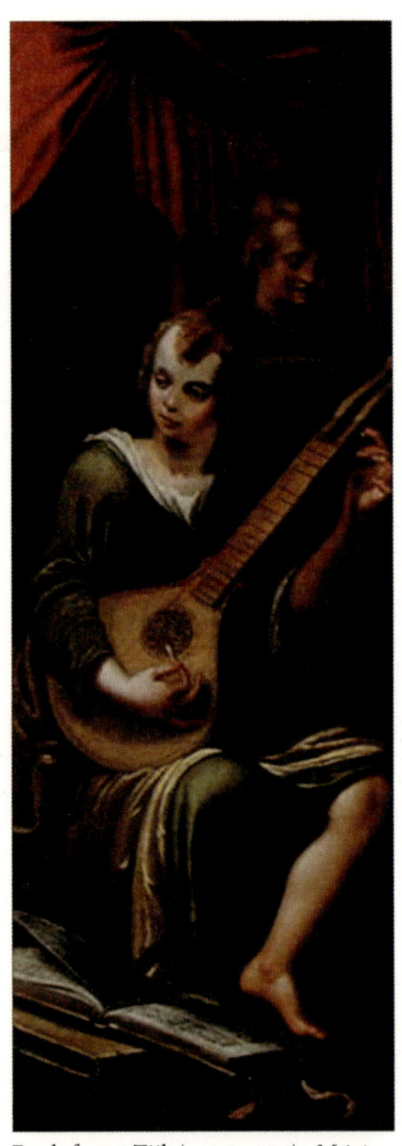

Roelof van Zijl (1586-1656), *Músicos de la Iglesia de San Jacobo en torno a un órgano* (detalle).

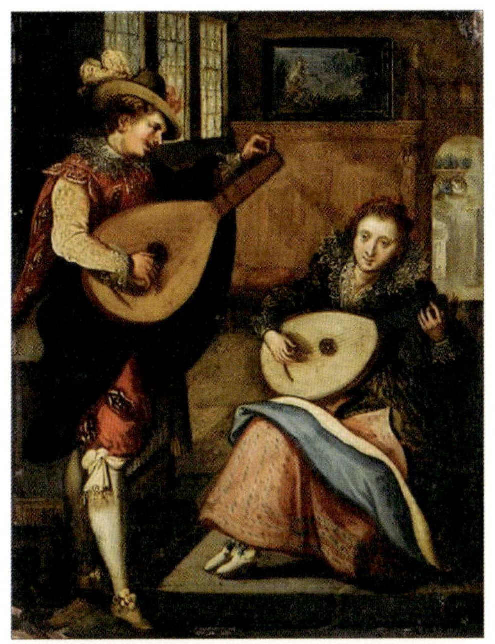

Louis de Caullery (*c.* 1580-1621), *Laudistas.*

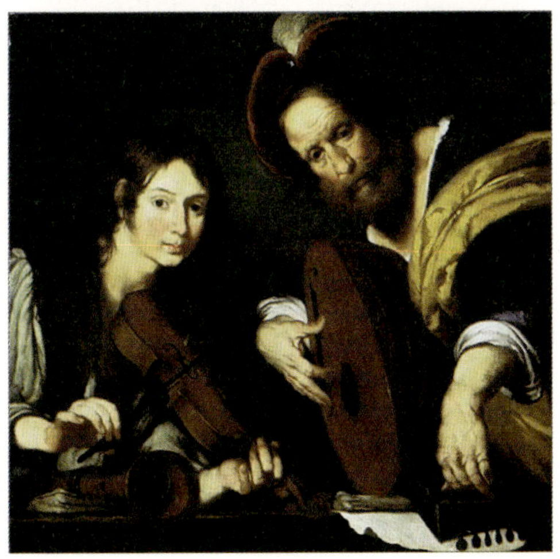

Bernardo Strozzi (1581-1644), *Los músicos.*

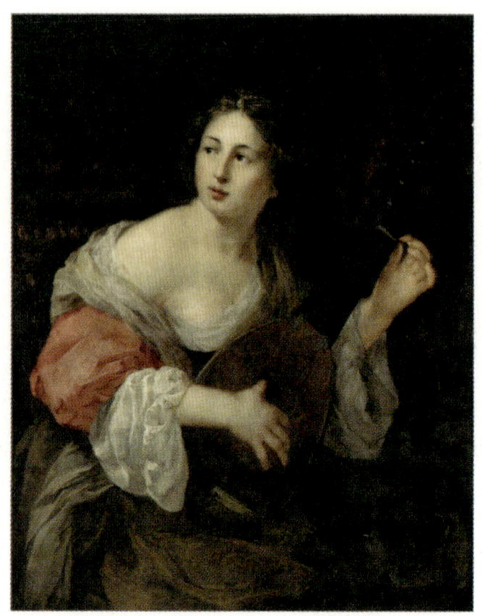

Escuela de Amberes (¿Gaspar de Crayer?, 1584-1669), *Laudista*.

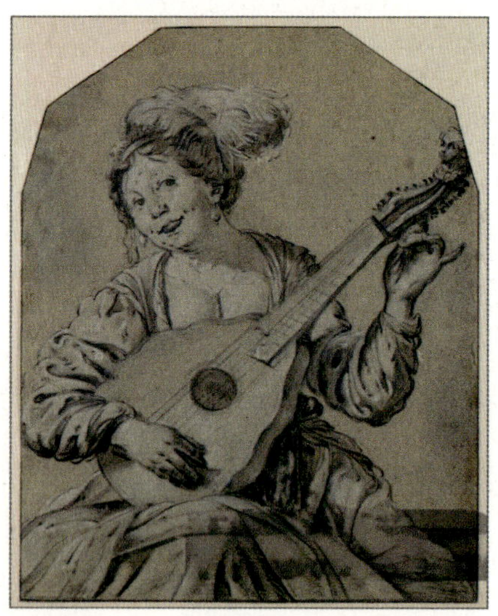

Hendrick Terbrugghen (*c.* 1588-1629), *Muchacha afinando la pandora*.

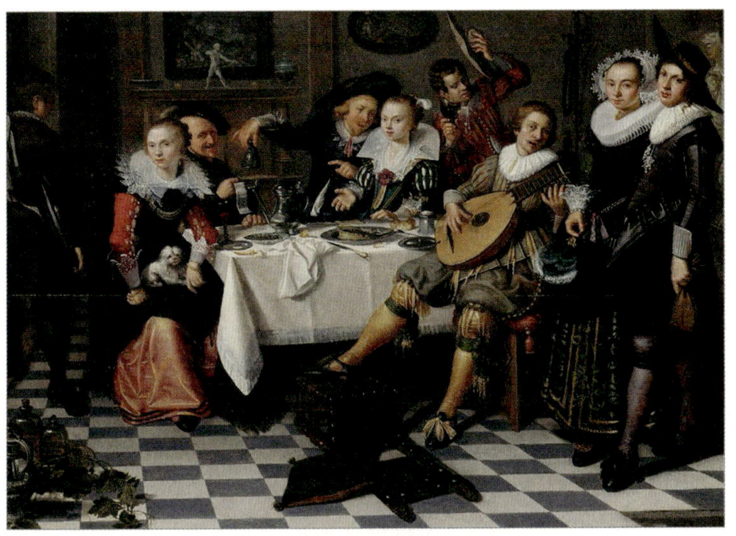

Isaac Elyas (1590-1630), *Compañía alegre*.

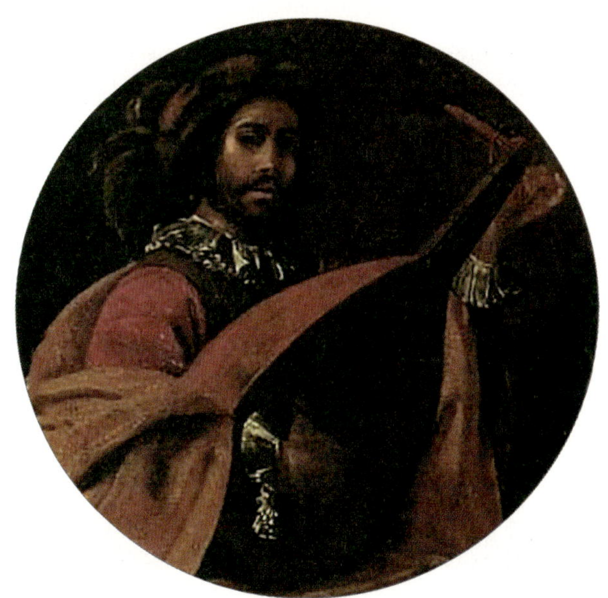

Seguidor de Nicolas Tournier, *Laudista*.

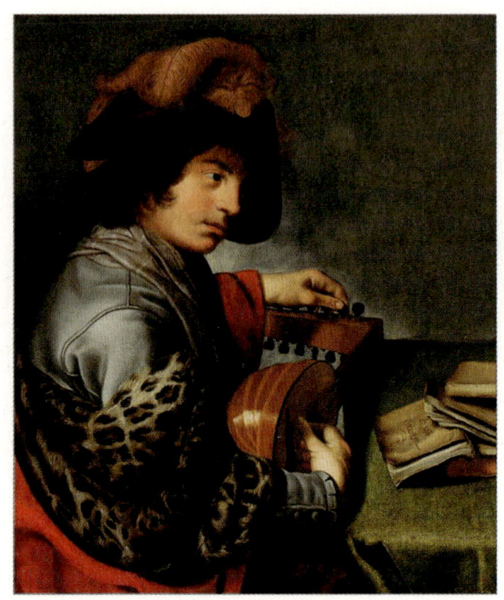

Johannes Baeck (atribuido, 1590-1655), *Laudista afinando.*

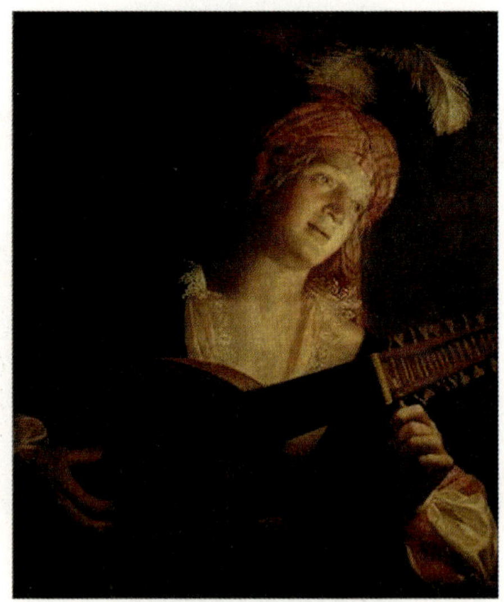

Gerrit van Honthorst (1590-1656), *Laudista afinando el instrumento.*

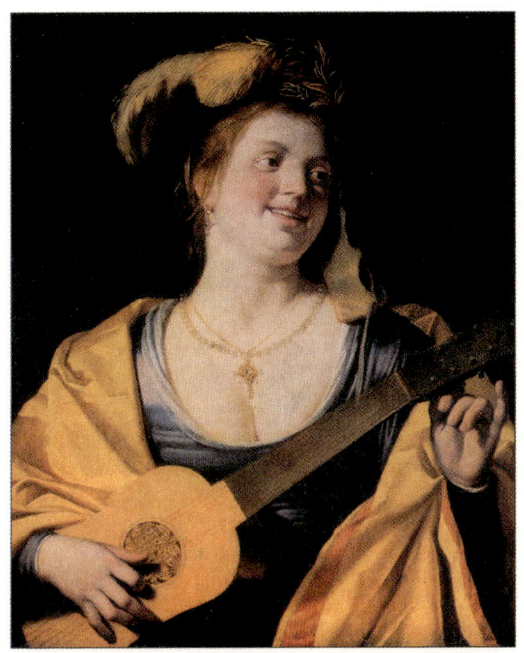

Gerrit van Honthorst (1590-1656), *La guitarrista*.

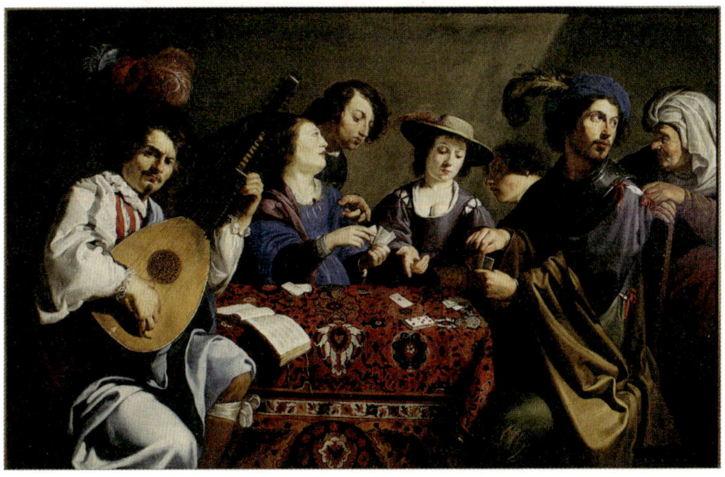

Theodoor Rombouts (*c.* 1597-1637), *Músico de tiorba y jugadores de cartas*.

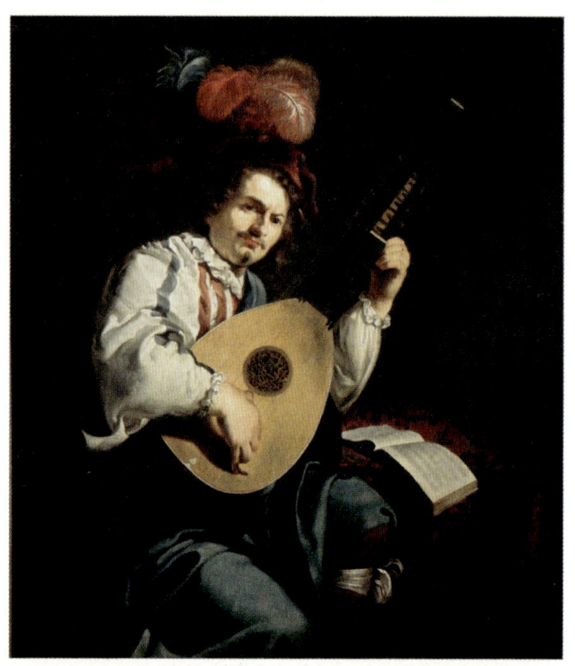

Theodoor Rombouts (*c.* 1597-1637), *Laudista afinando.*

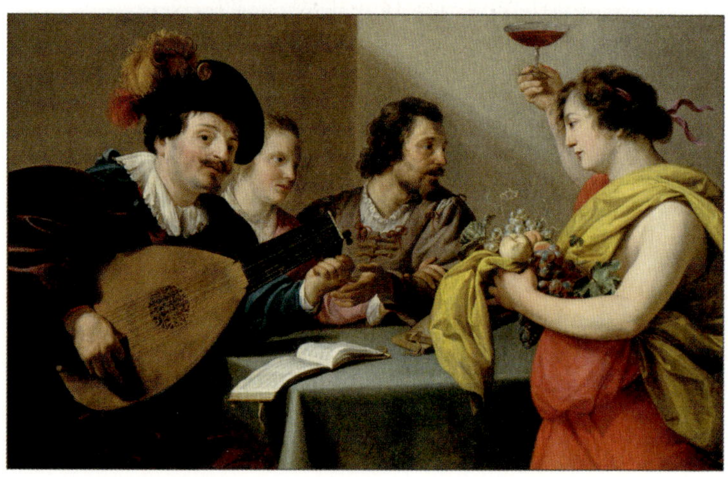

Theodoor Rombouts (*c.* 1597-1637), *Baco con unos músicos.*

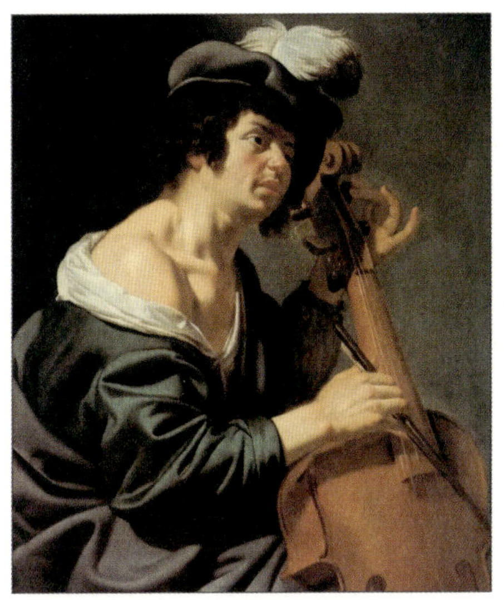

Jan Harmensz van Bijlert (*c.* 1597-1671),
El violoncelista.

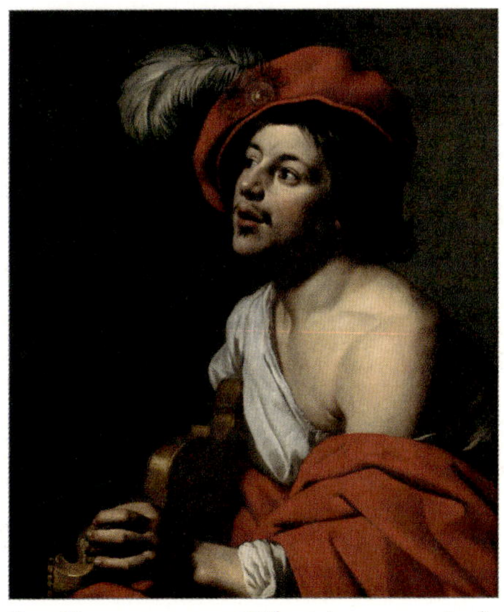

Jan Harmensz van Bijlert (*c.* 1597-1671),
Violinista afinando.

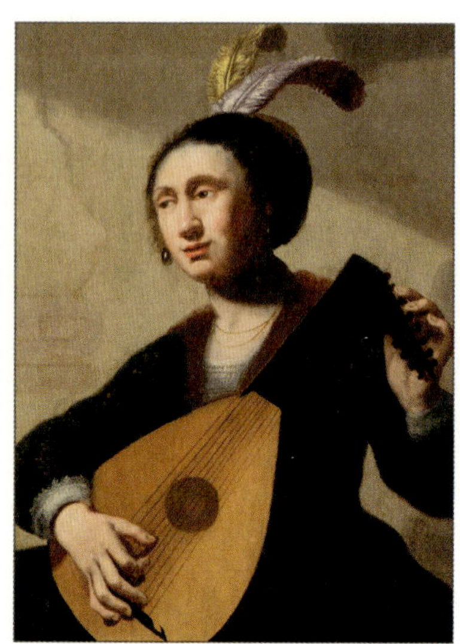

Jan Harmensz van Bijlert (atribuido, *c.* 1597-1671), *Dama afinando el laúd.*

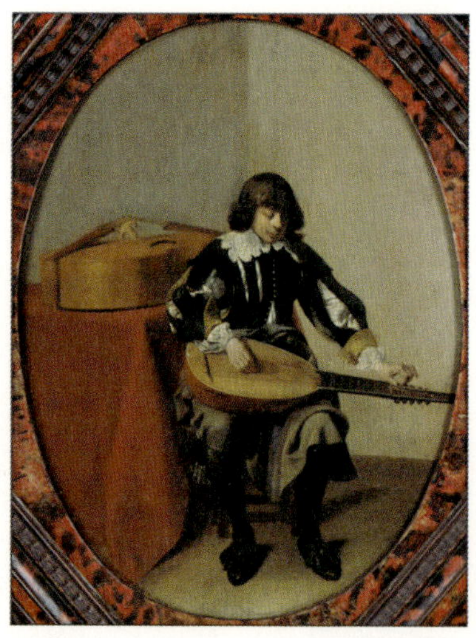

Willem Cornelisz Duyster (1599-1635), *Muchacho afinando un laúd tiorbado.*

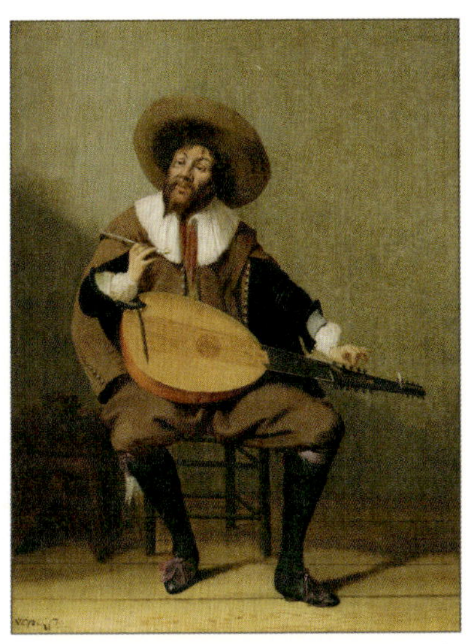

Willem Cornelisz Duyster (1599-1635), *Músico, con una pipa en la mano, afinando un laúd tiorbado.*

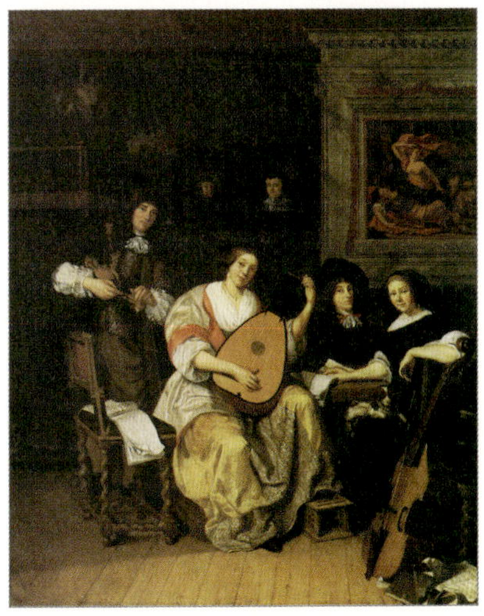

Frans Santacker (*c.* 1599-1650), *Reunión musical.*

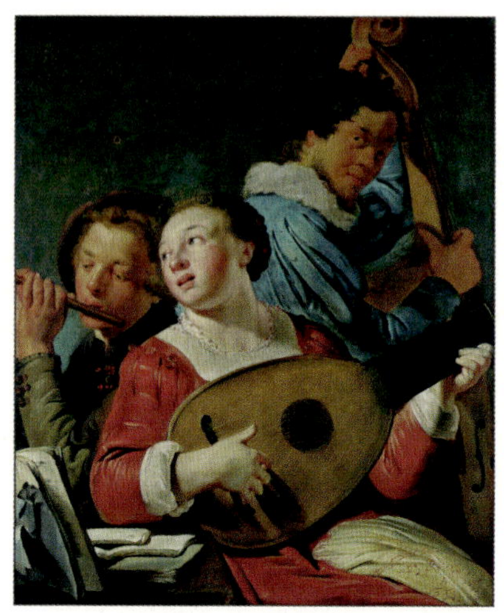

Pieter Fransz de Grebber (1600-*c.* 1652), *Los músicos*.

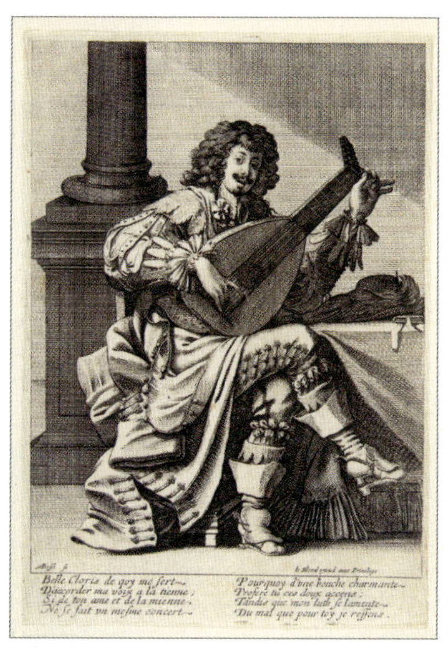

Abraham Bosse (*c.* 1602-1676), *Laudista afinando*.

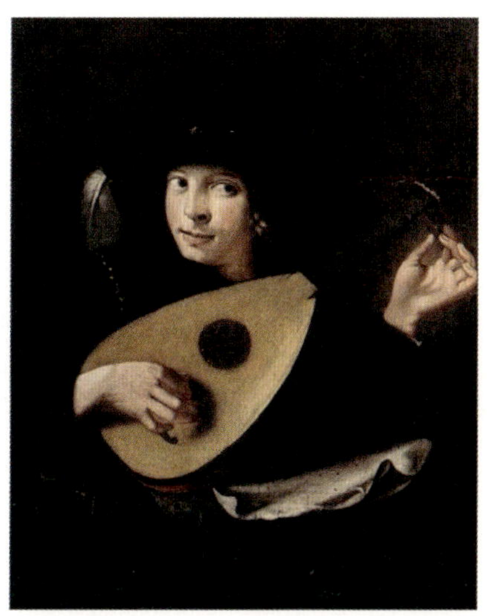

Pietro Paolini (1603-1681), *La tañedora de laúd.*

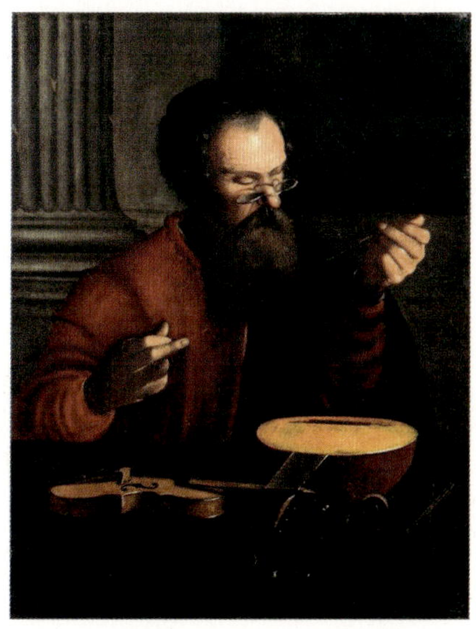

Pietro Paolini (1603-1681), *Violero encordando un laúd.*

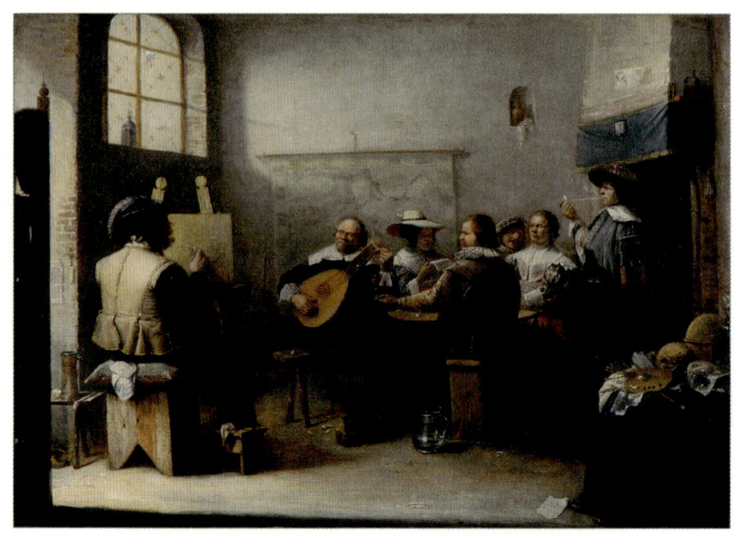

Joos van Craesbeeck (*c.* 1605-*c.* 1660), *Los cinco sentidos*.

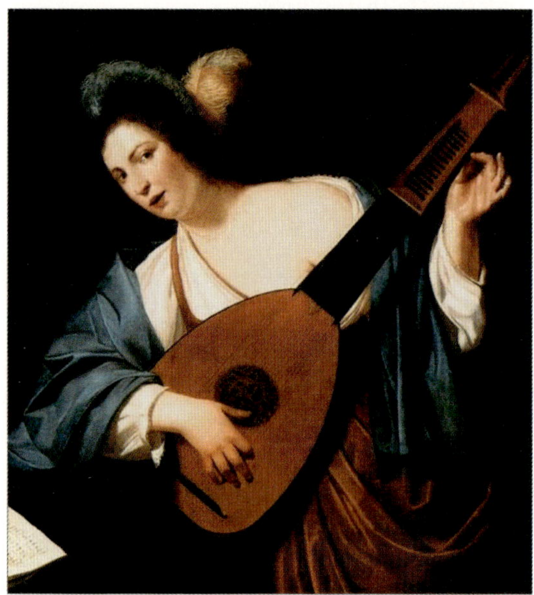

Lumen Portengen (1608-1649), *Laudista afinando*.

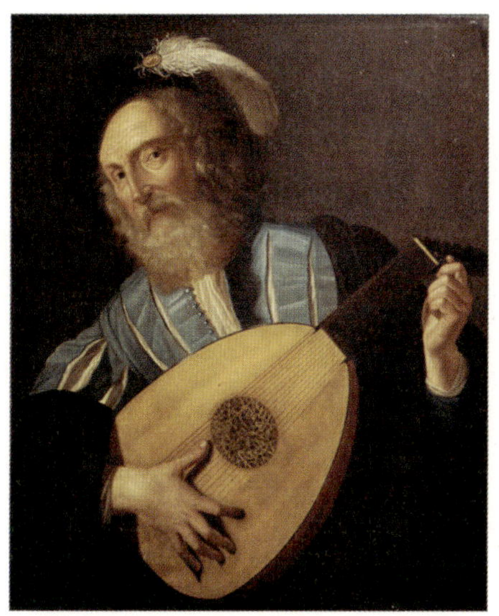

Lumen Portengen (1608-1649), *Laudista afinando.*

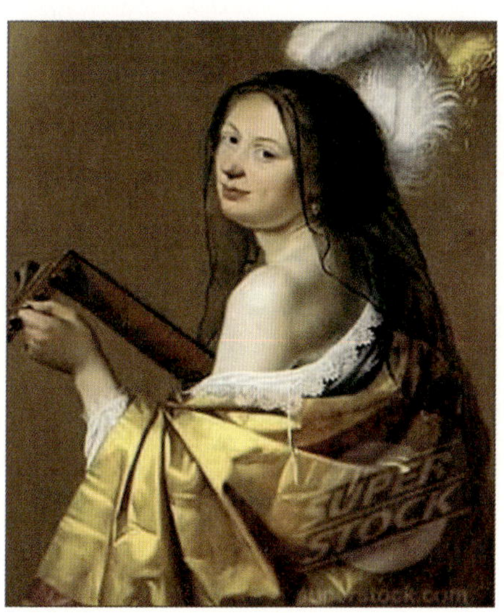

Jacob-Fransz van der Merck (1610-1664), *Joven afinando el laúd.*

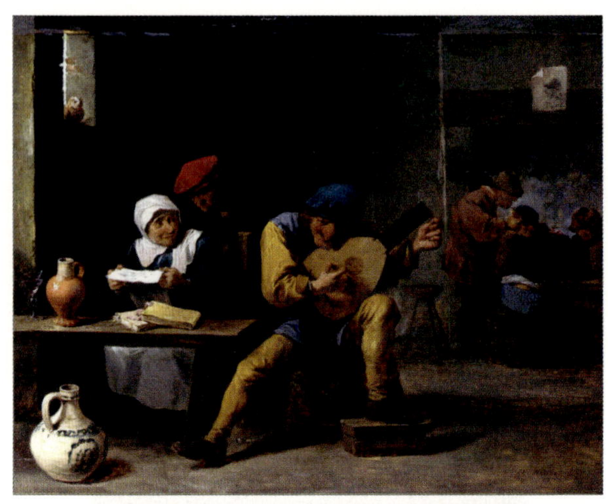

David Teniers el Joven (1610-1690), *Interior de taberna con músicos.*

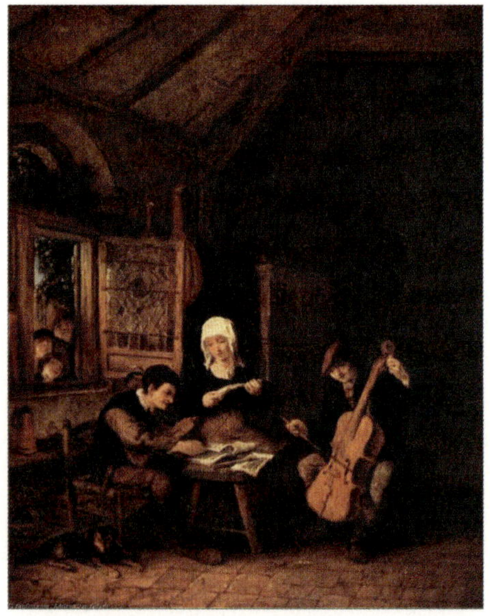

David Teniers el Joven (atribuido, 1610-1690), *Reunión musical.*

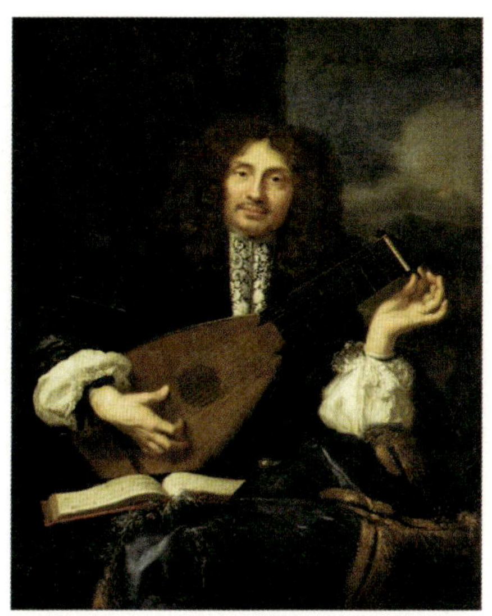

Jean Nocret (1615-1672), *Caballero afinando el laúd.*

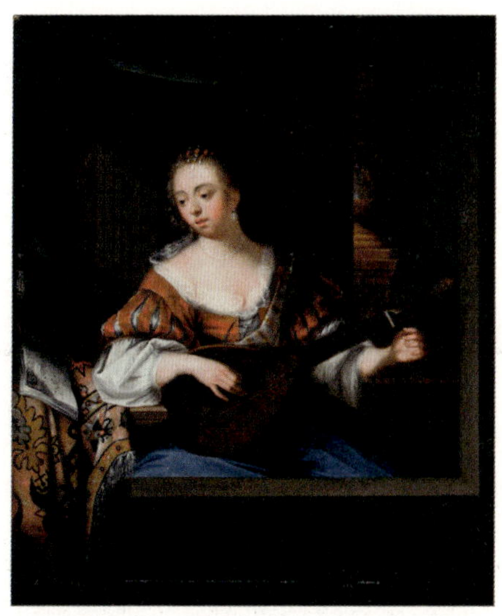

Jan Albertsz Rotius (1624-1666), *Joven laudista.*

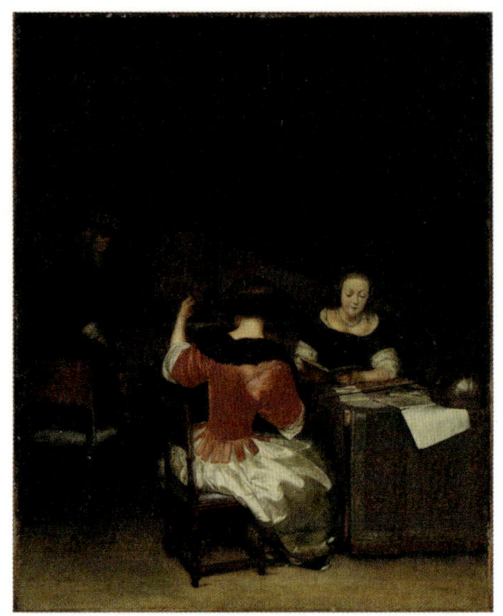

Gerard Terborch (1617-1681), *Lección de música.*

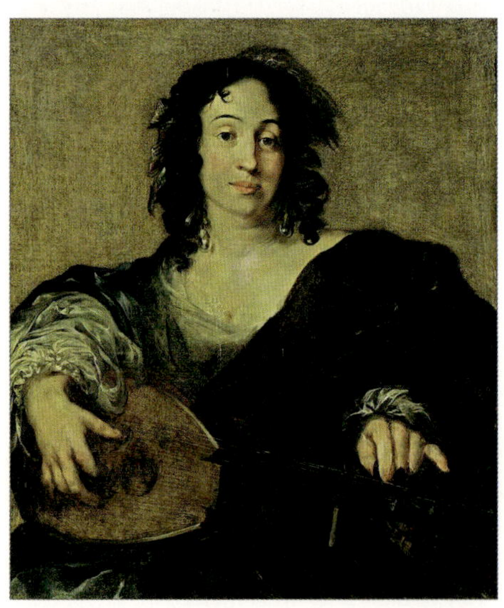

Nicolaes Berchem (*c.* 1621-1683), *Laudista.*

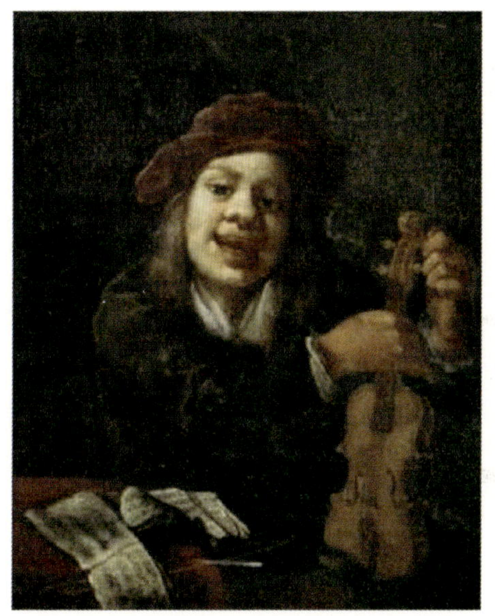

Círculo de Lambert Doomer (1624-1700), *El joven violinista.*

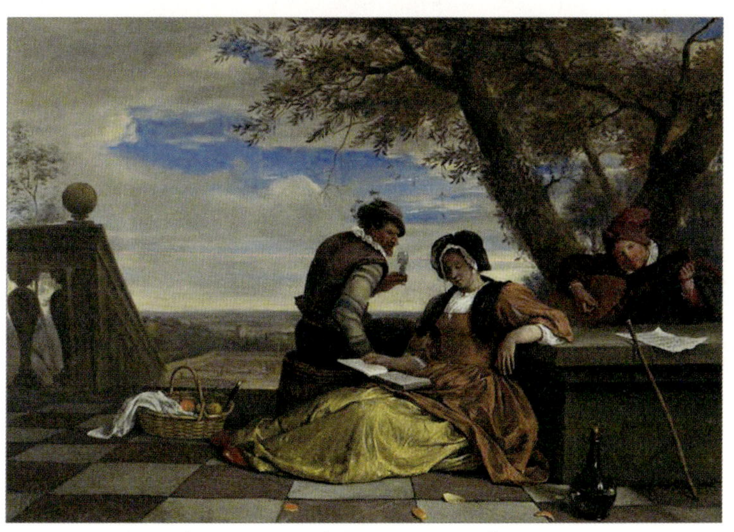

Jan Steen (*c.* 1626-1679), *Escena musical en una terraza.*

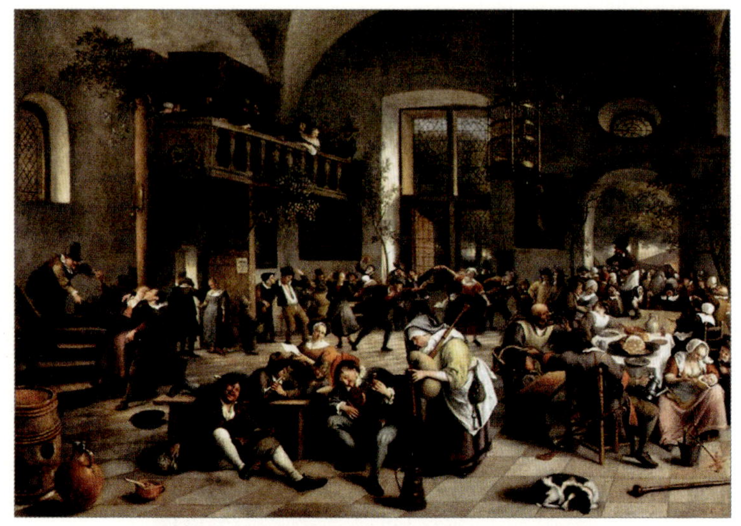

Jan Steen (*c.* 1626-1679), *La posada alegre.*

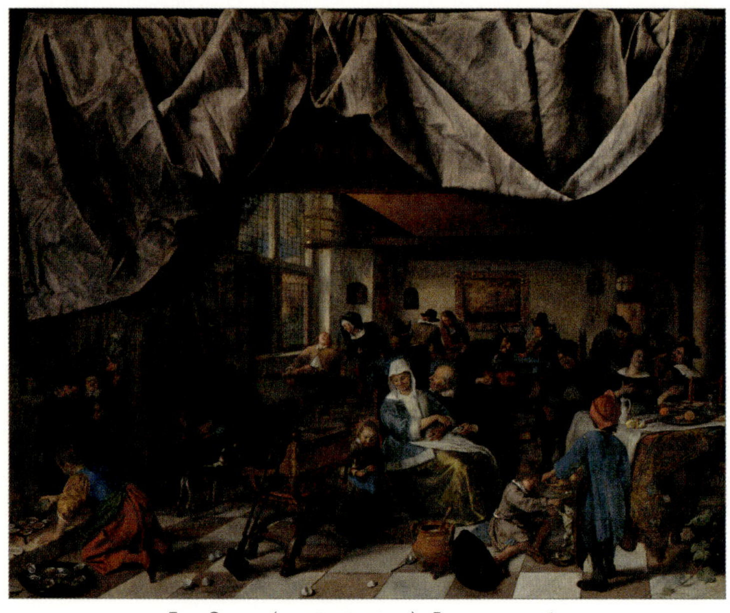

Jan Steen (*c.* 1626-1679), *La cervecería.*

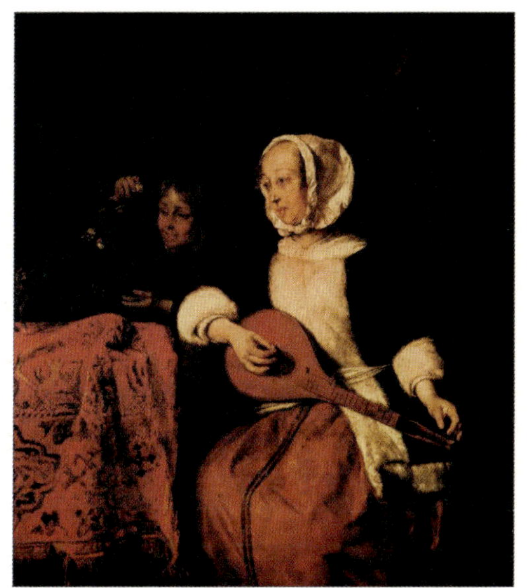

Gabriël Metsu (1629-1667), *Dama con una cítara.*

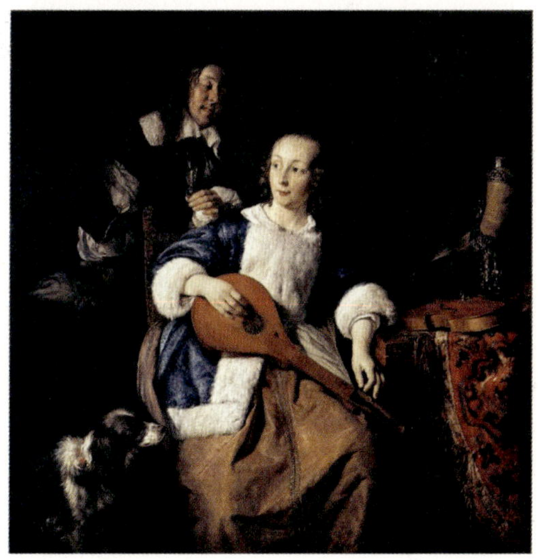

Gabriël Metsu (1629-1667), *Dama con una cítara y su pretendiente.*

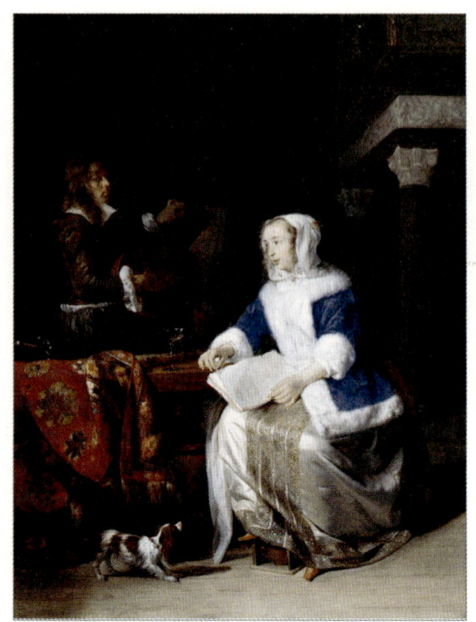

Gabriël Metsu (1629-1667), *Lección de música, con el laudista afinando.*

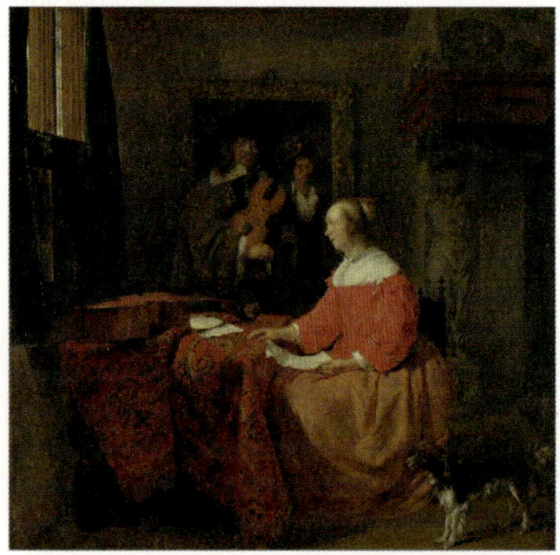

Gabriël Metsu (1629-1667), *Mujer sentada ante una mesa y violinista afinando.*

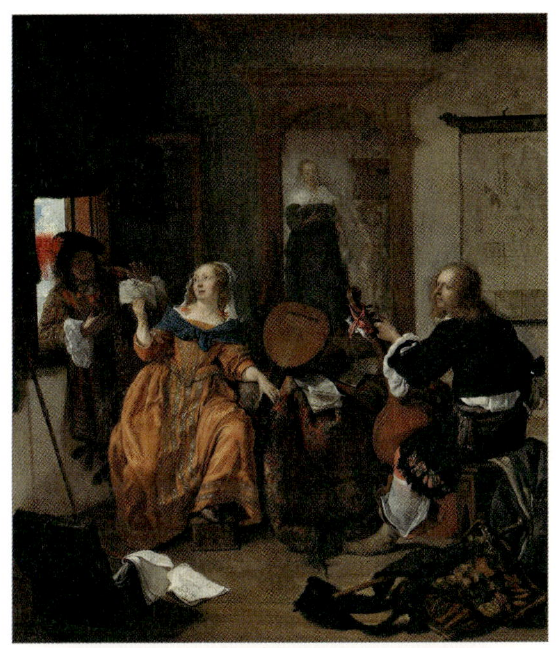

Gabriël Metsu (1629-1667), *Reunión musical.*

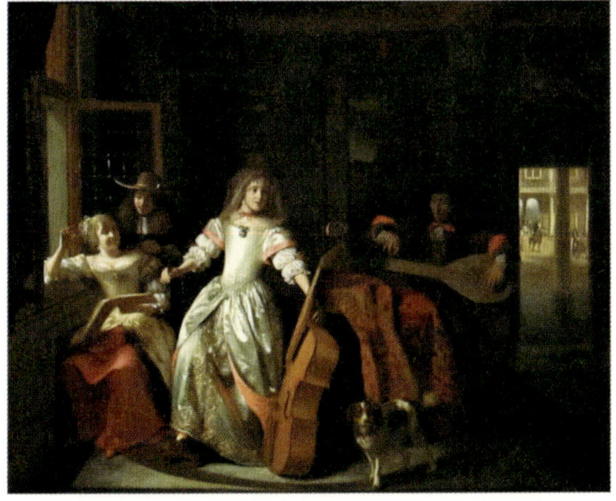

Pieter de Hooch (atribuido, 1629-1684), *Una conversación musical.*

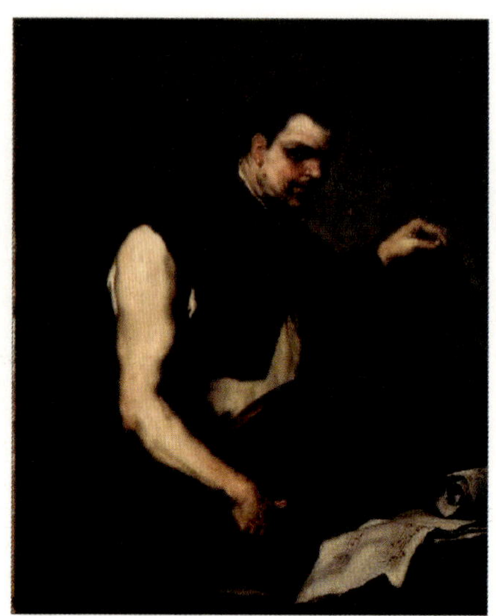

Luca Giordano (1634-1705), *Alegoría de un músico.*

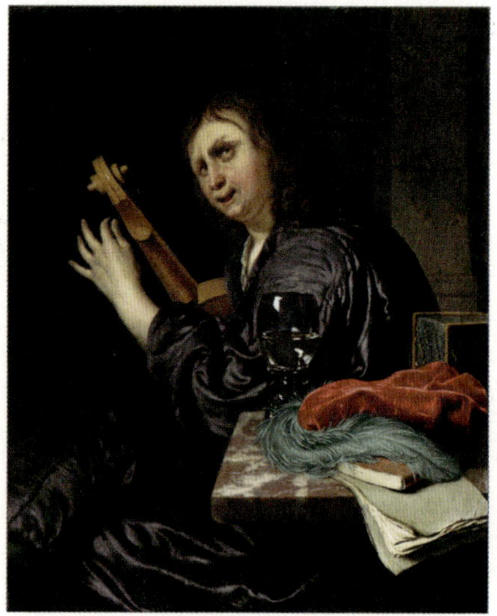

Frans van Mieris (1635-1681), *Tañedora de viola.*

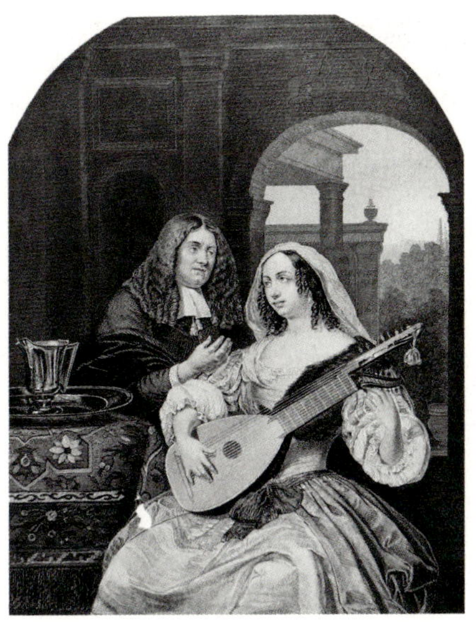

Frans van Mieris (1635-1681), *Franciscus Sylvius y su esposa.*

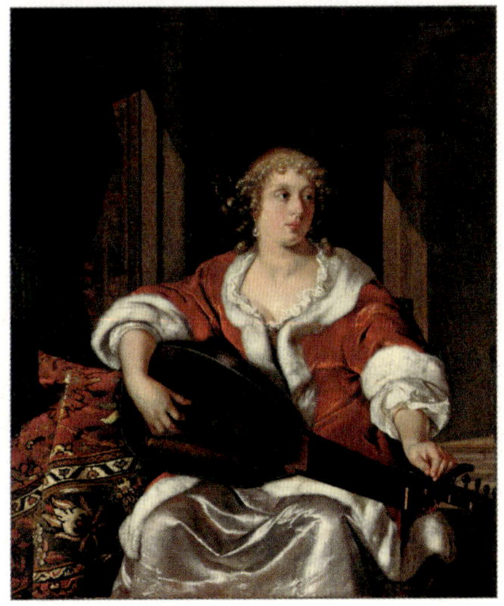

Eglon van der Neer (*c.* 1635-1703), *Dama afinando el laúd.*

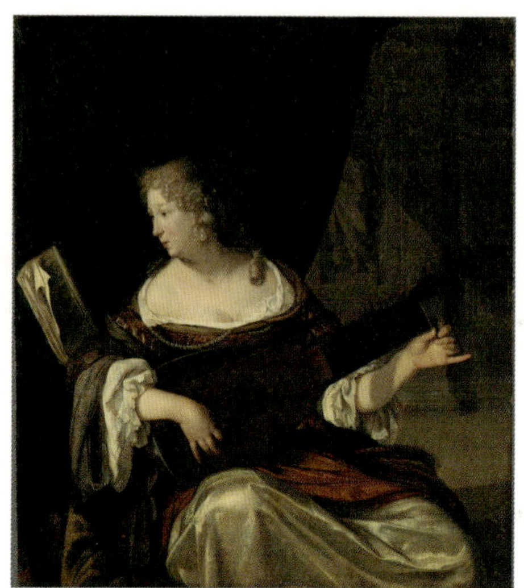

Eglon van der Neer (*c.* 1635-1703), *Dama afinando el laúd.*

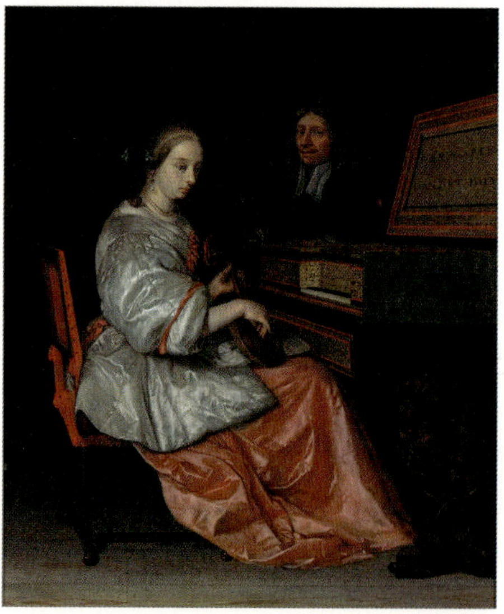

Eglon van der Neer (*c.* 1635-1703), *Citarista afinando con el virginal.*

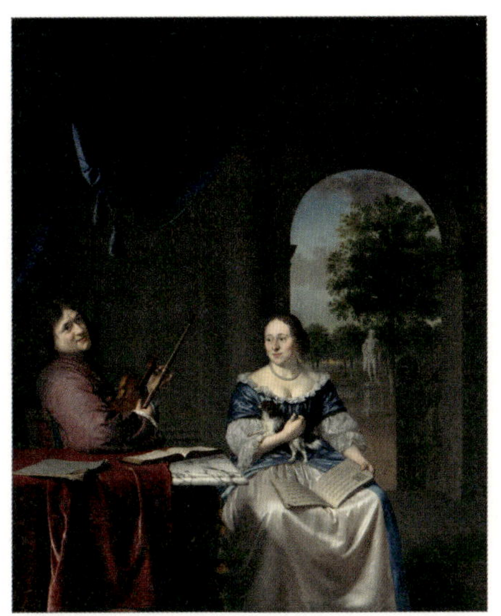

Pieter Cornelisz van Slingelandt (1640-1691), *Jan van Musschenbroek y su esposa.*

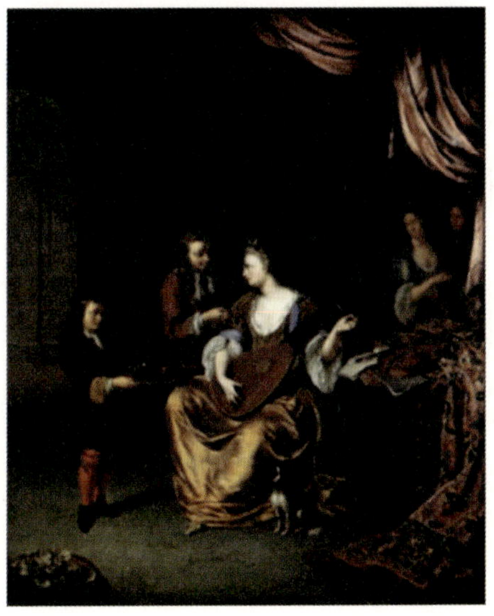

Willem van Mieris (1662-1747), *Concierto.*

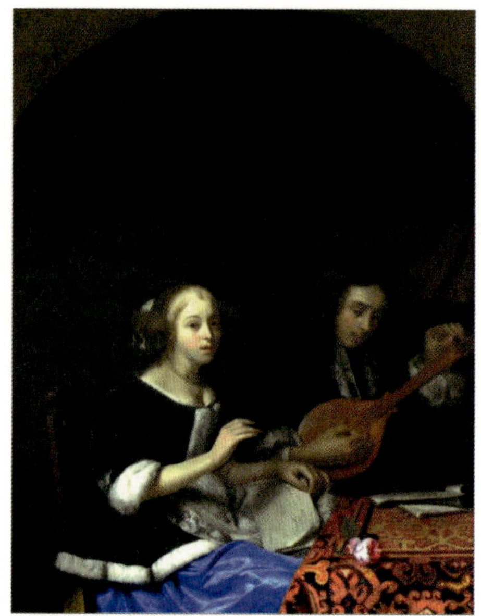

Godfried Schalcken (1643-1706), *Cantante y un músico de cítara.*

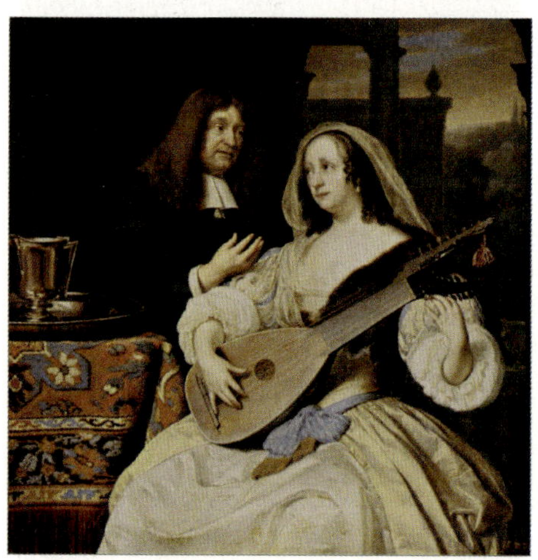

Godfried Schalcken (1643-1706), *Caballero con una dama y su laúd tiorbado.*

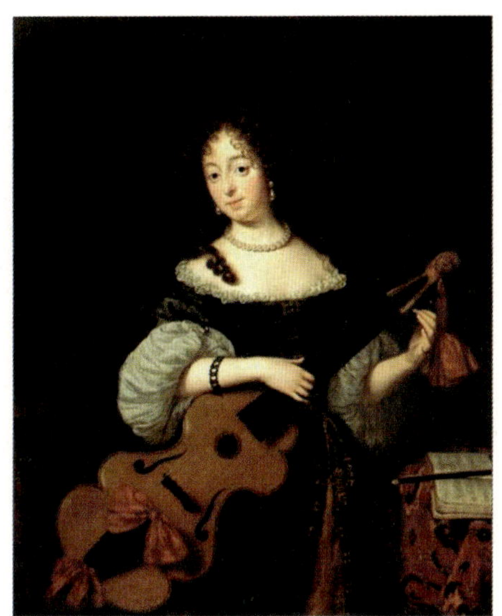

Michiel van Musscher (1645-1705), *La violista.*

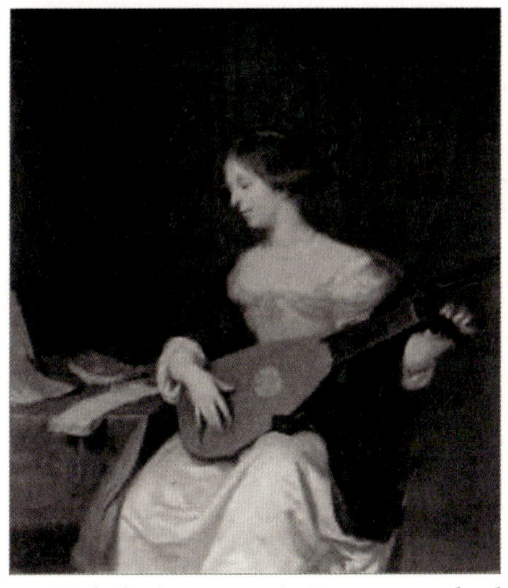

Jan Verkolje (1650-1693), *Dama con un laúd tiorbado.*

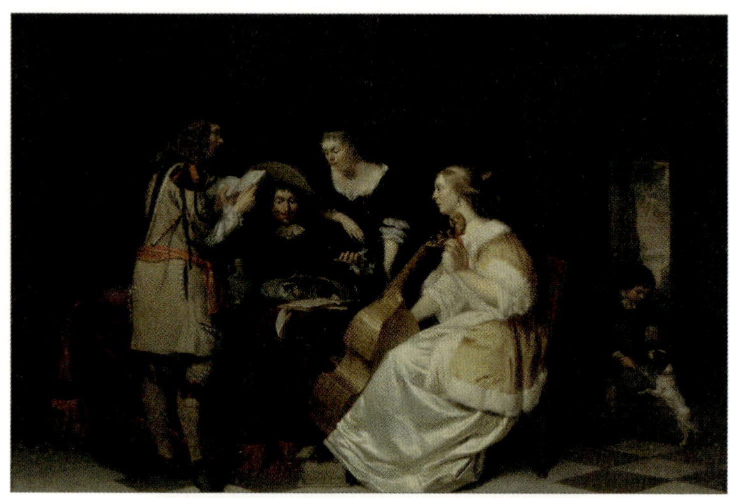

Jan Verkolje (1650-1693), *Conjunto musical con la dama a punto de afinar la viola.*

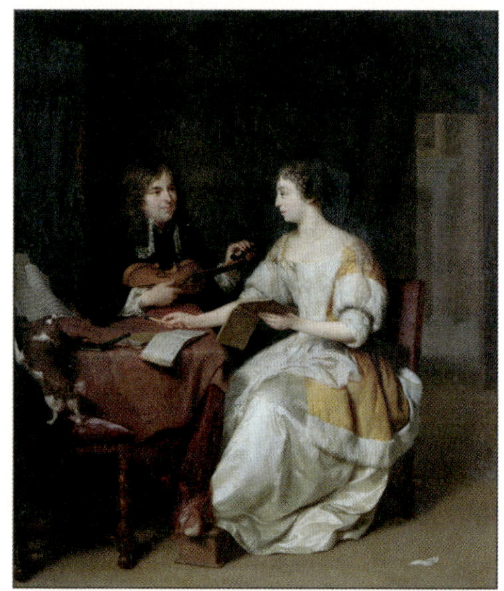

Jan Verkolje (1650-1693), *Cantante y violinista afinando.*

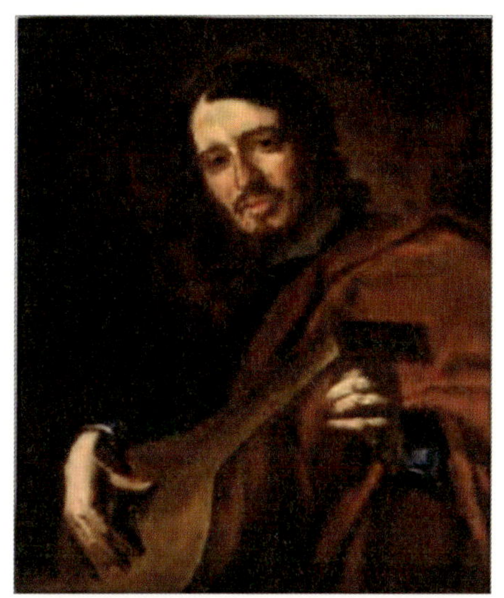

Escuela Emiliana, *Tañedor de laúd.*

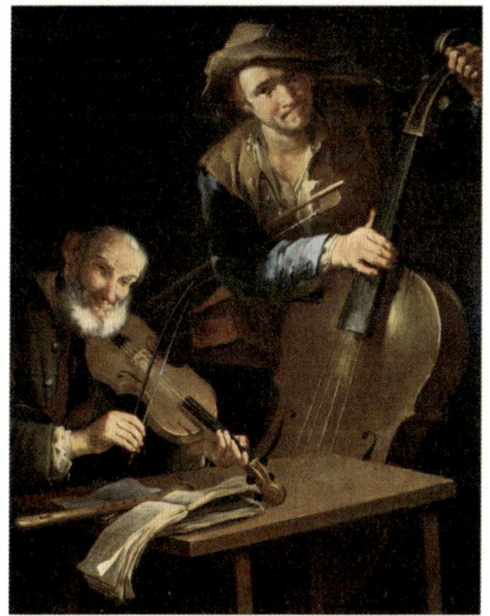

Giacomo Francesco Zipper (1664-1736),
Los músicos.

SALA 4
SIGLO XVIII

En la zona de acceso, justo en la pared central, un texto explicativo señala la procedencia francesa de casi todos los pintores de esta cuarta sala. Watteau, Lancret, Boucher, Greuze, David, también Pesne. La tela de David es llamativa porque su protagonista, Juliette de Villeneuve, está afinando el arpa con una llave, cosa infrecuente en la pintura. El museo sólo dispone, representados en la misma acción, con la susodicha llave, de un juglar de rota (salterio), que figura en las *Cantigas de Santa María*, del siglo XIII, y de una arpista retratada en 1815 por un pintor de la Escuela Francesa, cuyo nombre desconocemos. Juliette de Villeneuve fue nieta de Marie Julie Clary, esposa de José I Bonaparte y, por lo tanto, reina consorte de España. Es verdad que el cuadro de David data de 1824, pero si se considera a este artista como un neoclásico, por más que diste de los ingrávidos mundos de Watteau y Lancret, bien puede ser ubicado en esta estancia, no ocupada enteramente por el siglo XVIII, y en la que se concitan universos tan dispares como los de Boucher y Adriaan de Lelie. En la entrada, la reproducción de unos grabados del *Gabinete armónico*, de Filippo Bonanni, que fue un científico apasionado, atraído por las más diversas disciplinas, desde la óptica al estudio de los moluscos (malacología), desde la acústica a la numismática y los barnices, sobre todo los procedentes de la savia del árbol de laca. Jesuita, como su maestro Athanasius Kircher, le sucedió en la dirección del Collegio Romano. Lo que Bonanni, coetáneo de Giambattista Vico, describe como *verga di metallo* responde a una idea del mencionado Kircher, que usó de esta barra bien templada para la comprobación de efectos acústicos y la localización de las frecuencias de notas definidas, es decir, afinadas. Al final de este espacio, un cuadro del referido Adriaan de Lelie, que debe su inspiración al mundo holandés del XVII, aunque no por ello carece de valor, pues fue un artista excelente, dotado.

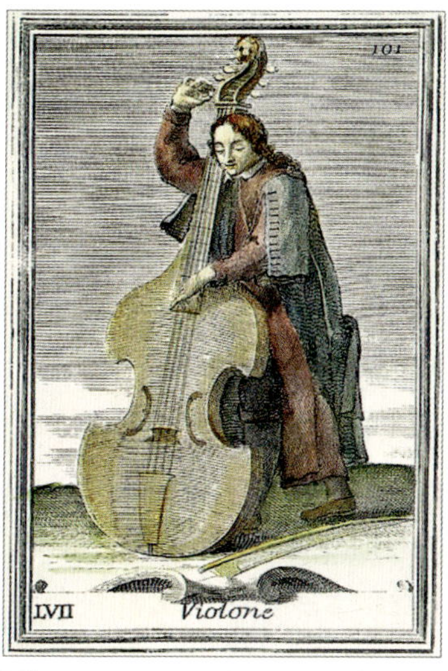

Filippo Bonanni (1638-1725), *Músico de violone* (contrabajo), grabado del *Gabinete armónico.*

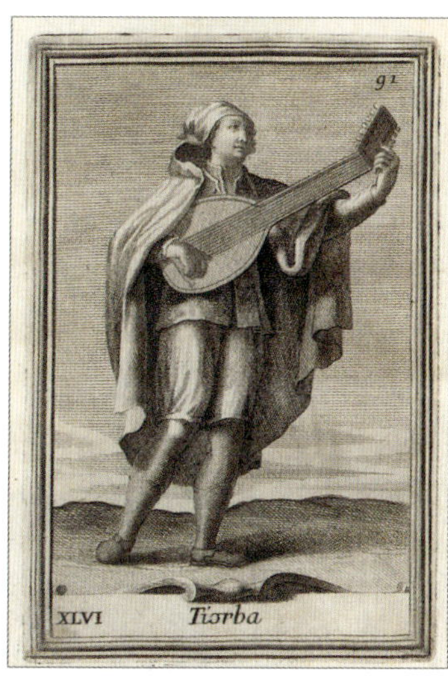

Filippo Bonanni (1638-1725), *Músico de laúd*, que el autor denomina tiorba, grabado del *Gabinete armónico.*

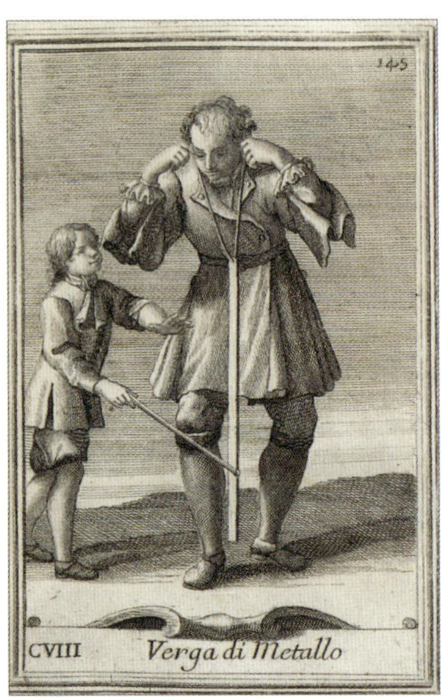

Filippo Bonanni (1638-1725), *Barra acústica de metal*, grabado del *Gabinete armónico.*

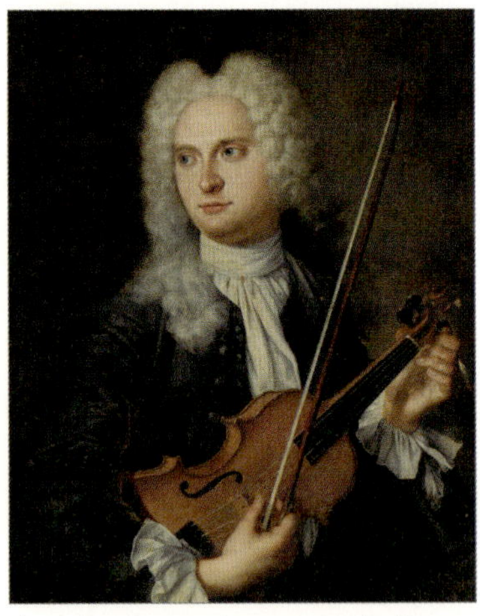

Antoine Pesne (1683-1757), *Retrato de un violinista.*

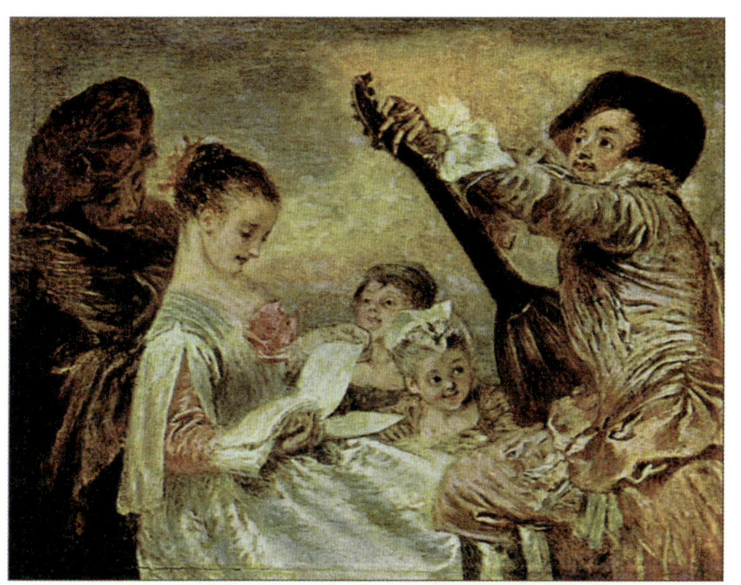

Antoine Watteau (1684-1721), *La lección de música.*

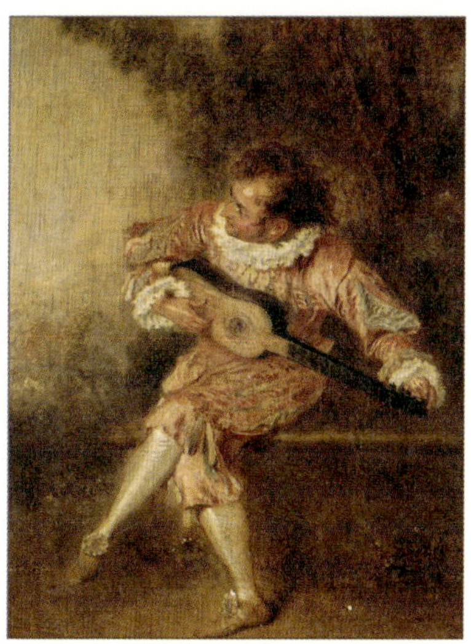

Antoine Watteau (1684-1721), *La serenata.*

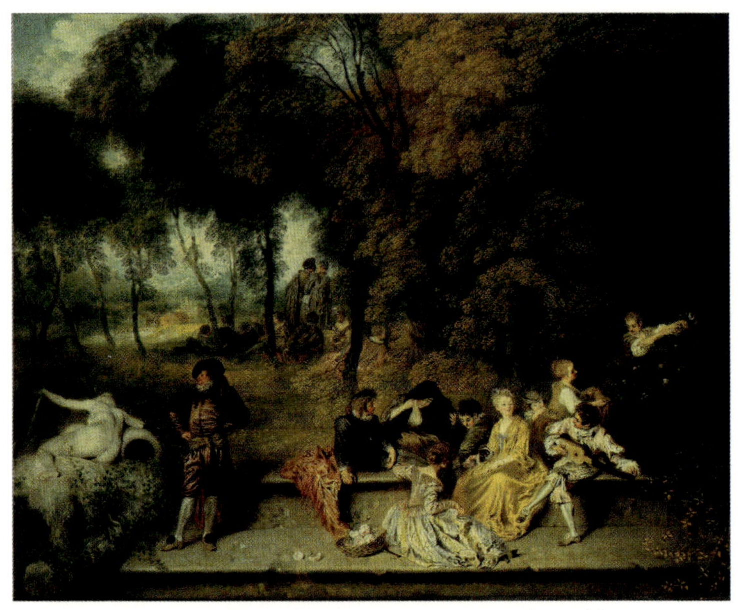

Antoine Watteau (1684-1721), *Regocijo al aire libre.*

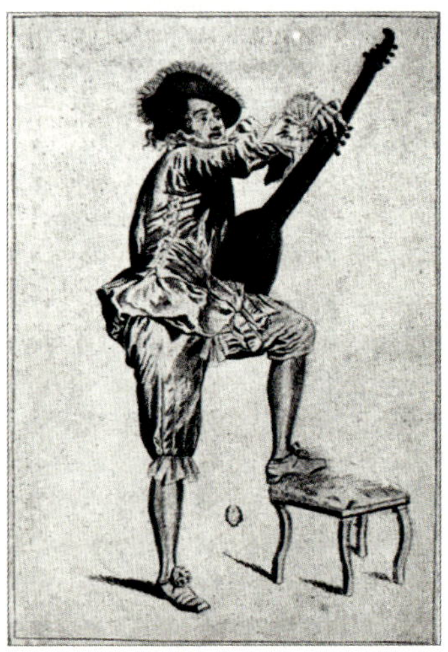

Antoine Watteau (1684-1721), *El tiorbista.*

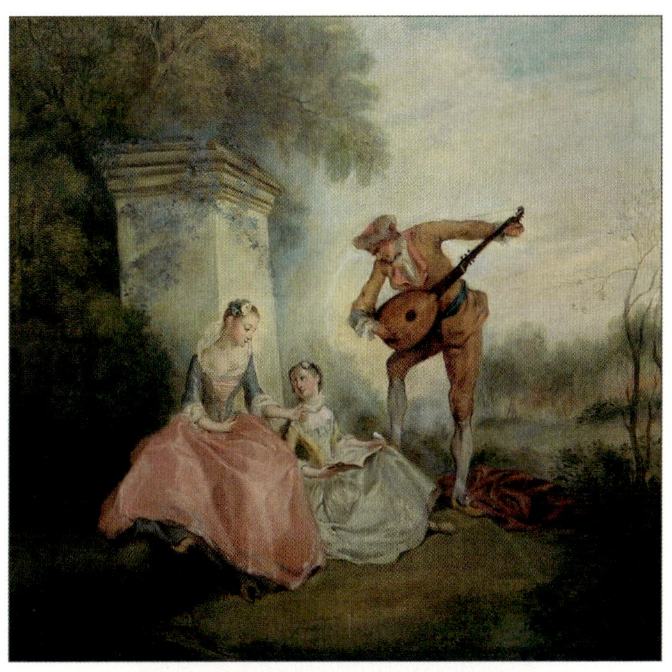

Nicolas Lancret (1690-1743), *La lección de musica.*

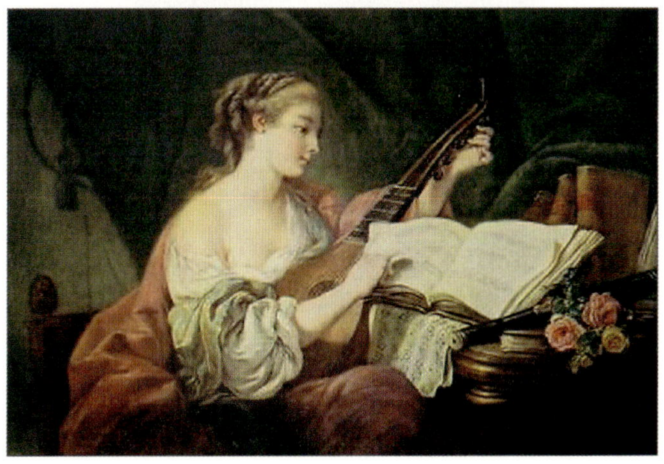

François Boucher (1703-1770), *Alegoría de la Música.*

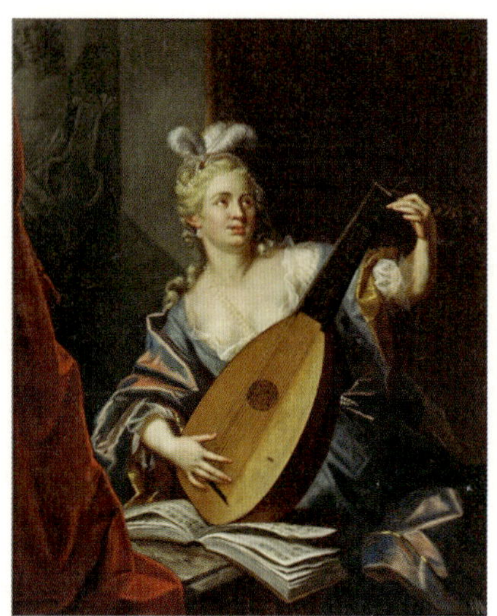

Emmanuel Jakob Handmann (1718-1781), *Dama afinando un laúd.*

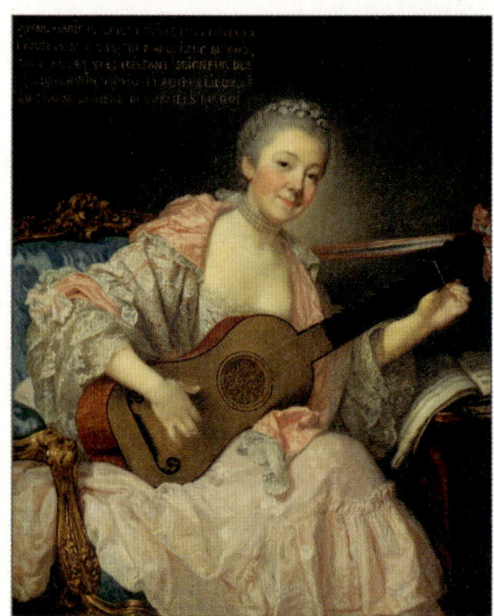

Jean-Baptiste Greuze (1725-1805), *Anne-Marie de Bricqueville de Laluserne, Marquise de Bezons.*

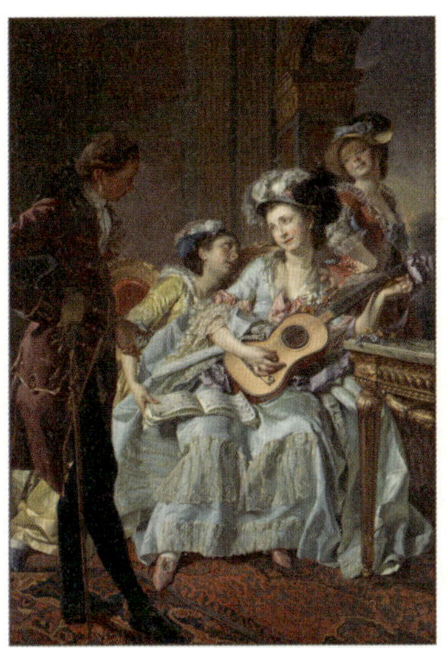

Louis-Roland Trinquesse (*c.* 1746-1800), *El cortejo.*

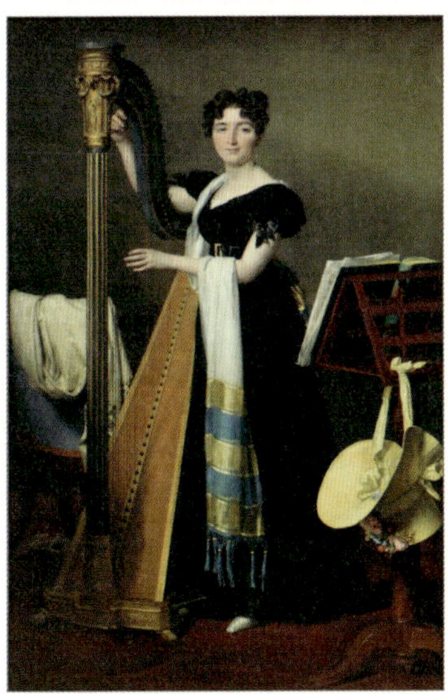

Jean Louis David (1748-1825), *Juliette de Villeneuve.*

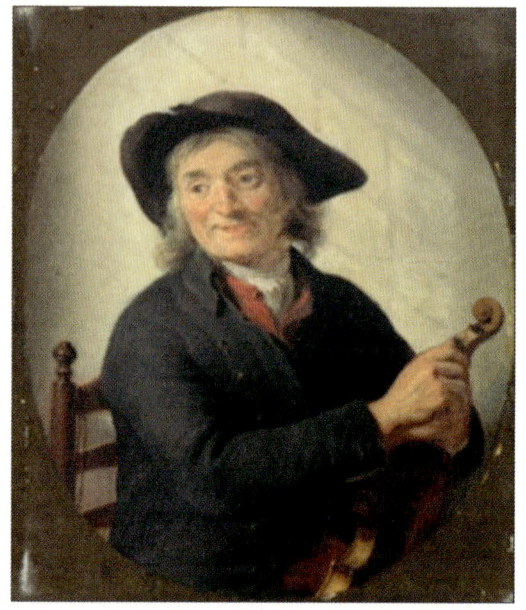

Adriaan de Lelie (1755-1820), *Violinista afinando.*

SALA 5
SIGLO XIX

Estamos en el lugar más amplio del museo, pues no sólo abarca toda la quinta planta, sino que comparte unos buenos metros cuadrados de la Sala 4, junto con la pintura del siglo XVIII. La dedicada a albergar el arte del XIX es un conjunto de nostalgias, pero también de apertura a un nuevo modo de hacer. Entre los nostálgicos están, por ejemplo, Leray, Böss, Roybet, Bedini, Massani, Wood, Davis, McCormick. A menudo incurren en anacronismos, en ocasiones el vestuario no cuadra con la época del instrumento, la peluca tampoco, ni siquiera el mobiliario; lo saben pero no les importa, van al pasado en busca de lo que no encuentran en su época. La imaginación sirve para estos viajes en el tiempo. No son anticuados, sino soñadores, creen que el antaño era mejor. Nunca lo sabremos, aunque quizá, eso sí, fuera menos deshonesto. Böss, sin ir más lejos, se ha basado en un retrato de Lumen Portengen, pintor del siglo XVII; Roybet idealiza a un caballero con gorguera y la que parece una viola *da gamba* ¡con una pica y cuatro cuerdas! Otro protagonista suyo está ataviado a la antigua con una pequeña viola *da gamba* (*pardessus de viole*), que es posterior al traje y al cuello de encaje; Bedini bromea con el ayer, un tanto cáustico; Wood dibuja un tipo de laúd que no existía en los días del protagonista, que parece salido de una escena de Shakespeare; McCormick quiere quedarse en la Viena de Mozart, pero está a finales del XIX; Massani es más irónico, vive entre dos mundos, el suyo, que es el propio del cura guitarrista, y el del dúo humorístico animado por unos hombres entrados en edad. Y, aun así, estas obras constituyen una parte sustancial del «Museo del oído», tanto, en este caso de la afinación, como puedan serlo los grandes Manet y Degas. Los hay valiosos también, se llaman Esposito, Van Rysselberghe y Croegaert, anticlerical hasta la médula. El nuevo modo lo encarnan, sin duda, los mencionados Manet y Degas, pero asimismo, a su manera, el estadounidense Mount, que era muy aficionado a la música, y no menos Bouguereau y Martineau. Shirlaw nos conduce a pie de la fragua de un fundidor de campanas, como Tarkovsky. Están Makovsky, Spencelayh, todos, en un momento u otro, han invitado a sus protagonistas a afinar las cuerdas del instrumento, a rendir tributo a ese gesto que empieza en el oído y termina en el índice y el pulgar.

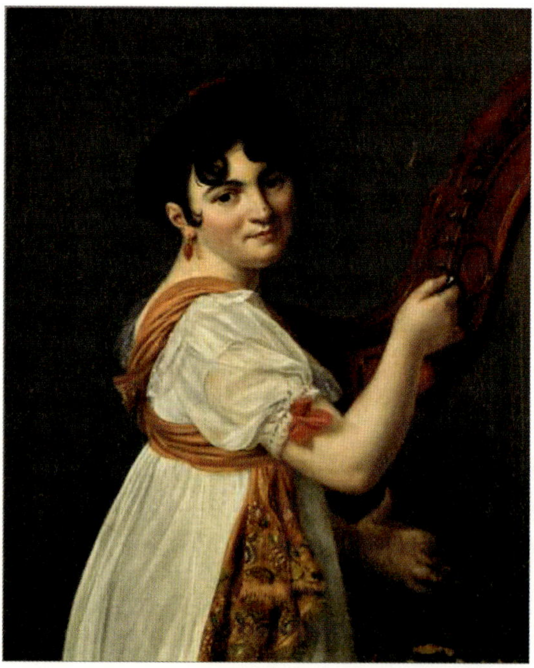

Escuela Francesa, *Arpista afinando con una llave.*

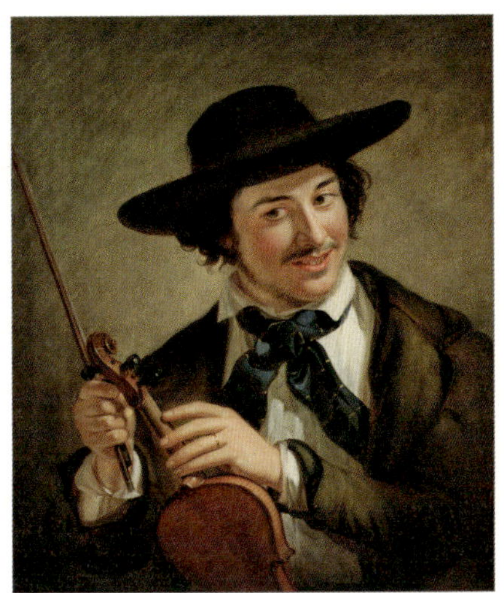

William Sidney Mount (1807-1868), *La afinación perfecta.*

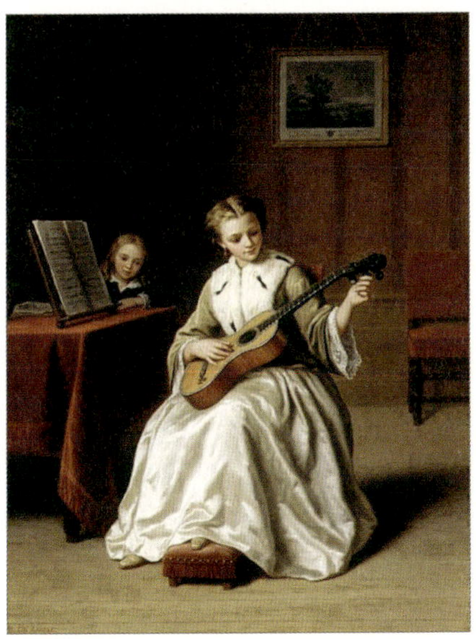

Basile de Loose (1809-1885), *Niña afinando la guitarra.*

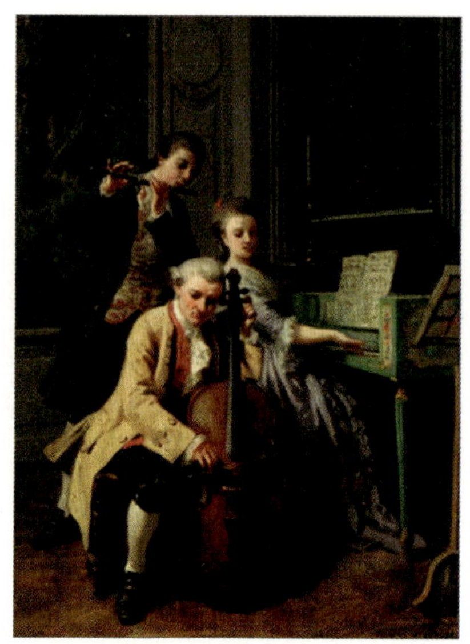

Prudent Louis Leray (1820-1879), *Trío musical.*

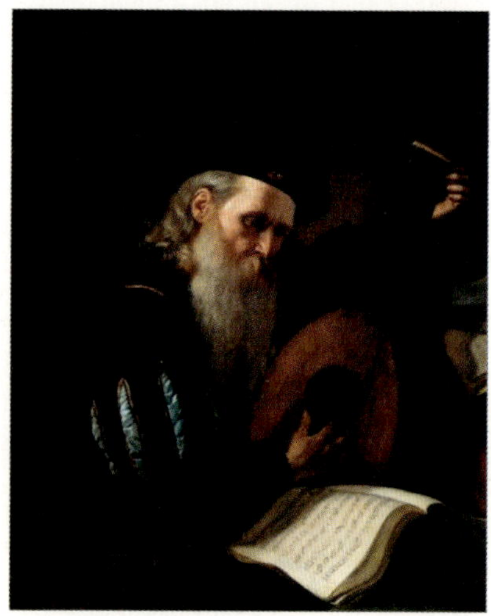

Johann Böss (1822-1861), *Caballero anciano con un laúd.*

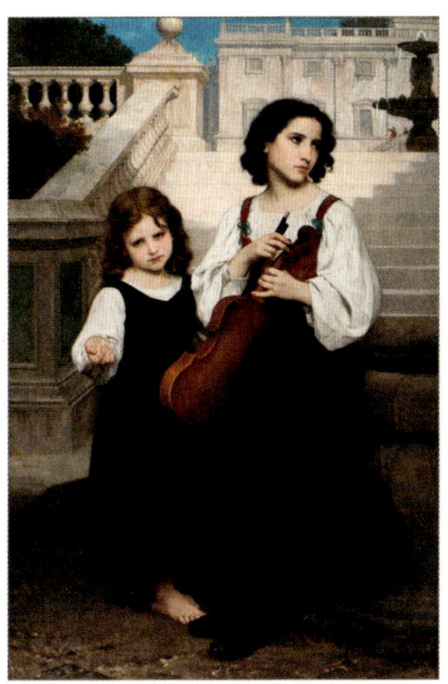

William Adolphe Bouguereau (1825-1905), *Lejos de casa.*

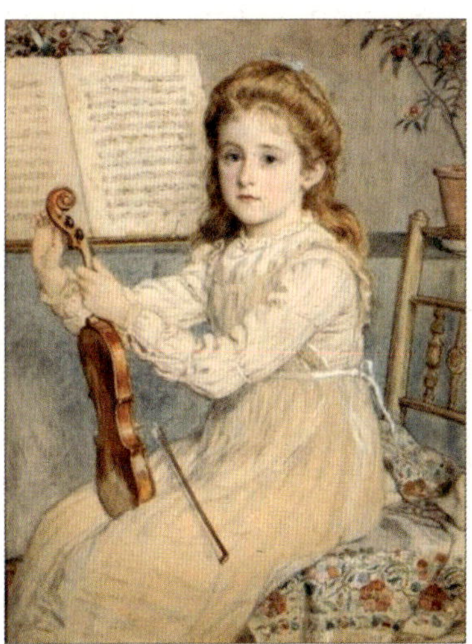

John Collingham Moore (1829-1880), *La pequeña violinista.*

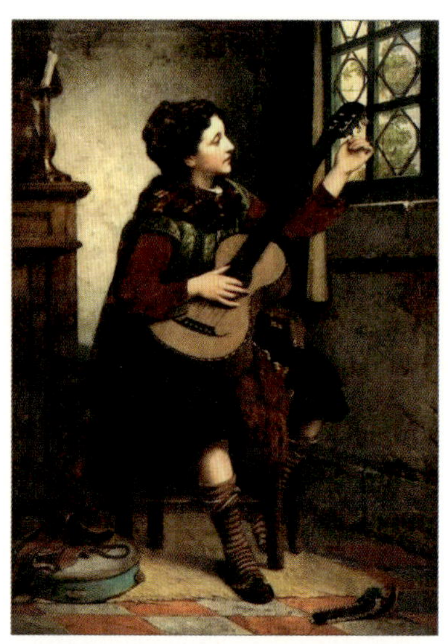

Jan Frederik Pieter Portielje (1829-1908), *Guitarrista junto a la ventana.*

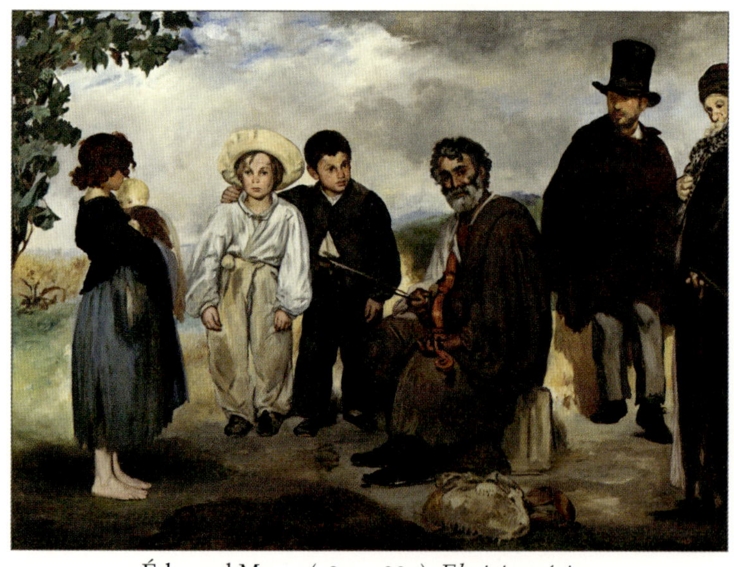

Édouard Manet (1832-1883), *El viejo músico.*

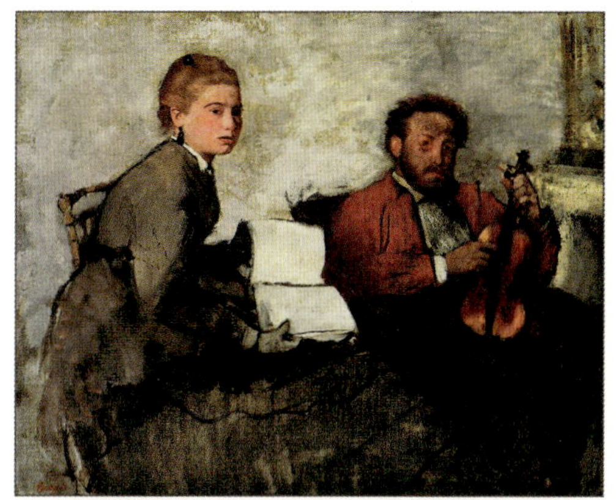

Edgard Degas (1834-1917), *Violinista y mujer joven.*

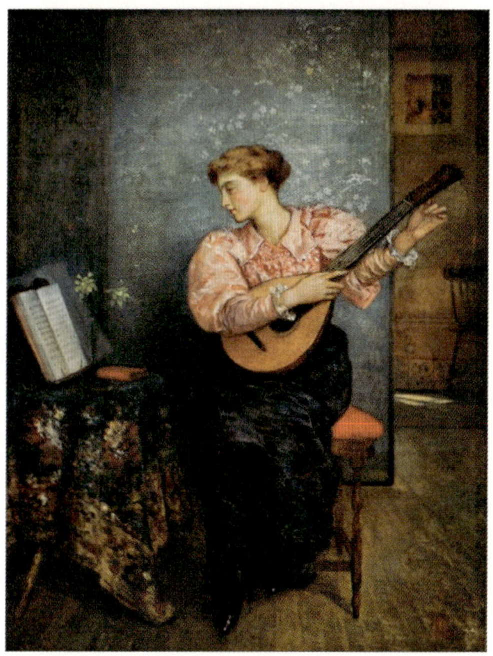

George Adolphus Storey (1834-1919), *Muchacha con un laúd.*

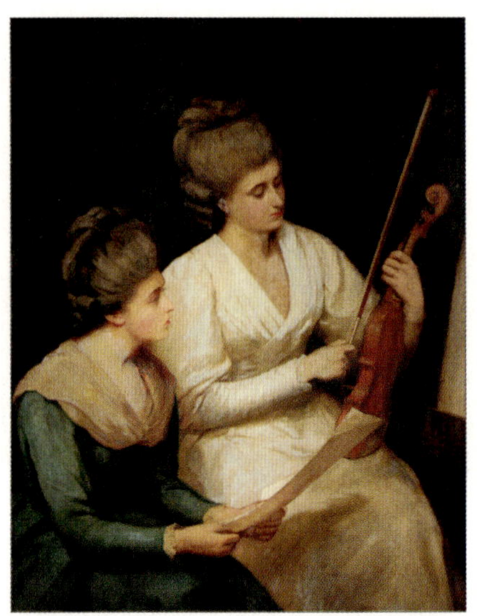

William Frederick Yeames (1835-1918), *Una lección de música.*

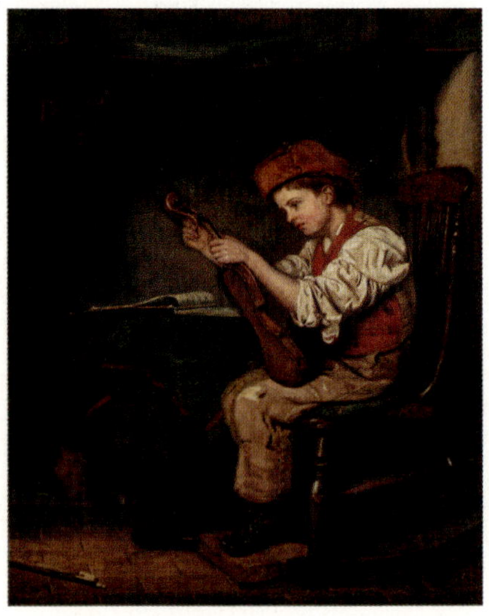

John Haynes-Williams (1836-1908), *Muchacho afinando el violín.*

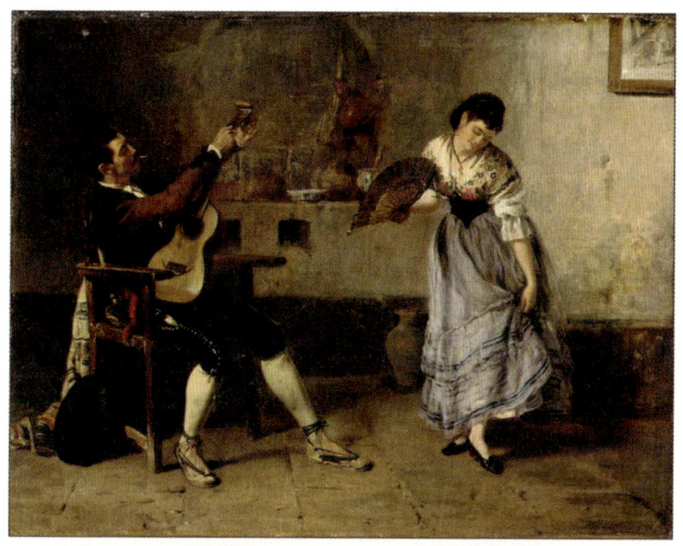

John Haynes-Williams (1836-1908), *Bailarina española*.

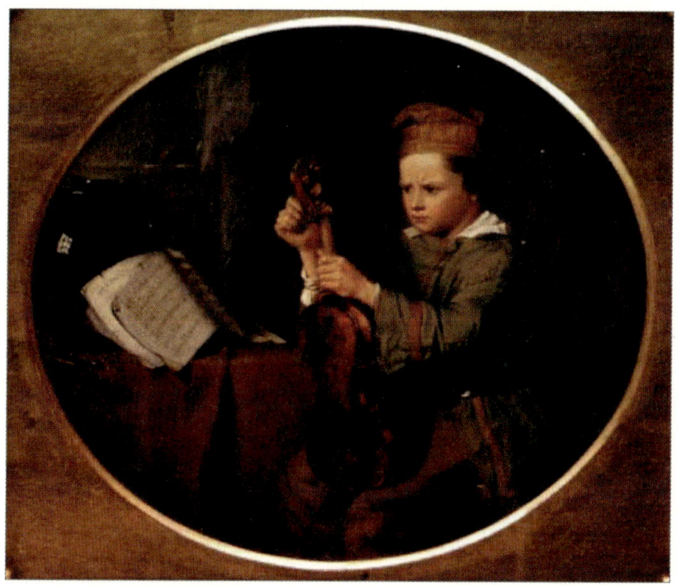

John Haynes-Williams (1836-1908), *Niño afinando un violín*.

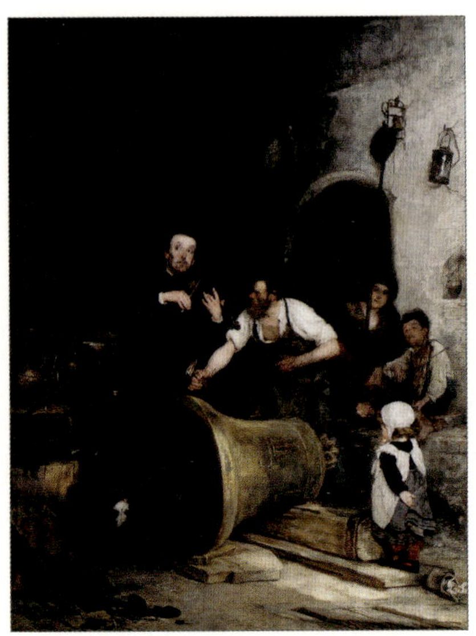

Walter Shirlaw (1838-1909), *En busca de la afinación*.

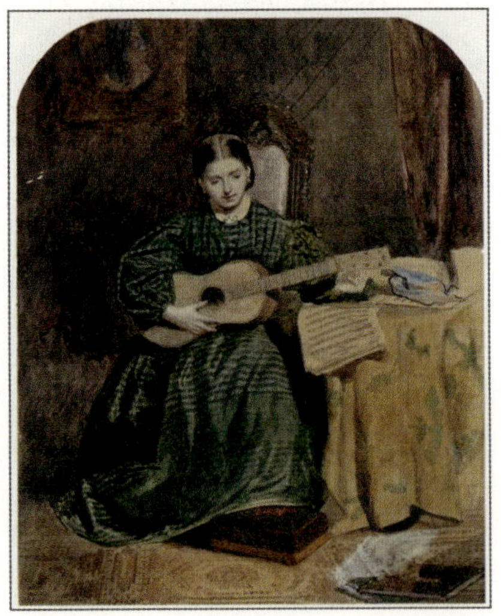

Frederick Walker (1840-1875), *Estudio de su hermana Fanny con una guitarra*.

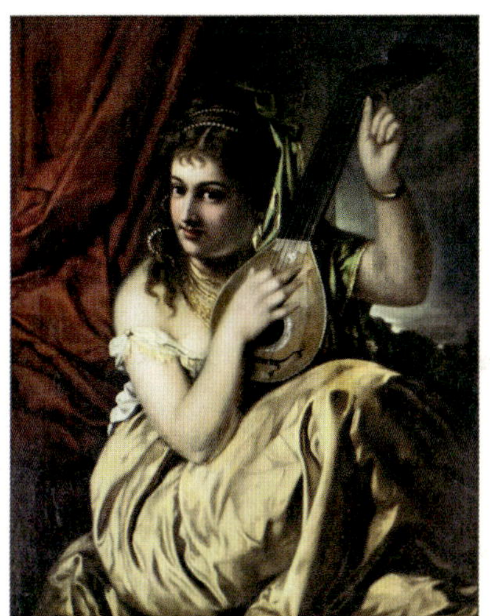

Anónimo, *Muchacha oriental con un laúd.*

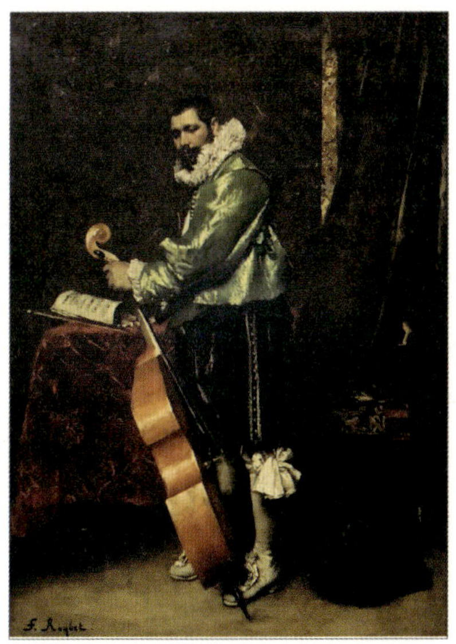

Ferdinand Roybet (1840-1920), *El violoncelista.*

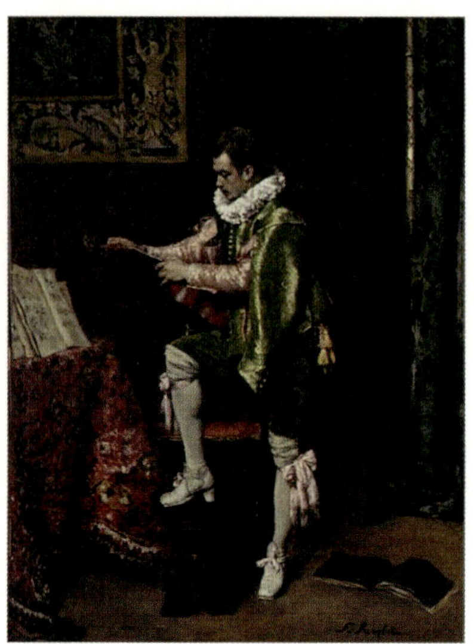

Ferdinand Roybet (1840-1920), *El caballero con un «pardessus de viole».*

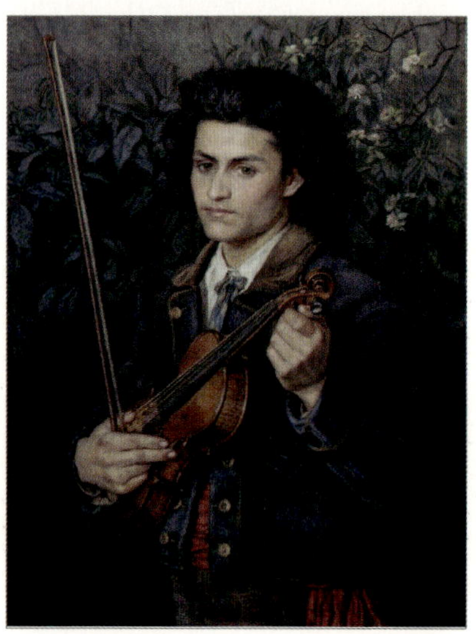

Edith Martineau (1842-1909), *El momento de la afinación*.

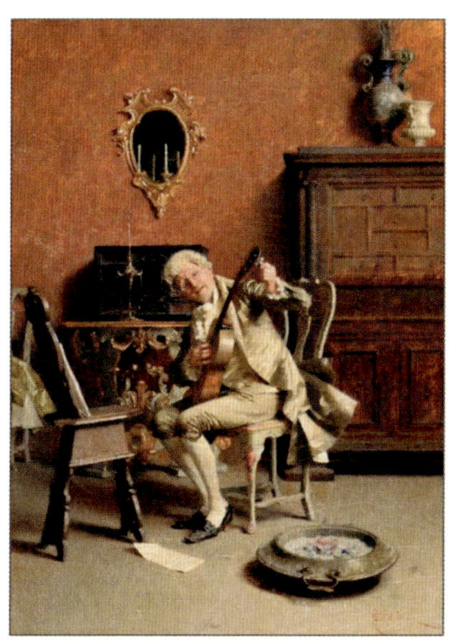

Giovanni Paolo Bedini (1844-1924), *El guitarista.*

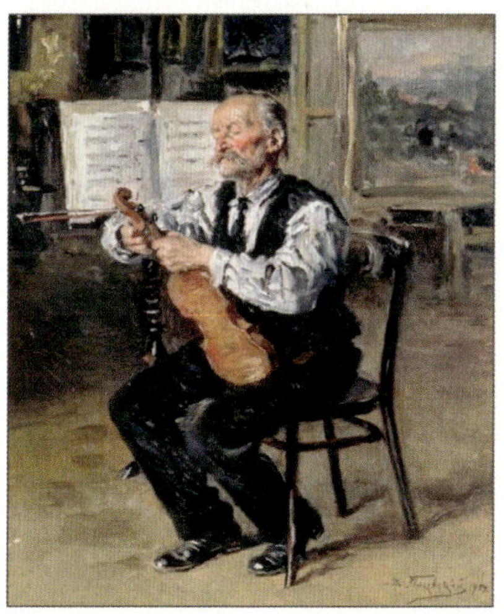

Vladímir Yegoróvich Makovsky (1846-1920), *Antes de tocar.*

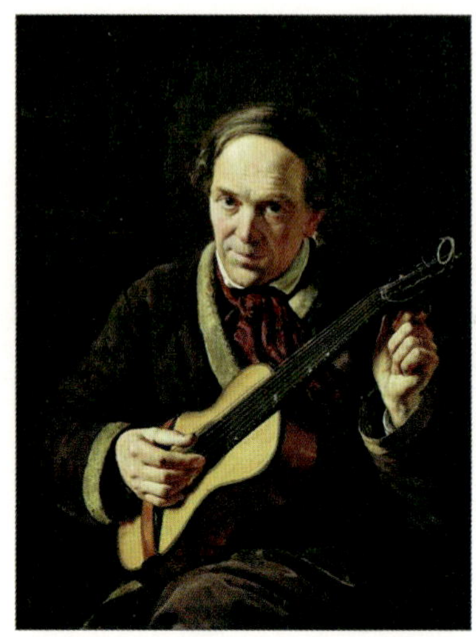

Vladímir Yegoróvich Makovski (1846-1920), *Mi padre, E. Makovski.*

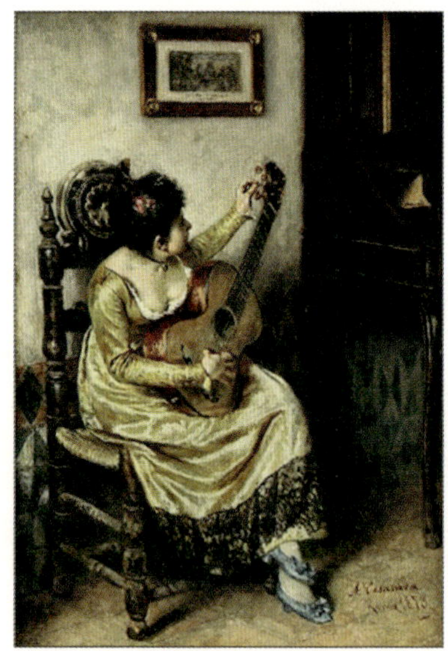

Antonio Casanova (1847-1896), *La guitarrista.*

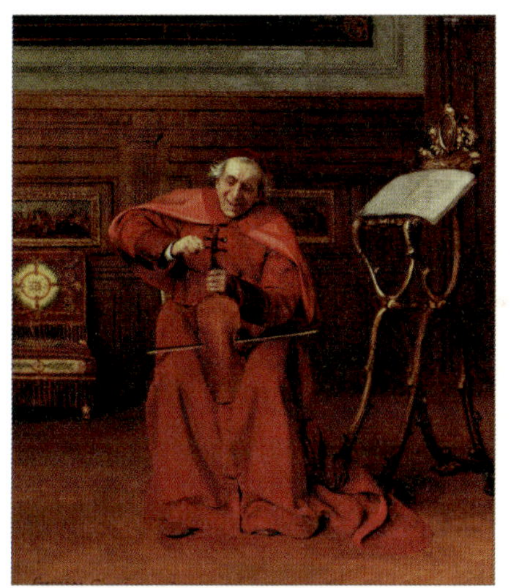

Georges Croegaert (1848-1923), *Afinando el violín.*

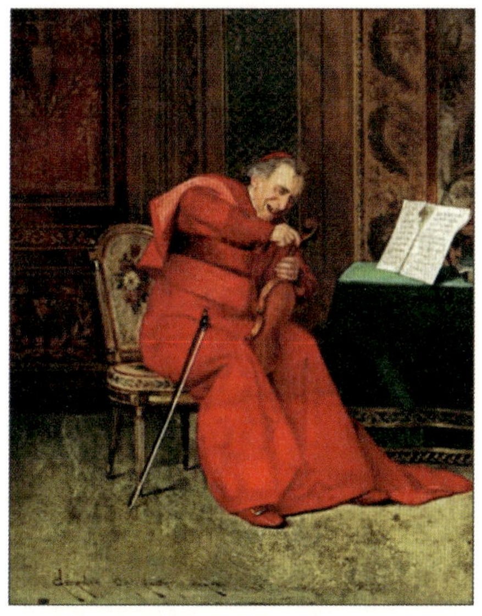

Georges Croegaert (1848-1923), *La clavija está dura.*

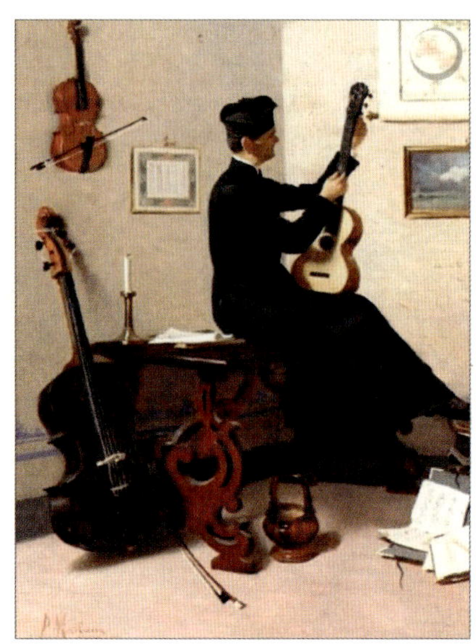

Pompeo Massani (1850-1920), *El cura guitarrista.*

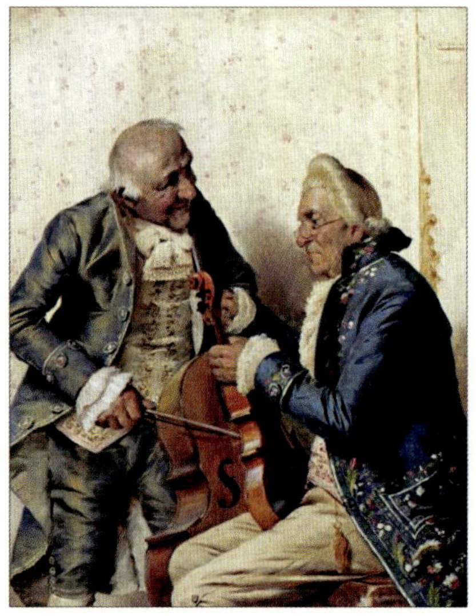

Pompeo Massani (1850-1920), *El dúo.*

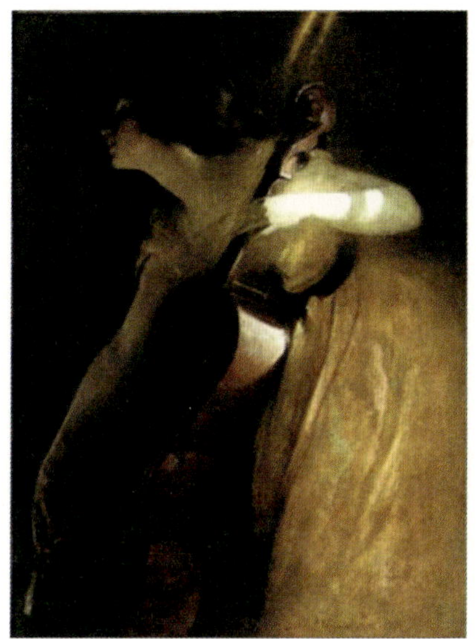

John White Alexander (1856-1915), *Un rayo de luz.*

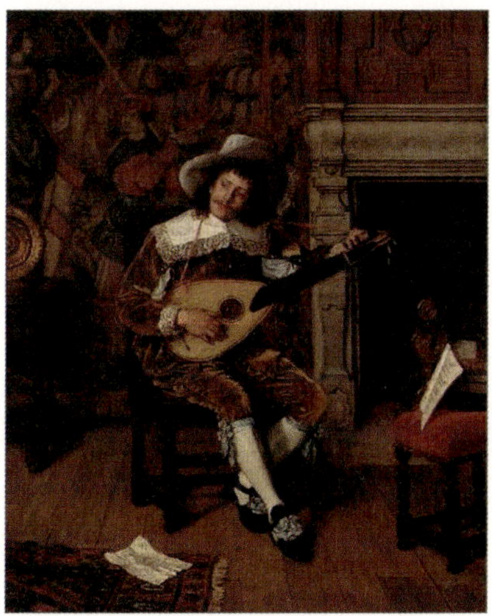

Charles Haigh Wood (1856-1927), *Caballero afinando el laúd.*

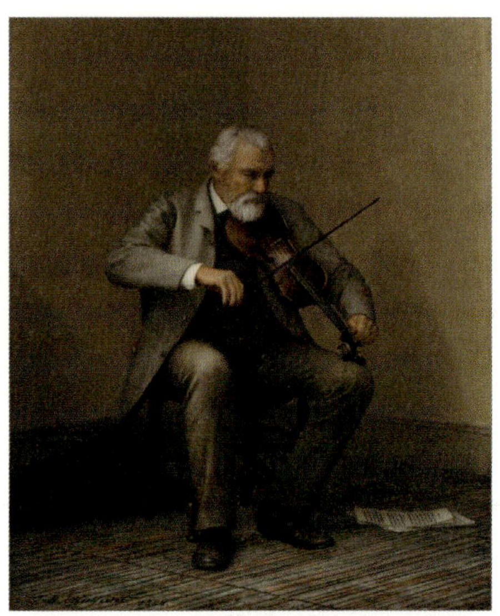

Jefferson Davin Chalfant (1856-1931), *El violinista.*

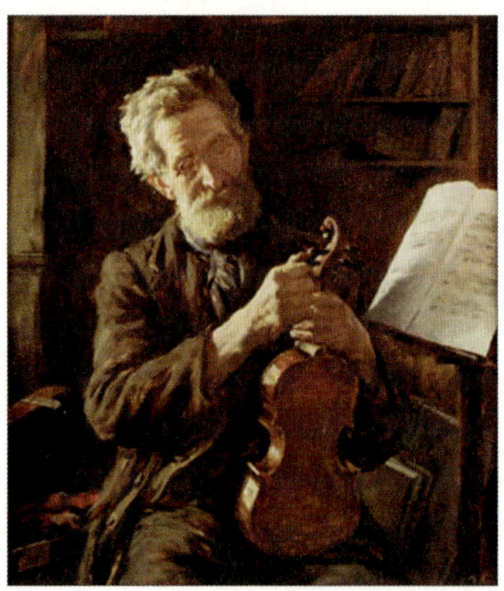

Stanhope Alexander Forbes (1857-1947), *La nota mi.*

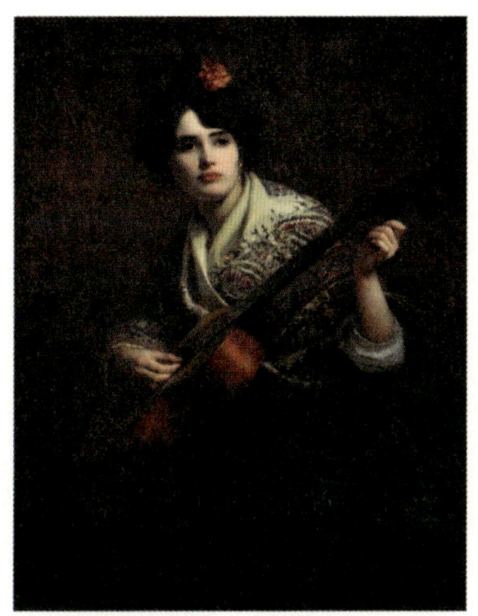

Gaetano Esposito (1858-1911), *La guitarrista.*

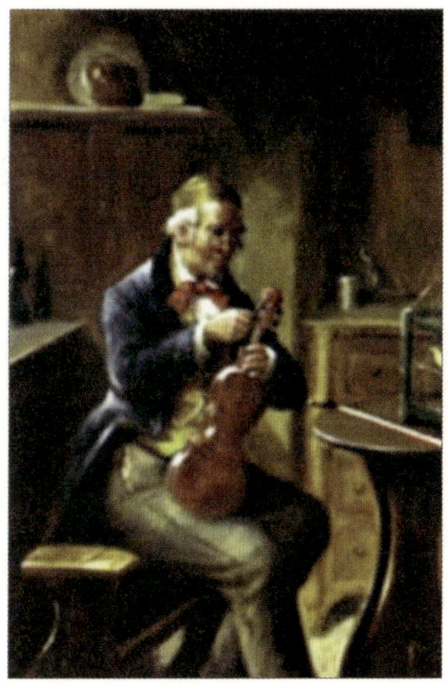

Alexander Austen (1859-1924), *Afinando el violín.*

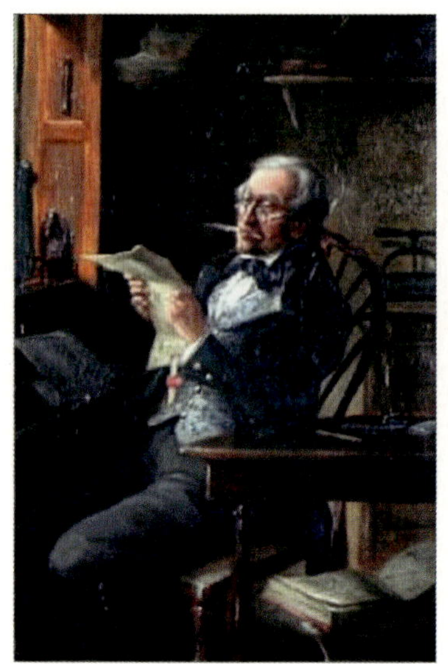

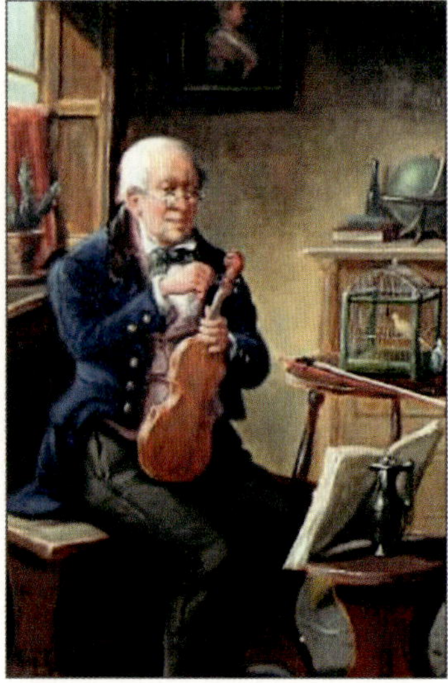

Alexander Austen (1859-1924), *Anciano con un violín.*

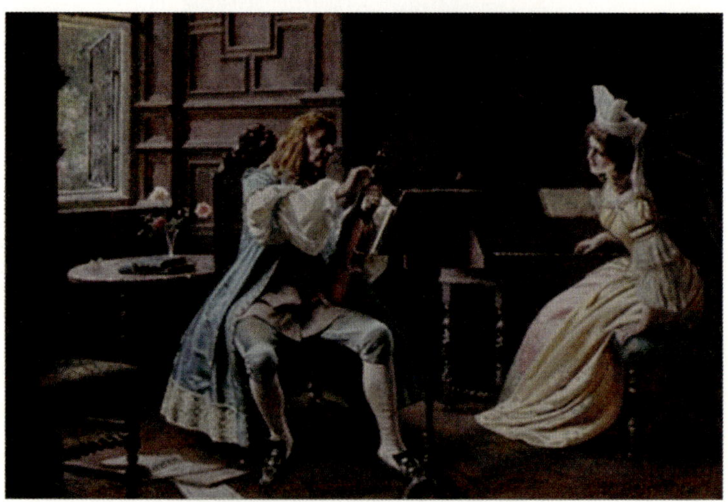

Lucien Davis (1860-1941), *Un la desde el teclado.*

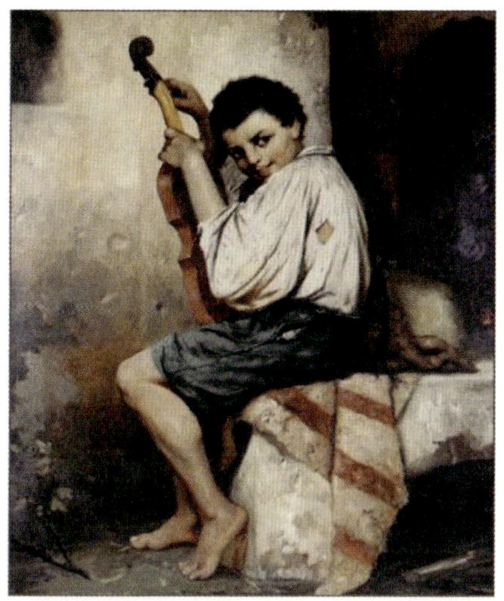

J. L. Ronay (*c.* 1870), *El niño violinista*.

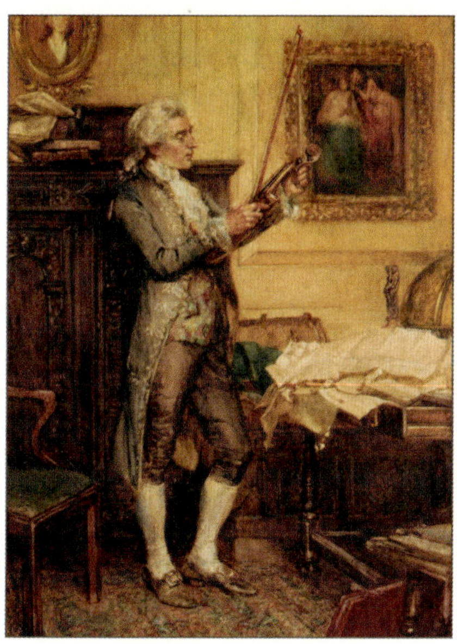

Arthur David McCormick (1860-1943),
Caballero con su violín.

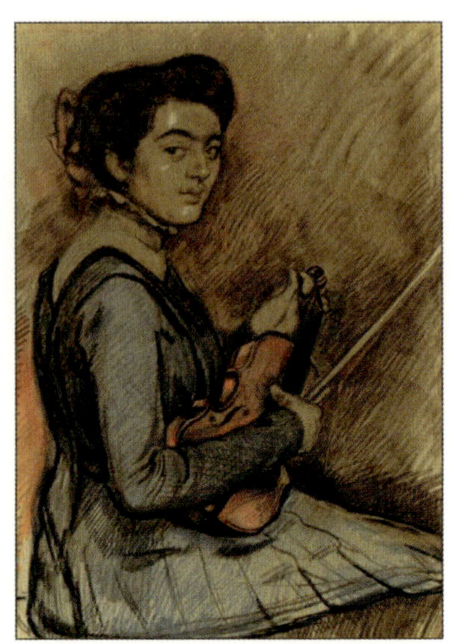

Théo van Rysselberghe (1862-1926),
René Druet con un violín.

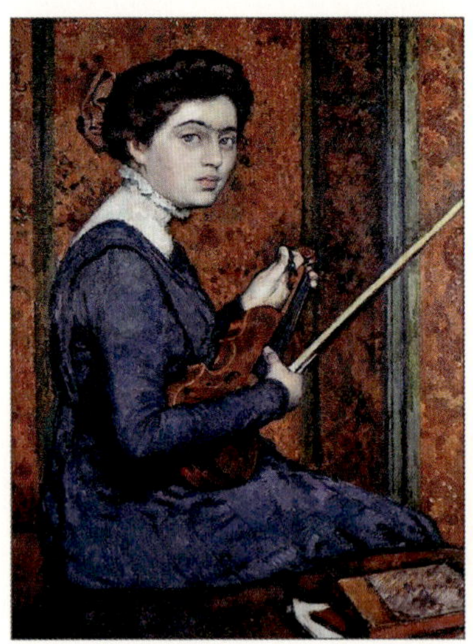

Théo van Rysselberghe (1862-1926),
René Druet con un violín.

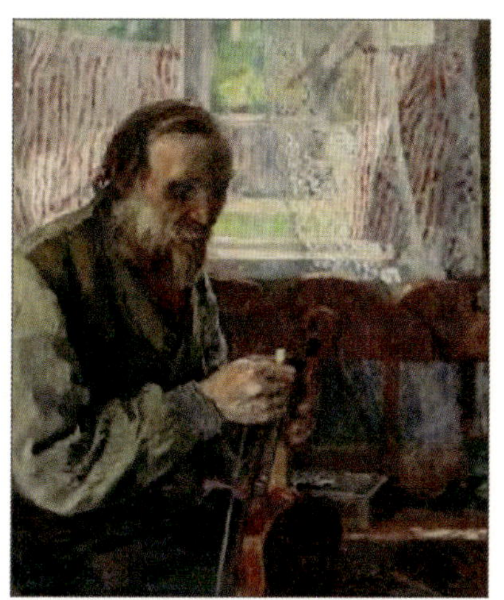

Carl Wilhelm Wilhelmson (1866-1928), *El violinista afinando.*

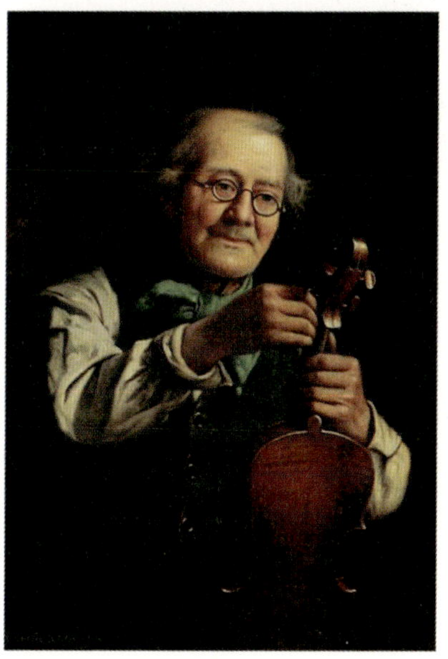

Charles Spencelayh (1865-1958), *Violinista afinando el instrumento.*

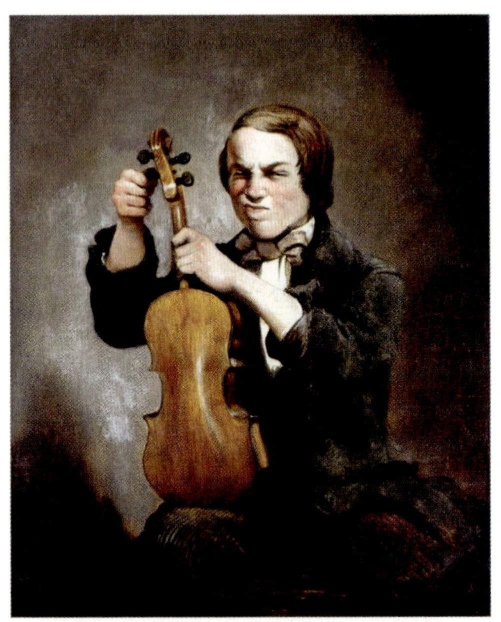

Charles Spencelayh (1865-1958) o seguidor, *Afinando el violín*.

SALA DEL CASÓN

SIGLOS XX Y XXI

Hemos dejado la última planta del edificio. Si queremos ver las obras de los siglos XX y XXI, tan dispares en su concepción, tan irregulares también, hay que bajar al primer piso y salir a un jardín en el que crecen dos acacias. Este remanso de hortensias y lantanas nos lleva a un casón habilitado para la exposición permanente. Las telas y los dibujos han sido de muy difícil localización, dado lo escaso de esta operación del templado de las cuerdas en el arte contemporáneo. La única escultura con que cuenta el museo pertenece a Ossip Zadkine, artista ruso que se afincó primero en Reino Unido para marchar, años después, a Estados Unidos, adonde llegó huyendo del nazismo. El de la música es un tema recurrente en este maestro, que durante un tiempo frecuentó a Brancusi y trabó amistad con Jacques Lipchitz, otro huido. Zadkine cuenta con guitarristas, violistas y violoncelistas, también con contrabajistas. Un *Orfeo*, tallado en madera de olmo, es una de sus piezas más poéticas. Compartió la escultura con el dibujo y la pintura. Junto a él, alguien tan nostálgico como Wolf, que parece habitar en la Holanda de Vermeer y De Hooch. Esta ansia de repetición del pasado empezó a aflorar con fuerza en el siglo XVIII, lo cual debería hacernos pensar. Deborah Lanino ha ido en pos de una obra de Bernardino Lanino, maestro del siglo XVI, para sus ángeles, lo mismo que Philipp Haas ha acudido a Tiepolo, a la *Muchacha de la mandolina*, para inspirar su montaje. El estilo es tan diverso en este recinto adyacente que abarca desde un ilustrador como Brock a un artista contemporáneo como Carlos Velilla y su magnífica

Afinación 03. Chagall, un dibujo de Zerge, un afinador de pianos, un artista de Uzbekistán y el *Arlequín* de Gallardo, entre otros, conforman una galería tan dispar que sería difícil defender una línea museística, pero sirven para testimoniar la naturalidad de este giro de clavija como una parte del proceso de la música a través de los siglos.

A la salida, llueve. Unos visitantes se quedan bajo la marquesina, otros buscan ansiosos un taxi, los hay que prefieren ir andando hasta su casa, es la mejor manera de reposar lo que hemos visto. Yo también me voy caminando, y mientras enfilo la calle hacia el ancho paseo de viejos tilos pienso que mis encuentros decisivos no los he tenido con los vivos.

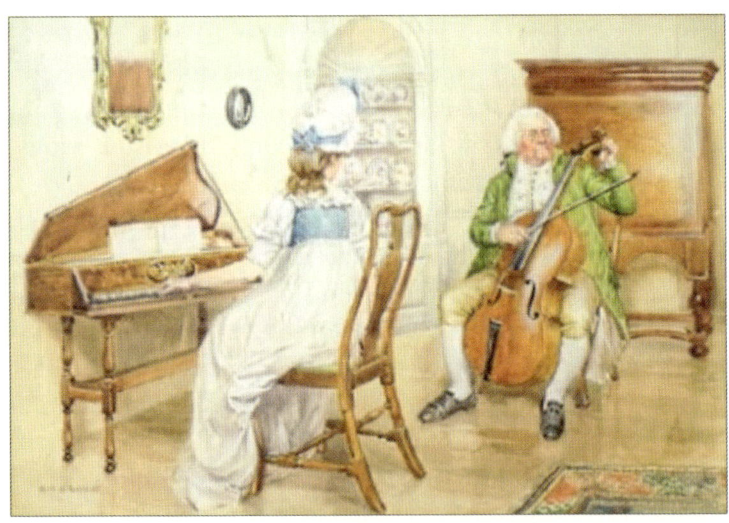

Henry M. Brock (1875-1960), *Concierto doméstico*.

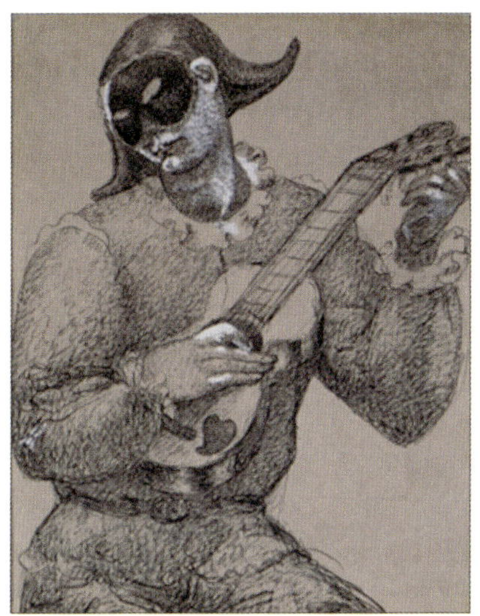

Pablo Gallardo (1881-1934), *Arlequín tocando la guitarra.*

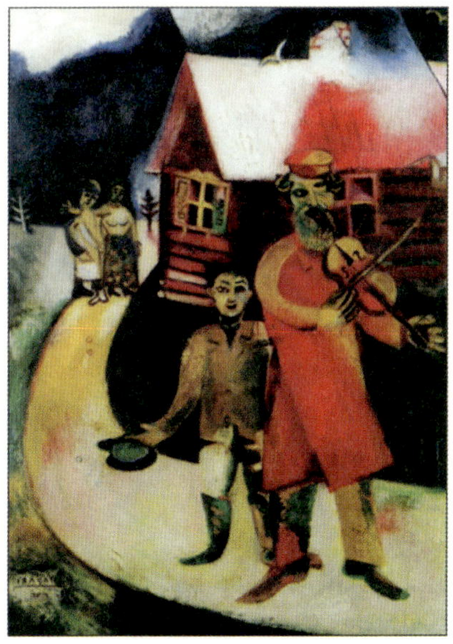

Marc Chagall (1887-1985), *Violinista.*

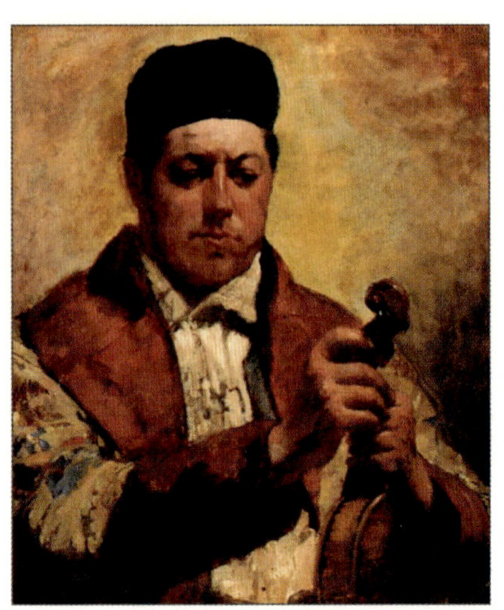

Cavaliere Antonio Scognamiglio (siglo XIX), *El violinista atento.*

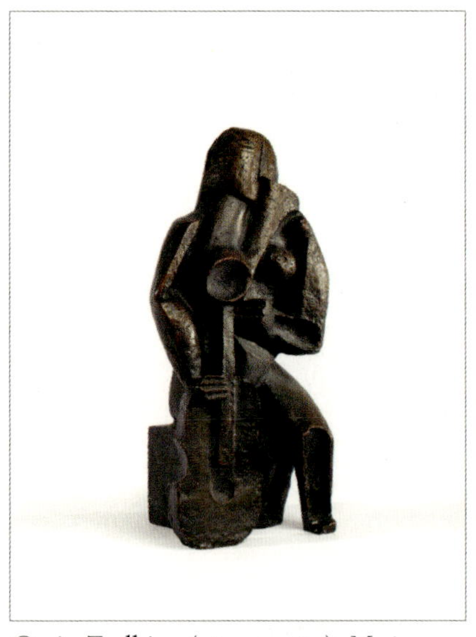

Ossip Zadkine (1890-1967), *Mujer con una viola.*

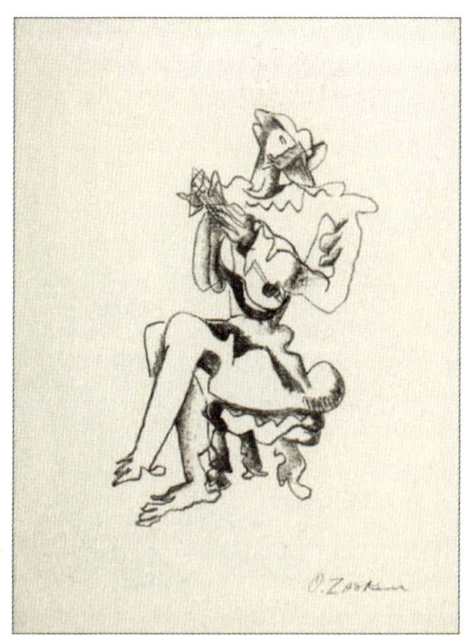

Ossip Zadkine (1890-1967), *Figura con guitarra.*

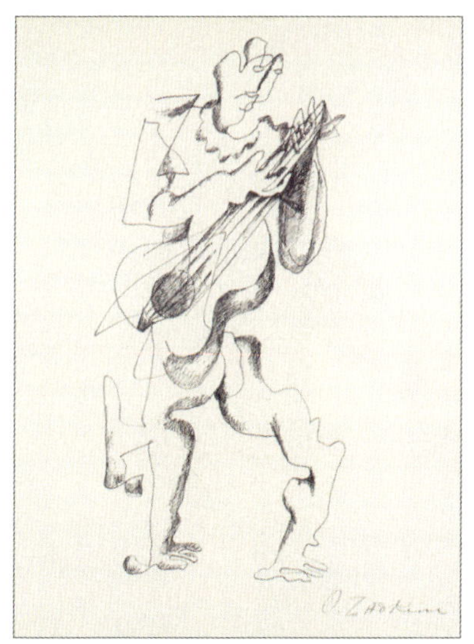

Ossip Zadkine (1890-1967), *Figura con guitarra.*

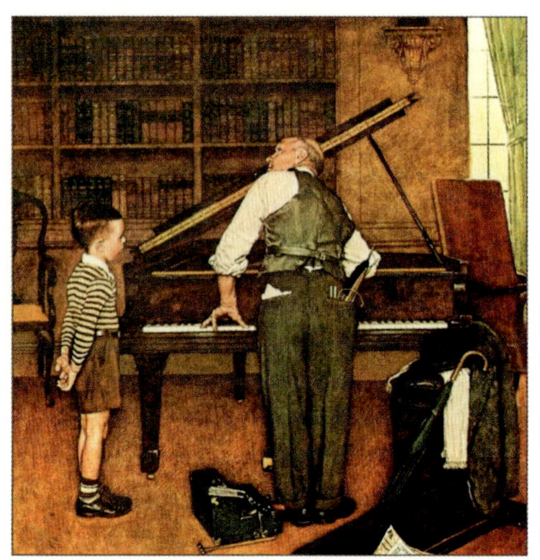

Norman Rockwell (1894-1978), *El afinador de pianos.*

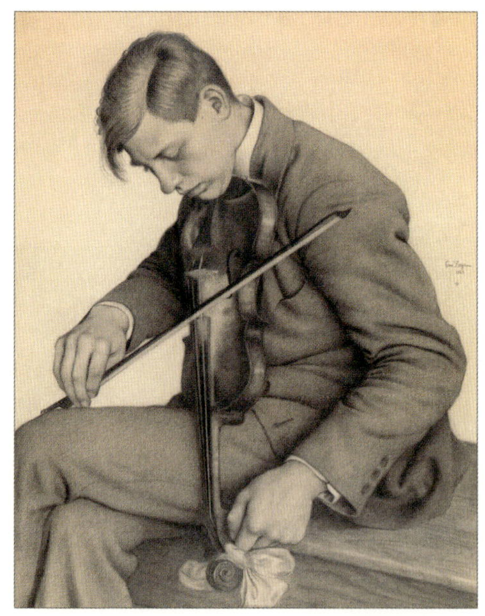

Owe Zerge (1894-1983), *El violinista.*

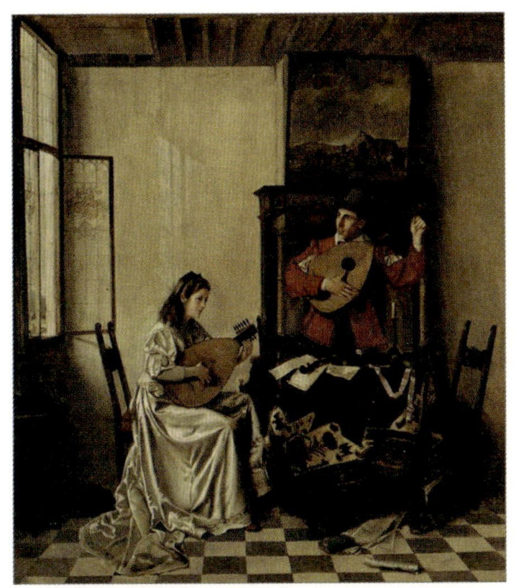

Franz Xaver Wolf (1896-1990), *Reunión musical.*

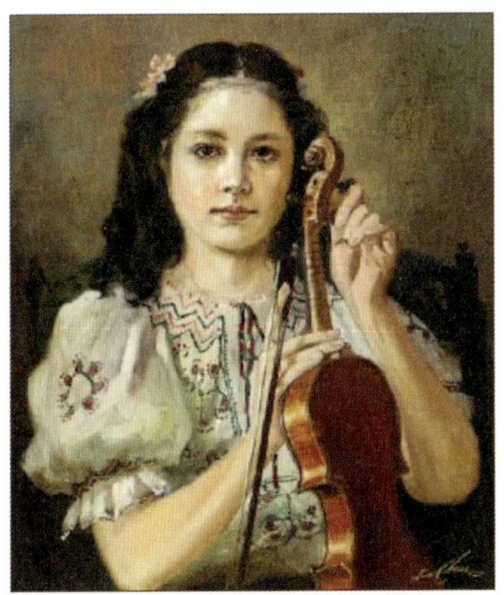

Ryunosuke Oku (1923-1986), *Niña afinando su violín.*

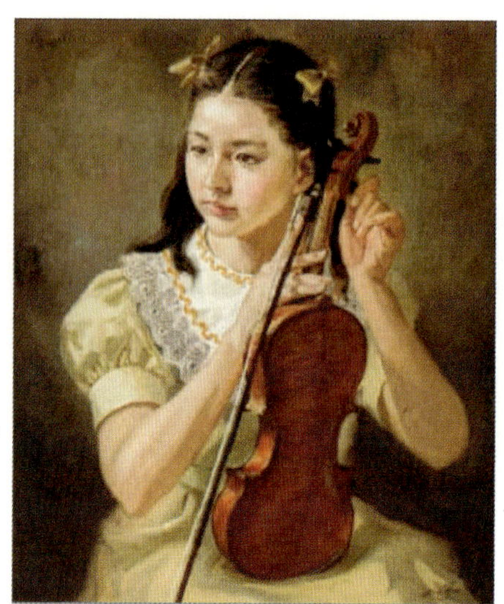

Ryunosuke Oku (1923-1986), *Joven violinista.*

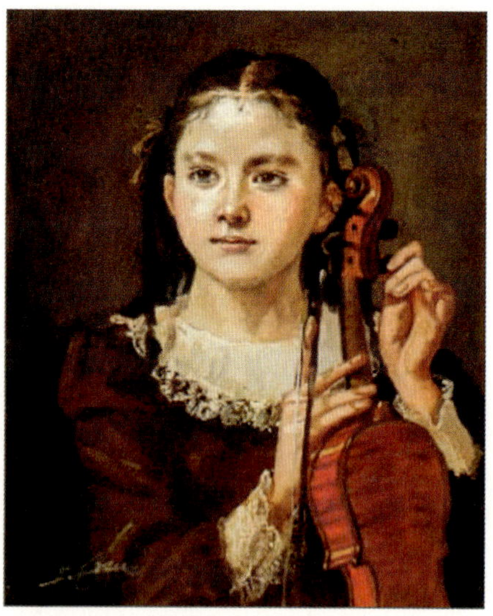

Ryunosuke Oku (1923-1986), *Niña afinando el violín.*

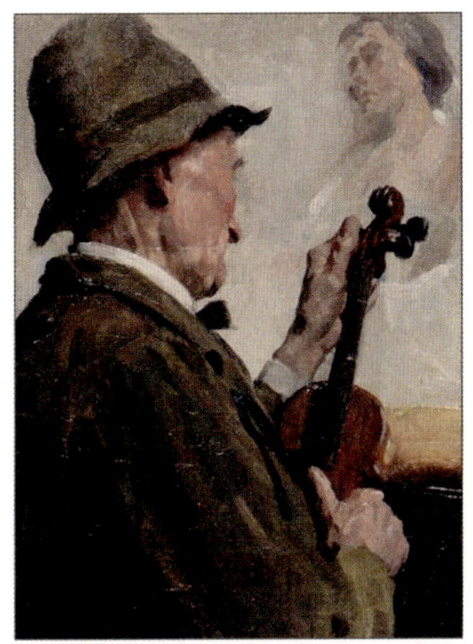

Anónimo, *Anciano con su violín*.

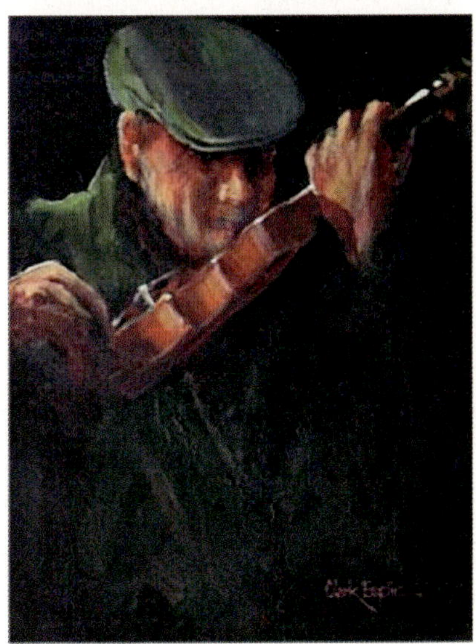

Clark Esplin (1941-2021), *Afinando*.

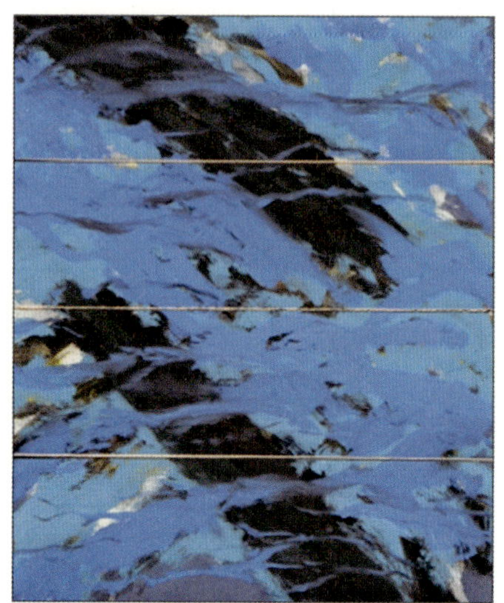

Carlos Velilla (1950), *Afinación O3*.

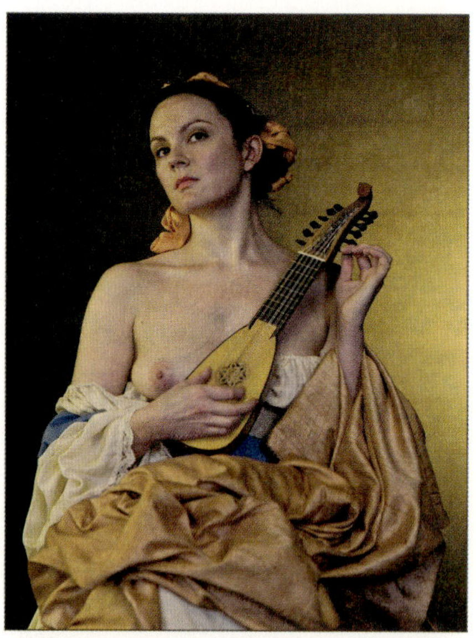

Philipp Haas (1954), *Mujer con una mandolina. Sobre una idea de Tiepolo.*

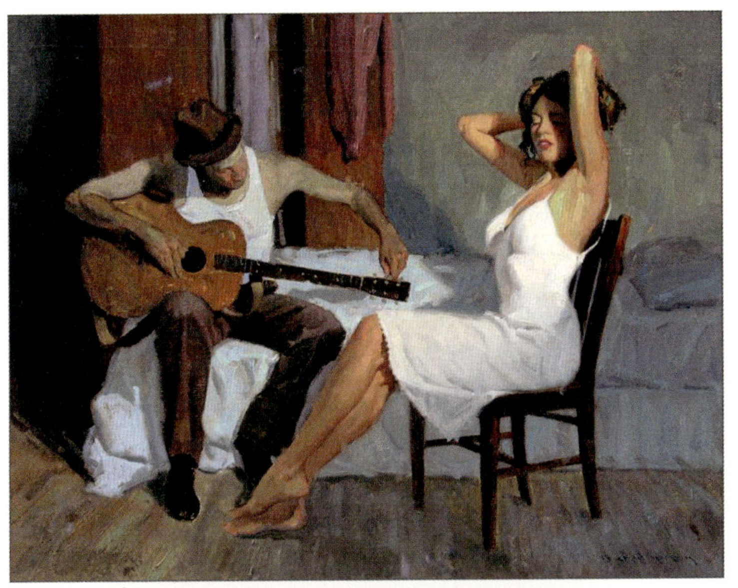

Eric Bowman (1960), *Un día de julio.*

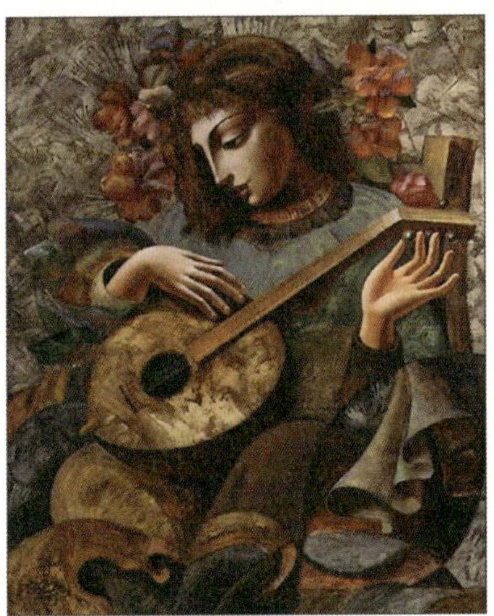

Oleg Zhivetin (1964), *Música de laúd.*

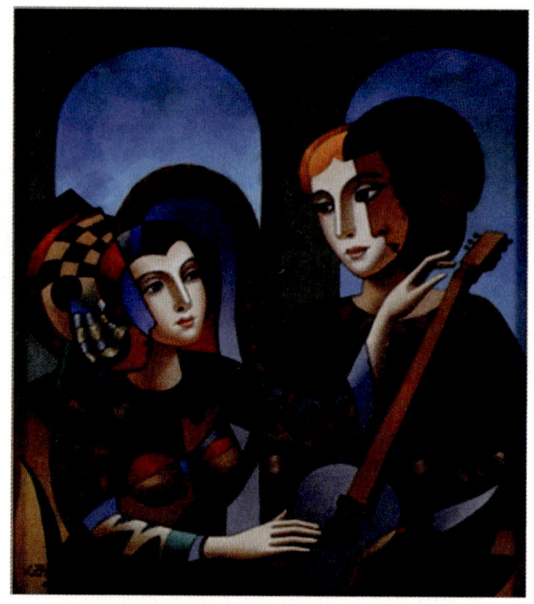

Oleg Zhivetin (1964), *La guitarrista.*

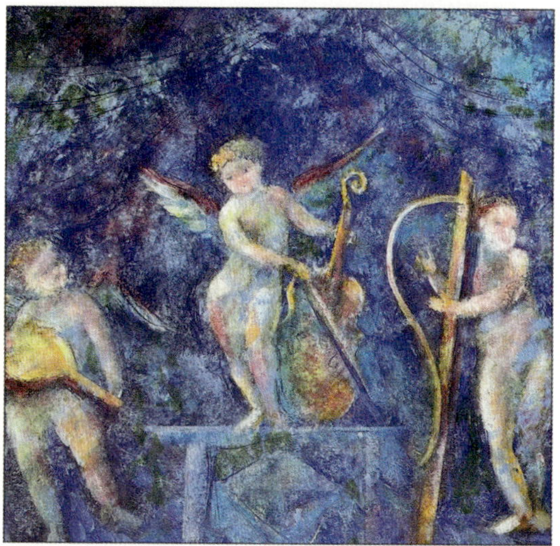

Deborah Lanino, *Gloria a Dios. Ángeles músicos.*

ESTA REIMPRESIÓN, PRIMERA,
DE «DESPACIO EL MUNDO», DE RAMÓN
ANDRÉS, SE TERMINÓ DE IMPRIMIR
EN CAPELLADES EN EL MES
DE NOVIEMBRE
DEL AÑO
2024

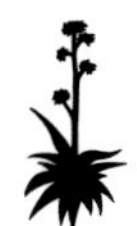